苍茫潇湘

彭晓玲 著

文匯出版社

图书在版编目（CIP）数据

苍茫潇湘 / 彭晓玲著．-- 上海：文汇出版社，2014．7

ISBN 978-7-5496-1182-9

Ⅰ．①苍… Ⅱ．①彭… Ⅲ．①纪实文学—作品集—中国—当代Ⅳ．①I25

中国版本图书馆 CIP 数据核字（2014）第 102699 号

苍茫潇湘

作　　者 / 彭晓玲
责任编辑 / 乐渭琦
绘　　画 / 刘良晟
装帧设计 / 王伊婷　张　晋

出 版 人 / 桂国强

出版发行 / 文匯出版社
上海市威海路 755 号
（邮政编码 200041）
经　　销 / 全国新华书店
排　　版 / 上海歆乐文化传播有限公司
印刷装订 / 江苏省启东市人民印刷有限公司
版　　次 / 2014 年 7 月第 1 版
印　　次 / 2014 年 7 月第 1 次印刷
开　　本 / 890 × 1240　1/32
字　　数 / 250 千字
印　　张 / 14

书　　号 / ISBN 978-7-5496-1182-9
定　　价 / 32.00 元

目　　录

第一章：此生苍茫……1
1. 屈原：吾将上下而求索……3
2. 杜甫：落花时节又逢君……21
3. 柳宗元：孤舟蓑笠翁……37
4. 王昌龄：不知身在五溪滨……55
5. 秦观：郴江幸自绕郴山……72
6. 辛弃疾：脉脉此情谁诉……88
第二章：心忧天下……105
1. 周敦颐：吾道南来，原是濂溪一脉……107
2. 王夫之：六经责我开生面……126
3. 魏源：师夷长技以制夷……140
4. 曾国藩：一朝孤凤鸣云中……158
5. 郭嵩焘：流芳百代千龄后……180
6. 谭嗣同：孤傲的呐喊……200
第三章：斯人寂寞……217
1. 怀素：字成只畏盘龙走……219
2. 何绍基：聊复自呼猿臂翁……236
3. 齐白石：墨花如锦亦如刀……255

4. 贺绿汀：虽九死犹未悔 …………………………………………… 281
5. 王人美，上海滩的野玫瑰 ………………………………………… 301
第四章：冷暖谁知…………………………………………………… 322
1. 欧阳予倩：一生离不开的是舞台 ………………………………… 324
2. 田汉：文字当为举世雄 …………………………………………… 347
3. 黎锦晖：明月曾照彩云归 ………………………………………… 372
4. 沈从文：不折不从，亦慈亦让 …………………………………… 393
5. 1927~1933：丁玲的绚丽年华 ……………………………………… 415
后记………………………………………………………………………… 435

第一章

此 生 苍 茫

屈原：吾将上下而求索

在群雄纷争的战国时期，屈原至少可以做一个回到山野的隐士，何苦站在汨罗江边，问天索地，忧国忧民，最后投入滔滔的江水。但他却这样做了，且做得非常彻底，不可逆转。

屈原别无选择。作为正直的屈原，忠贞的屈原，这是唯一的结果。他是在用生命呼唤楚国的觉醒，呼唤历史走向秩序和理性。他是在用生命呼唤他的楚国，能有一个放置爱国忠魂的地方。

一

楚国的始祖高阳氏，是黄帝的孙子。由于当时混战，高阳氏的子孙一步步从黄河流域向长江流域移动，逐渐从河南进入湖南湖北，建立了楚国。屈氏是一个有着深厚历史渊源的家族，是楚国的三大家族之一，与楚王同宗共祖。但到了屈原父亲这一代已然没落，家族当时生活在湖北秭归。

秭归是相对贫穷的地方，屈原20岁以前一直生活在此，由父亲口头向他传授诗文，且目睹了连年战乱导致民不聊生，百姓生活贫苦。他20岁时，写下了著名的《橘颂》，表明了自己如橘的节操，心胸宽广而秉德无私，志趣高洁而决不甘于流俗。屈原的一生忠实地履行了他的诺言。

战国时期很多诸侯国打来打去，需要很多谋略家。屈原期盼自己能成为一名出色的谋略家，为楚国的强大而奔走呼号。此时，他如愿以偿地被招进了宫廷，担任王太子熊槐的文学侍臣，陪太子读书。屈原自是欣喜万分，长达五年的陪读生涯里，他深入而广泛地研究了各家思想，非常看重当时影响最大的儒家学说，还从法家中吸取了富国强兵的进步思想，从而成一家之学。

战国时期，齐最富，楚最大，秦最强。屈原所处的战国后期，正是秦楚并雄之时，“纵合则楚王，横成则秦帝”。事实上，年轻的屈原最大的志向就是实现自己的政治抱负，促使楚国变成天下最强的国家，然后统一天下。至前329年，熊槐接替了王位，就是楚怀王。屈原深受怀王的重视，出任楚国的要职左徒，其地位仅次于令尹（宰相）。就任的当天晚上，楚怀王在宫殿里为屈原举行了隆重的晚宴。屈原接过怀王授予的佩剑，感激地说道：“大王您既然赐予我佩剑，微臣对大王的恩德感激不尽，微臣愿尽己所能，为国家和君王效力！”此刻，典雅的宫廷音乐响起，楚怀王赞赏地看着屈原，屈原也真诚地望着君主，君臣之间已然摒弃了一切世俗的权力与尊卑的隔阂，心灵坦诚地交融在一起。

自此，屈原踌躇满志，“入则与王图议国事，以出号令。出则接遇宾客，应对诸侯。王甚任之”。慢慢地，屈原却发现，因连年征战国家越来越动荡，百姓生活越来越苦。而西方强大的秦国，时常攻击六国，楚国时刻处于危险之中。于是，征得楚怀王同意，屈原亲自先后奔赴齐国等诸侯国，决心用联合的力量对付秦国。楚怀王十一年（前318年），楚、齐、燕、赵、韩、魏六国君王齐集楚国郢都，楚怀王成了联盟的统帅。联盟的力量，有效制止了强秦的扩张，屈原更加得到了怀王的信任。

当时有一块土地，即商於之地，曾经是秦国的，后来又落到楚国手里，于是两国为此打了起来。楚国被打得非常惨，商於之地被秦国吞掉。屈原深感楚国的国力开始衰弱，忧心忡忡，便向怀王提出变法。当时楚怀王倒颇思振作，便启用他进行再一次的改革。屈原为此全力以赴，“忽奔走以先后兮，及前王之踵武”，希望革除时弊，疗救楚国。可令人扼腕痛惜的是，就是这次政治改革，使他陷入了一场激烈的政治斗争中。

当时楚国内部有识之士主张抗秦，还有一些贵族却主张亲秦。屈原尤其强调联齐抗秦，遭到了亲秦派的反对，成了众矢之的。而他本是个心高气傲、个性特强的人，不能容忍任何人犯错误，也容不得他人对他发起任何形式的攻击。绝不容忍对方的个性，在宫廷里自然会受到排挤和打击，何况他和楚怀王关系又那么好，又不懂如何处理人缘关系。

在所有记载中，楚怀王都被描绘成剽悍异常，具有明显的北方人性格特点，又很容易听信他人的谗言。以公子子兰为首的一班贵族，对屈原非常嫉恨，常在楚怀王面前说他的坏话。屈原奉命制定宪令时，更是寻找机会诋毁他。宪令还没定稿，上官大夫靳尚就代表保守势力要夺去修改，屈原不同意。上官大夫恼羞成怒，就跑去对楚怀王说："大王叫屈平草拟宪令，可每次宪令公布出来，屈平总要夸夸其谈，说是除了我屈平，谁也干不了！"楚怀王自是信以为真，勃然大怒，当即传令罢免屈原左徒之职，不许他再上朝参议政事。

上官"夺"屈原所制定的"宪令"，是因为他的政治改革，又一次严重损害了旧贵族势力的利益。他们自是群起而攻，就像之前楚国旧贵族势力对待吴起变法那样。屈原失去了楚怀王的支持，其倡导的变法自然泡汤了，其政治生涯从此急转直下。之后，屈原虽再次被任命为三闾大夫，掌管楚国屈、昭、景三大家族事务，负责宗庙祭祀和贵族子弟的教育，其地位与以前已不可同日而语。

正因为屈原盖世的才华和谋略，他曾经成了楚怀王最贴心的人。也正是因为屈原的盖世才华和谋略，他又成了令尹子兰、上官大夫靳尚和南后郑袖以及诸多小人眼里的一根刺，谁都想拔掉他。也因此，他的悲剧无可逃避。

二

屈原被黜后，秦惠王大喜过望，想趁机拆散齐楚联盟，实现吞并楚国的野心。于是，秦惠王忙把相国张仪召进宫来商量。张仪是战国时期纵横家的代表人物，能言善辩，主张以连横方式瓦解六国，使秦国称霸天下。张仪表示，他愿意趁此机会，亲自赴楚国游说，以拆散六国联盟。

秦王与张仪一番密谋后，便备好金银财宝，交给张仪。张仪则交还相印，佯装脱离秦国，向楚国进发。到了楚国后，张仪先拜访屈原，数说着秦国的强大，数说着秦楚联合对双方的好处。屈原不为所动，淡淡地说道："楚国不能改变六国联盟的主张。"

随后，张仪找到子兰，对子兰说："有了六国联盟，怀王才信任屈原。拆散了联盟，屈原就没有什么可怕了。"子兰听了，十分高兴，忙引他拜见了怀王最宠爱的南后郑袖，张仪将一双价值万金的白璧献给了郑袖。白璧晶莹的宝光，立刻吸引了郑袖的视线，将她的眼睛都照花了。郑袖欣然承诺，她愿意促成秦楚联盟。郑袖原本是个粗通文墨且能歌善舞的美丽女人，曾十分赏识屈原的才学，对屈原还有几分微妙的倾慕。可她毕竟是楚怀王的皇后，毕竟是个活在权利争斗中的女人，她怎么能让一个外人取代自己在楚怀王心目中的地位呢？怎么能容得下屈原在楚怀王面前的威信高过自己的同伙子兰、靳尚？因此，在她眼里，权力的纷争远远超过了对一个天才诗人的景仰，超过了一个女人潜藏在内心的一点点风花雪月。所以，她必须得打败屈原。

之后，张仪就托子兰引他拜见楚怀王。站在威武的楚怀王跟前，张仪使出浑身解数，力劝怀王绝齐联秦，并列举了种种好处，最后抛出了杀手锏：“只要大王痛下决心，从此与齐断绝盟交和约，秦王愿将六百里商於之地还给楚国！”怀王本是个贪心的人，听说不费一兵一卒，能要回六百里土地，不由暗自高兴！第二天，怀王招来朝廷文武百官，大摆筵席，热烈欢迎张仪来楚。席间讨论起秦楚友好，屈原激烈反对，不管不顾地愤然而立，大声与子兰、靳尚争执起来。他痛斥张仪虚情假意，痛斥子兰、靳尚好歹不分，甚至走到楚怀王面前大声说：“大王，张仪是秦国派来拆散六国联盟，以利各个击破，孤立楚国，蚕食鲸吞，万望大王深思，大王万万相信不得……”张仪不甘示弱，赶紧对楚怀王说：“请您千万别听信屈原！屈原会把楚国带入战争的泥潭，秦楚联盟才是使楚国摆脱战争的唯一出路！”屈原不由义愤填膺，狠狠地瞪了张仪一眼，真诚地劝说楚怀王：“商於六百里乃荆楚之国土，为秦所夺，秦岂肯轻易奉还！这其中必定有诈，望大王明察！”但怀王一心想要回商於六百里之地，根本听不进屈原的劝告，众目睽睽之下，竟叫人将他拉出了宫门。屈原痛心之至，在宫门外久久徘徊，想到亲手结成的联盟即将破坏，楚国危在旦夕，不禁顿足长叹！

之后，楚怀王派遣使者到齐国去绝交，还派人随张仪到秦国去接受割地。可张仪一回秦国就装病，三个月不见楚使。怀王急了，又派人在齐王宫殿门口大骂齐王。齐王大怒，断绝了和楚的合纵，和秦国联合起来了。这时张仪才出面，拿出一张地图，指点着对楚使说："你快来接受割地吧，从这儿到这儿，共有六里。"六百里变成了六里，楚使很生气，归报楚怀王。怀王听了大怒，发誓要夺回被秦国掠去的六百里商於之地。于是，楚怀王十七年（前312年），楚怀王派大军攻打秦国，两国军队大战于丹阳，结果楚军大败，八万将士捐躯疆场，大将军屈丐、裨将军逢侯丑等被秦军俘虏，还被占去汉中大片土地。举国上下万分悲痛，楚怀王在郢都举行大规模悼念活动。屈原更是怀着满腔悲愤，挥笔写下了《国殇》：出不入兮往不反，平原忽兮路遥远。带长剑兮挟秦弓，首身离兮心不惩。诚既勇兮又以武，终刚强兮不可凌。身既死兮神以灵，子魂魄兮为鬼雄！

自屈原离开宫廷以后，楚怀王对国家治理得越来越糟糕，秦国也越来越嚣张。楚怀王一筹莫展，方才"悔不用屈原之策"，乃复用屈原，让他出使齐国，重修楚齐之盟。屈原自是转悲为喜，毅然奔走赴命，以真诚之心赢得了齐国的信任，暂时扭转了楚国被动挨打的局面。

其时，秦王害怕齐、楚复交，又便派出使者，要求楚国用黔中地与秦国武关以外的商於之地交换。楚怀王恨透了张仪，便对使者说："寡人只要得到张仪的人头，便可以把地给你们！"秦惠王本不同意，张仪却胸有成竹地说："以我区区张仪能为秦国换回黔中地，臣死而无憾，就让臣到楚国去吧。"当张仪到楚以后，立即被怀王囚禁起来，只待屈原使齐归来杀之。可张仪早就用重金贿赂了上官大夫靳尚和宠后郑袖，就在张仪被关押的当晚，他们在楚怀王面前一番花言巧语，楚怀王居然把张仪给放了，还和秦王结下了秦晋之好。张仪出狱后，便慌不择路地向秦楚边界之地逃窜而去。

当屈原从齐赶回来，听说怀王把张仪放跑了，便对怀王说："你被张仪欺骗的奇耻大辱难道忘了不成？就是因为他要手段，才使齐楚绝交，以至有丹阳、蓝田大败啊！大王您应该杀了张仪，拿张仪的人头来祭奠两次大战中牺牲的楚国英烈们，唤醒楚国人抗击秦国的斗志！"怀王听了屈原的话，很有些后悔，派人追赶，张仪早已无影无踪了。

秦惠王死后，武王即位，齐宣王主动写信给楚怀王，要求六国合纵，并自任合纵长。这时，楚国朝中联齐派占据了主导地位，于是便联齐抗秦。但秦武王在位没几年便死了，由他的异母弟弟秦昭王即位，昭王的母亲是楚国人，且楚国人向寿当上了秦国丞相。因此，楚怀王二十四年(前305年)，楚又一次背齐合秦，去秦迎亲。第二年，怀王还与秦王会于黄棘（今河南新野县东北），接受了秦退还的上庸之地，彻底地投入了秦的怀抱。当时屈原虽竭力反对，反而被逐出郢都，流放到了汉北地区。

"*望孟夏之短夜兮，何晦明之若岁？惟郢路之辽远兮，魂一夕而九逝。曾不知路之曲直兮，南指月与列星。*"独处异域，屈原度日如年，自是悲凉愁苦，常常长吁短叹。而之后几年，楚国又遇上了一连串的麻烦。楚怀王二十六年（前303年），齐、韩、魏三国攻楚，声讨楚违背纵约。楚向秦求救，还把太子送到秦国作人质，不想二年楚太子却杀了秦大夫逃回楚国。楚怀王二十八年（前301年），秦以此为借口，联合齐、韩、魏攻楚，杀楚将唐昧，占领了重丘。楚怀王三十年（前299年），秦又攻楚，取楚八城。秦昭王不愿就此罢休，乃设下计谋，派使者对怀王说，他非常诚恳地想与楚国结盟，请怀王到秦楚边界武关签订盟约，从此永结友好。

屈原此时已从流放地返回，心急如焚地和昭睢等人，力劝楚怀王不要赴会。可子兰却竭力怂恿怀王前去，结果怀王一入武关，就被秦军劫往咸阳，威胁他割让巫郡和黔中郡。怀王恼怒，坚决不答应。国不可一日无君，经大臣们商议，楚由齐迎归太子横，立为顷襄王，子兰为令尹，自是不肯向秦割让土地。秦又发兵攻楚，大败楚军，斩首五万，攻占十六城。屈原原以为新国君会有清醒的头脑，他可以重新站起来，为楚国奔走效力。可事实上，因屈原众位大臣指责子兰等人劝怀王入秦之失，触怒了子兰。子兰气急败坏，唆使上官大夫靳尚在秦襄王面前诽谤屈原：“屈原自以同姓不得重用，心怀怨望，且每向人言大王忘秦仇为不孝，子兰等主张勿伐秦为不忠。”顷襄王竟然比怀王更昏庸，当即勃然大怒，就在这年秋冬之际，将屈原再次赶出朝廷，流放到江南，并限制不得越长江、夏水而北。自此，屈原深知治国方略再也无以施展，眼睁睁地看着楚国步步走向衰落，内心陷入了痛苦的深渊。顷襄王三年（前296年），怀王死于秦国。楚怀王之死对屈原打击非常大，他强抑悲痛写下了著名的《招魂》，悲悲切切地招楚怀王的魂，呼唤楚王的魂回到楚国来。这“魂”是楚怀王的魂，又何尝不是屈原自己的魂？

三

九月初的一天，天气酷热，我来到了汨罗江畔的屈子祠。那座八字形牌楼式山门，静静地站在阳光里，我则静静地站在它的跟前。中门上方嵌五龙捧圣汉白玉石雕门额，五条游龙相互缠绕于云纹之间，正中“屈子祠”三个大字苍劲有力，稳重浑厚。山门上还簇拥着些精致灵动的堆画，错落有致，栩栩如生。我用心看了看，左右那两幅画便吸引了我所有的注意力，右边那幅生动地描绘了屈原在汨罗江边披发行吟，左边便是屈原投江自尽时场景。刹那间，我的思绪飘到遥远的时空，心渐渐酸涩渐渐沉重……

就在顷襄王三年（前294年）仲春时节，寒风料峭，年近五十的屈原乘一叶小舟，驶出荒芜的郢都东门，进入夏水。他站在船头，凝视着渐渐远逝的东门和城内高大的楸树，回想起惨死于秦的楚怀王，不禁热泪横流。他舍不得离开都城，便在周边久久徘徊……

我跨过屈子祠的大门，来到一个院落，一抬头便看到中厅的神龛，神龛内供有黑底金字“故楚三闾大夫屈原之神位”牌位。

我以最虔诚的姿势向牌位鞠躬，再往前行，来到后进，一眼就见中厅高高的屈原铜像。屈原手抚佩剑，脚踏汨罗江水，长须飘拂，忧郁的目光凝望着北方，凝望着他念念不忘的郢都，他炽热的爱国之心始终未曾冷却。

我再次抬头看了看，穿越千年的时光，屈原沉甸甸的忧郁依然倾泄而来。事实上，远在战国时代，各种人才轻于去就，哪里更善待自己就跑到哪里。比如张仪，他原本是魏国贵族后裔，却跑到秦国当相国，中间也当过魏国相国，之后又回到秦国。至于苏秦，在至少十几年里，身挂六国相印，数度由燕入齐，由齐或燕，到赵、魏，甚至秦国，——自然还有韩国，甚或楚国。名义上，他是齐王的代表，暗地里，他是燕王的使臣；名义上，他在为齐国摇旗呐喊、奔走、撮合，暗地里，他在给燕国联络、串联、“铺线架桥”。至于“楚材晋用”，在屈原之前更是屡见不鲜，先后有楚大夫析公、楚大夫雍子、楚贲皇、楚大夫子灵（巫臣），跑到晋国帮助晋国大败楚国。楚国历史频繁出现的这些“楚奸”，屈原自是甚为熟悉，他至少可以学学伍子胥另谋出路呀！对此，司马迁也曾感叹：“余读离骚、天问、招魂、哀郢，悲其志。谪长沙，观屈原所自沈渊，未尝不垂涕，想见其为人。及见贾生吊之，又怪屈原以彼其材，游诸侯，何国不容。而自令若是。读鵩赋，同死生，轻去就，又爽然自失矣。”但不管怎样，在逃避与执着之间，屈原选择了执着；在忠诚与背叛之间，屈原选择了忠诚。也因此，一个以“帝高阳之苗裔”而自重的楚王同宗之臣，屈原始终忘不了自己的宗国，始终“眷顾楚国，系心怀王”，不忍心离弃自己的“旧乡”。但“旧乡”却将他推入万劫不复的深渊，使得他踏上了一条不归路。

遥想那个依然有些寒意的初春，一叶扁舟缓缓划入洞庭碧波，屈原独立于船头，蛾冠，束带，长剑，云履。湖湘大地终于等来了属于她的精神流放者，从此拥有了忧国爱民的精神内核。那时的洞庭湖美得近乎妖艳，湖水如蓝，水草如丝。屈原牵挂着楚国的安危，不想再走了，但长江自是不可逾越，他只得越走越远。他伫立在船尾，向南行，向北望。这种现实与内心的对抗，于他而言，无异于一种漫长的精神苦役，痛苦的心理凌迟，一刀一刀地割，血不会一下子流尽，伤口却永难愈合。

三江口，他走到了大湖的东边之尾，也走到了湘江的尽头，这里水草繁茂芦苇青青。再溯湘江而上，继续向南，从春天到夏天，他来到了湘江与汨罗江的交汇处——磊石，一座由石头垒就的石山。汨罗江清澈纯净，两岸长满着茂密的芷兰、芳草与菖蒲、野稗，落日的余晖洒满江面，金光粼粼，如一幅诗意盎然的画卷。对于屈原来说，那个夏天的黄昏并不美，甚至是恐怖的，他看到西沉的太阳被江水无情地吞噬了。对于生于官筮世家的人来说，他似乎理解了“汨罗江”，“汨”乃“江水噬日”。他从那至纯至净的江水里，看到了绝望，纯净的绝望，关乎他自己也关乎他的楚国。

再也不向南了，那么就向西吧，去追逐西沉的太阳。于是，他背着太阳，向西，向西。冬天时，他走入了一条原始而诡异的河流——沅江。踏入沅水那一刻，屈原是痛苦的，他将进入一片更加荒蛮偏僻之地，乃至犹豫再三。但他不得不走，沿着沅江向西，从汉寿至常德，再经泸溪、辰溪，最后到达溆浦。一路风霜雨雪，一路停停吟吟，《东皇太一》、《云中君》、《大司命》、《少司命》、《礼魂》……屈原不断在《九歌》的梦想与《九章》的现实中挣扎。一个最柔情的人碰到最冷酷的现实，一个最纯洁的人落到最肮脏的境地，最终他由一个失败的政治家蜕变为卓绝百代的诗人。

在溆浦停留了整整四年，屈原茕茕孑立，穷困忧思，似乎没有了"死去活来"的激愤，但死的决心由此萌生。他还是离开了溆浦，从一片水域走入另一片水域，从湘江到沅江到资江。而资江犹如一条长长的山水画廊，两岸奇峰突兀，怪石嶙峋，云烟缥缈，竹木葱茏。江畔竹篱茅舍，掩映于翠绿之中，屋舍俨然。如此优美的景色，淳朴的乡野民风都无法稀释屈原的悲伤，无法冲淡他的哀痛。君王不召，故国难回，长路漫漫，何时是归途。他无法掌控自己的命运。就在凤凰山下，桃花江畔，看到那座古庙墙壁上画着天地神灵和古代圣贤的时候，那些圣君贤王的德操一下子触动了他内心深沉的疼痛，再想想楚怀王的昏庸与客死异乡，一种叩问苍天的悲情直涌胸臆。于是，屈原仗剑独立于暮天荒野之中，仰望冥冥上苍，发出了惊人心魄的《天问》。

对自我追问，对存在追问，对世界真相追问，对当时已有之定论严厉追问，试图找出新的答案，一连一百七十多个问题奔涌而出。可当所有的追问都得不到回答时，他不由斥责天道不公，却依然将一腔救国于危难、救民于水火的热血寄托在君王的人格力量和良心发现上。可他的忠君报国无人能识，他的楚国已然陷入极其危险的境地。其时，强烈的愤懑不平之感，浓郁的思乡之情，还有不可抑制的绝望，一齐涌上心头，故而很快写出了《哀郢》。“信非吾罪而弃逐，何日夜而忘之！”他的愤愤不平，直接针对顷襄王：“憎愠怆之修美兮，好夫人之慷慨。”

其时，在他看来，现实如此，死是最大的解脱，也是对绝望的超越，更是他人生的最后一个仪式。他继续逐水而行，直奔汨罗江。秋冬风寒，长夜难眠，心绪就像被缰绳和笼头套住一样，结成一团，他决定效法伍子胥赴死江流，仿效申徒抱石沉江。生命的最后三年，他居住在汨罗江边的玉笥山脚下。长长的放逐，也是他追寻信仰之旅，处江湖之远，心依然在庙堂之上。但是，既然人亡政息或人未亡政已息，上下求索的意义何在?屈原深沉的忧疾便凝成了一部千古悲怆的《离骚》——“离”者，“别离”、“遭遇”之谓；“骚”者，“忧愁”也。

“屈原放逐，乃赋《离骚》”。司马迁在《报任安书》指出了屈原写《离骚》缘由：“屈平疾王听之不聪也，谗谄之蔽明也，邪曲之害公也，方正之不容也，故忧愁幽思而作离骚。”其时，屈原周游天庭，欲达天听，可惜君门九重，欲诉无门。曾经，他并没有绝望，并没有放弃自己的美政理想。“亦余心之所善兮，虽九死其犹未悔。”“路漫漫其修远兮,吾将上下而求索!”自是“包含着一种永恒的期待，一种杜鹃啼血式的期待，虽不能实现，却在心中执着地呼唤，虽九死其犹未悔地等候”。但重重的失望与打击，已令他陷入无边的黑暗，他东奔西突，也无法冲出樊篱。他实在无法面对残酷的现实，除了永远地逃离，他无路可走。

辗转于屈子祠，因为《离骚》的韵律在我耳边徘徊，似练的江水也倒流回两千年前，心绪也如那一程诗句一程忧患的流亡诗人般沉重。

四

楚顷襄王二十一年（前278年），秦国派出一名非常厉害的大将，名叫白起，率领一支最精锐的部队，攻打楚国的都城郢都。攻占之后，白起一把火烧了宗庙，楚人的精神就此垮掉了。之后，楚国被迫迁都至史称“陈城”的地方。可以想象，听到郢都被毁，屈原是多么的悲痛！

随之，白起率兵继续往南推进，离湘江越来越近，屈原就流放在湘江边上。楚怀王已成了强秦的祭品，而故国也在白起的刀锋下灰飞烟灭。城破山河碎，何处是家园？屈原欲哭无泪，披散着长发、衣冠不整地来到了汨罗江畔，望着满天乌云，长叹一声："既莫足与为美政兮，吾将从彭咸之所居。"之后，屈原怀抱着石头，走向汨罗江，跳进了滔滔的江水。刹那间，江水无语，巨浪冲天。除了以身去殉国，自是无路可走。因为已经没有任何期盼，也就不再需要追问，更不需要回答了。

两次流放，几十年的精神折磨，屈原终于走了。他用死解脱了自己，也用自己的一生悲苦与命运，成就了一个千古忠臣的象征，成就了一个民族的精神源头，甚至中国古典士大夫的命脉所系。那就是在对体制的绝对忠诚之下，对自己人格与尊严的恪守，而这种恪守，永远是悲壮的。

屈原自沉之前有一个著名的传说：屈原在汨罗江畔念念有词，诵读他刚刚写好的辞章。渔夫惊讶地认出这个衣衫褴褛、面目清瘦的人居然是楚国三闾大夫！渔夫便问他，世界已经浑浊，您何不随波逐流甚至推波助澜？您为什么要死死地怀藏着美玉般的品格，而让自己遭受被赶出宫廷、放逐在乡野的结局呢？屈原说，我也听说过，刚刚洗过头的人在戴帽子前，总要把帽子上的灰尘掸掉。刚刚洗过澡的人，在穿衣服之前，必须把衣服上的灰尘抖掉。一个高尚品格的人，怎么可能容忍自己高贵的人格，遭受他人的任何污秽呢？我宁愿投进江里，让自己葬身鱼腹，也不愿意让自己高洁的品质，遭受尘土和污秽的肆意侵袭！

几乎就在屈原跳下江水的一瞬间，那么多村民与渔民，都赶到了江边，然后悲声恸哭着打捞着一个伟大的灵魂。他们纷纷将米投入水里，让鱼儿吃米，不吃屈原的尸体。之后，拼命划龙舟，齐声呼唤屈原的名字，追赶屈原的灵魂，企图让屈原的灵魂重新回来。也许，屈原明明听到了他们的呼喊，可他紧紧地抱着那块石头不愿放手，他只能在江水里用自己最后的眼泪，来回答那些热爱他敬重他打捞他挽留他的人们。也因此，人们只能每年在他殉难的日子和地点祭奠他，放舟投米，慰其灵魂。此俗延展至全国各地，世代相传。唐末江南僧文秀《端午》诗云："节分端午自谁言，万古传闻为屈原。堪笑楚江空渺渺，不能洗得直臣冤。"

据说屈原投水之后，捞上来已经没有头了，头已被鱼吃掉。当地的百姓及屈原的女儿女婿就用金子做了个屈原的头，把金子的头和他的身体连在一起埋葬。当时秦国的军队即将占领这块土地，为不让秦国人找到屈原的遗体，他们又在汨罗江畔的烈女岭，堆了十二个一模一样的坟墓，只有一个是真的。时至今日，那些简陋的坟墓，穿越岁月的沧桑，依然挺立在汨罗江畔，静静地聆听江水的喧哗。

至秦置长沙郡时，把罗子国设为县，即罗县。百姓为之建立屈原庙，庙在县北汨水旁。《续齐谐记》云："屈原以五月五日投汨罗而死，楚人哀之，每于此日以竹筒贮米投水祭之。汉建武中，长沙区回白日忽见一人，自称三闾大夫。谓回曰'闻君常见祭，甚善。但常年所遗，并为蛟龙所窃，今若有惠，可以练树叶塞上，以五色丝转缚之，此物蛟龙所惮。'回依其言。世人五月五日作粽并带五色丝及练叶，皆汨罗之遗风。"由此看来，倘若没有湖湘父老对屈原的认同与传播，也就不可能有后世的屈原了。

因了屈原的悲愤，汨罗江每朵浪花都回荡着魂兮归来的呼唤，汨罗江便成了文化符号。为这个文化符号开笔的，便是赫赫有名的汉武帝。传说当年汉武帝巡游至汨罗江，在楚塘江畔设坛祭天，天空倏忽半明半昧。愕然之间，一卷天书缓缓降落。仓促间，他只好用玉笥(玉篓)接住，展开一看是屈原的《离骚》。这位纵横四海、无所畏惧的皇帝心存敬惧，乃下令：此山名为玉笥山，山上建屈子祠，敬祀屈原。此后，香火绵延，楚湘文化的精神道场，也随江水涟漪飘荡开来。

天生奇才，不遇明主。屈原的悲剧，深深地感染着湖湘大地，成就了一个又一个美丽的传说，成就了屈原的声名。而今在汨罗江畔，玉笥山上的屈子碑林里，高洁的灵魂早已在袅袅的香烟中，升华为坚硬的雕像。春秋沉浮，风雨吹打，雕像已显得斑驳沧桑，仍满面愁容与忧伤。两千多年了，岁月之河，时光之水，依然无法冲淡他的忧伤。他依然峨冠，束带，长剑，云履，但长剑永远没有出鞘，毕竟文人之剑，永远都没有力量，有力量的恰恰是他柔软的灵魂。

夏日骄阳似火，当我站在祠外的独醒亭，眺望前方蒙蒙的汨罗江，我的视线一片模糊。屈原力挽楚国的种种努力，最终换来的却是自己的颠沛流离，换来的是屈辱悲伤与绝望。他过于干净的心灵，过于理想化的爱国情操，最后都留给了滔滔江水。江水却默默无言。

杜甫：落花时节又逢君

唐大历三年（768年）正月，杜甫带着家小离开夔州，此时他已57岁了。从青少年时代的漫游算起，已经历了30多年的漂泊生涯，他很疲倦了。但他并不悲观失望，凭着一股英雄暮年的悲壮之气，仍打算回长安。

出了夔州，他把妻子孩子安顿在当阳，便去了江陵、公安。尽管他在江陵认识不少达官贵人，但此时一片大乱，只得带着家人，继续沿长江南下。过洞庭，下潭州，逾南岳衡山，一路往南走，最后直奔衡州。在衡州，他的好友韦之晋时任衡州刺史。

一

话说杜甫一入楚地，便是萧瑟的冬天。在凛冽的寒风里，他登上了洞庭湖畔的岳阳楼，挥笔写下《登岳阳楼》：昔闻洞庭水，今上岳阳楼。吴楚东南坼，乾坤日夜浮。亲朋无一字，老病有孤舟。戎马关山北，凭轩涕泗流。虽已远离了战乱之地，想到身处贫困潦倒，想到还有大片国土烽烟未息，他不由老泪纵横。随之，他继续行船入湘江，来到乔口，南距潭州城只有60里了。也许是前途未卜吧，遭受孤独老病之苦的杜甫，此时满心凄凉哀伤，乃一声嗟叹，“凄恻近长沙”！

初春的杨柳风习习而来，一天午后，杜甫站在船头，忽见左岸房舍密集，船舶众多，烟雾缭绕。向船夫打听，此处便是“铜官渚”，曾是楚国铸钱之地，现在制瓷的官窑，不由心生向往。待船夫系缆落帆，杜甫便拄杖上岸。田野之上，这边一团团火，那边一洼洼水，农夫们正忙着火耕水耨，一阵阵婉转的山歌悠悠而来。如此宁静的农家生活场景，令杜甫暂时忘却了漂泊之苦。

再往前行，杜甫终于到了潭州。这时，恰逢清明，春光明媚，天气新晴。但于杜甫而言，已是病残迟暮，天涯沦落，每日为生计而困窘，深感前途渺茫。看上去，杜甫也是一副老病衰弱的穷儒模样，那褐冠那长袍那书卷早日在风雨飘摇之中破烂不堪了。此时，他一只耳朵聋了，右手臂几乎不能动弹，风痹症、糖尿病等重疾缠身。眺望潭州城，他不由长相叹息：“此身漂泊苦西东，右臂偏枯半耳聋。寂寂系舟双下泪，悠悠伏枕左书空。”

杜甫不急于进城，他嘱咐船夫绕过橘子洲头，到河西古渡登岸，径直去游岳麓山。就在麓山古寺前，他意外地发现一方巨碑，其碑文竟为昔日故友李邕撰文并书写。进入古寺殿堂，他又读到50年前著名诗人宋之问的题壁诗，字迹依稀可辨，诗中的忧愤也清晰可感。杜甫感慨万分，他甚至希望在岳麓山上建一座草堂，成都似的草堂，安度余生，乃写下了《岳麓山道林二寺行》，其结句为："一重一掩吾肺腑，山鸟山花吾友于。宋公放逐曾题壁，物色分留与老夫。"

但他还得赶往衡州，不然他的生活都成问题了。于是，他又匆匆乘舟南下，于三月中旬到了衡山县城。杜甫走在街上，偶遇京城好友御史大夫李勉，正准备到广州去接任刺史兼岭南节度使，他乡遇故友分外亲切……

衡山县尹陆宰设宴热情招待李勉和杜甫，并请他们参观了县城内文宣王庙的新书院。在这兵荒马乱的年代里，衡山居然还有一所高大宽敞、能容纳100多名学生的书院，杜甫自是很意外。他走到院内高大苍翠的松树下，坐在古井旁的台阶上，静静地聆听书生们抑扬的吟诵声。他忘却了逃难途中所见到的激烈的杀伐场面，还有哀鸿遍野的悲惨情景，恍惚又看到了国家的安定繁荣，又见到了儒学的振兴，书生们攻读诗书的场景……

衡山也不可久留，李勉继续南行。依依难舍之际，杜甫以《衡州送李大夫七丈勉赴广州》相赠：

斧钺下青冥，楼船过洞庭。北风随爽气，南斗避文星。

日月笼中鸟，乾坤水上萍。王孙丈人行，垂老见飘零。

几天后，衡山县尹陆宰派人、派牛车将杜甫一家人送到南岳游览。当杜甫登上南天门，遥望祝融峰，大好风光令他感慨万分，乃写《望岳》："洎吾隘世网，行迈越潇湘。渴日绝壁出，漾舟清光旁。祝融五峰尊，峰峰次低昂。紫盖独不朝，争长業相望。”看来，杜甫以写衡山祝融、紫盖两峰称雄着墨，却是借山势抒发自己的胸怀。

二

下山后，杜甫一家便继续乘舟前往衡州城，将船停泊在石鼓山的草桥旁，便上岸去找刺史韦之晋。不料，韦之晋已调任潭州刺史，两人恰于途中错过。杜甫失望之余，只得又赶往潭州。至四月中旬，杜甫得以返回潭州，韦之晋闻讯立即登船看望他。可还未来得及畅谈重逢的喜悦，四月底，韦之晋突然得急病去世了。杜甫又陷入“亲朋无一字”的境地，不胜哀伤，挥泪写下《哭韦大夫之晋》：

凄怆郇瑕邑，差池弱冠年。丈人叨礼数，文律早周旋。

台阁黄图里，簪裾紫盖边。尊荣真不忝，端雅独翛然。

贡喜音容间，冯招疾病缠。南过骇仓卒，北思悄联绵。

鵩鸟长沙讳，犀牛蜀郡怜。素车犹恸哭，宝剑欲高悬。

汉道中兴盛，韦经亚相传。冲融标世业，磊落映时贤。

城府深朱夏，江湖渺霁天。绮楼关树顶，飞旐泛堂前。

帟幕旋风燕，笳箫咽暮蝉。兴残虚白室，迹断孝廉船。

童孺交游尽，喧卑俗事牵。老来多涕泪，情在强诗篇。

谁继方隅理，朝难将帅权。《春秋》褒贬例，名器重双全。

韦之晋的离世，使得杜甫陷入深深的困境之中，只能靠奉赋赠诗获取接济度日。杜甫无所依傍，只得以船为家，停泊在湘江岸旁，有时小栖在长沙驿不远的江边阁楼之上。杜称之为“江阁”，其《江阁对雨有怀》诗云：“层阁凭雷殷，长空面水文。”

从春到秋，已经四个多月了。杜甫的生活比渔夫们更艰难，却是老病缠身，衣食无着。杜甫只好写诗向长沙两位侍御求助，却没有什么回音。夫人杨氏常常紧锁眉头，凝视着滚滚的江水，愁着没有米下锅。16岁的儿子宗武饿得满脸苍白，每天还坚持用很多的时间读书。渔夫们眼见杜甫一家的窘境，私下里常常为他们的生活担忧，觉得这一家人漂流在外，无亲无友，总要有点打算才好……

其时，一名老渔夫跑到杜甫船上，热心地建议他到鱼市去设摊卖药。于是，一个暖和的早晨，杜甫带着宗武来到了鱼市，渔夫们赶紧把最好的位置让给他摆药摊，那是一座庙台，又干净又打眼。杜甫药摊上的药材，散发着淡淡的幽香，大都来自产药闻名的地方，有长安的，有陇西的，有成都的，有夔州的，有些药在潭州花多少钱也买不到。这天下来，附近长期患风湿病的、打摆子的、闹眼病的……都到药摊前来买药，生意还不错，杜甫深受鼓舞。

此后，每逢市集，只要天气不太坏，杜甫或者宗武便跟着渔夫们到鱼市上摆药摊，或多或少都有所收获，终于熬过了寒冬。夫人杨氏也展开了愁眉，不光有钱买米了，还间或能给杜甫置办一点酒肉。有诗云：茅斋定王城廓门，药物楚老渔商市。市北肩舆每联袂，郭南抱瓮亦隐几。

杜甫是否真卖过草药呢？实在难以考证。但就在唐大历（769年）秋的某日，苏涣来到了杜甫系于湘江边的船上，阳光正照耀着水上的波纹，杜甫靠着长年随身的乌皮几似睡未睡。苏涣大约40多岁，中等身材，矫健精悍，目光炯炯，潭州刺史崔瓘幕府从事。杜甫在阆州、梓州时，就听人家说起过苏涣，说他勇武过人，善使白弩，曾常在巴蜀一带劫富济贫，是个出没无常的强盗，绰号“白跖”、“弩跖”。他后来竟改邪归正，折节读书，考中广德二年（763年）进士，充任侍御使。

苏涣无意中读到杜甫诗作，知他来到了潭州，惊叹不已，即至湘江岸边小船上拜会杜甫。苏涣说：“我过去在巴州，就非常仰慕您的大名，而今在潭州，能够巧遇您，实在是三生有幸。”之后，苏涣从怀里取出一个小手卷，读诗给杜甫听，他慷慨地吟哦起来：一女不得织，万夫受其寒。一夫不得意，四海行路难。杜甫一听，虽相当粗糙，但蕴藏着一种新的内涵，展现了一种新的风格。杜甫回味片刻，由衷地赞叹道，“我一向称赞陈子昂的《感遇诗》、李白的《古风》，今天听了你这首诗，可以说是陈李以外，又树立了一个新的旗帜……”

苏涣被杜甫的赞许所鼓舞，接着又诵读了几首，神情激昂。每读完一首，就有些东西沉重地压在他俩的心上。小小的船篷里，任凭日影移动，不时传来他们热烈的吟哦声。苏涣所钦佩于杜甫的，是杜甫惊人的诗歌成就；杜甫所倾倒于苏涣的，是苏涣诗里隐示着许多还没有人说过的新内容。苏涣和他的诗的出现，确是一个奇迹。此时，杜甫情不自禁，提笔写下这样的诗句：

庞公不浪出，苏氏今有之。再闻诵新作，突过黄初诗。乾坤几反复，扬马宜同时。今晨清镜中，胜食斋房芝。余发喜却变，白间生黑丝。

此时，江上已是黄昏，暮霭苍茫，两岸人家的屋顶上疏疏落落地升起缕缕炊烟。一阵秋风乍起，江水拍击着船身，仿佛有神灵在湘江上出没。杜甫趁天色还没完全黑，迅速将这种微妙的感觉凝成结尾两句：

昨夜舟火灭，湘娥帘外悲。百灵未敢散，风破寒江迟。

自此，杜甫和苏涣成为了亲密的朋友，无话不谈，友谊日益加深。杜甫看苏涣年轻有才，如蛰伏在江里的蛟龙，却不能为朝廷所用，心里很惋惜。就在苏涣的寓所里，俩人一起喝酒畅谈，苏涣却说："我并不指望朝廷看重我。朝廷宦官当政，朝官又都是些蝇营苟苟之人，没有一个大丈夫。"此刻，苏涣指着墙上的

弓弩，向杜甫笑着说："大丈夫当如是也！"杜甫也笑了笑，非常赞赏苏涣的勇敢："你要以此报效国家，老夫敬重！"但杜甫心里很难推测，他是要拿弓弩去做占山为王的强盗，还是为国效力，征战沙场。

杜甫与苏涣的交往甚欢，给他孤寂的心灵带来了很多慰藉。这时，杜甫一生的挚友绝大多数都去世了，李白、高适、郑虔、严武等都不在了，就剩下了岑参，也是远隔天涯。杜甫看到苏涣，感觉到好像当年与李白、高适等人交游的情形又再现了。

就在此时，杜甫竟曾意外地舟行至浏阳城外。远在历史的源头，清渭水洋洋洒洒自南流来，尔后折西而行，于西湖山下，汇入清如靛蓝的浏阳河，便演绎为双枫浦。泊船的码头，有石桥卧于碧波之上，桥头耸立着两棵高大的枫树。尤推深秋之时，斜晖照晚，满河金色，微风掠过，波光粼粼，水鸟低翔，成群的客船静默。其时，放眼西山，则峰峦叠嶂，岚烟缭绕，二三樵夫挑着柴担，沿着山道蜿蜒前来。粗犷的山歌乘着暮色，悠悠飘荡于双枫浦上空。

那年那月，又是怎样一个特别的日子呢？杜甫怎么就来到古潭洲偏僻的一角？又是怎么一种机缘，他竟偶至湘江与浏水的交汇处，幽幽的绿水令他在悲苦中看到了点点亮色，乃命舟人沿河而上。他急切地走近双枫浦，原本是为了欣赏其难得的清雅，满树红红的枫叶，诗人的本性令他触目伤怀，竟慨而挥笔：辍棹青枫浦，双枫旧已摧。自惊衰谢力，不道栋梁材。浪足浮纱帽，皮须截锦苔。江边地有主，暂借上天回。

此刻，即便他暂时忘却了痛苦的现实，也是一瞬间而已。念及自己的际遇，他深切地明了自己不能抛却如影相随的悲苦，所谓功名已遥不可及。当然，浏阳于他而言，如此陌生，也无故人，自没有他的容身之地，他只得凄凄地掉转舟头，一步一步地回返潭州。正如他悄悄而来，他又悄悄而走了。但浏阳的山山水水却因此有了异样的记忆。

就在长沙，杜甫还有一次意外的相遇，却是在仲春时节了。那天他在城边蹒跚行走时，看着落花纷纷，正暗自惆怅，竟遇见了旧时相识李龟年。李龟年是开元、天宝(712–755年)年间大音乐家，唐廷音乐机构“梨园”的首席乐师，因安史之乱而流落湖湘。杜甫少年时代在东京洛阳多次听过李龟年的歌声，长安十载，更熟悉李龟年教曲梨园的盛况。没想到国运多舛，云散风流，今日异地相逢，皆风华不再。余生相见，共怜衰老，多少悲欢离合，自是不堪言及！这一刻，时代的动乱，国家的盛衰，民众的流亡，个人的悲哀，全都纷纭而来，冲击着杜甫。悲欣交加之中，他写下了《江南逢李龟年》：

岐王宅里寻常见，崔九堂前几度闻。正是江南好风景，落花时节又逢君！

原以为故友相见，在这外乡异地之中，自能慰藉彼此孤苦的心灵。谁知，他们还来得及好好享受重逢的喜悦，潭州竟突生事变。唐大历五年(770年)四月八日，这天正好是发兵饷的日子，湖南兵马使臧玠和判官达奚觏为了兵饷在州衙门争执起来，互不相让。就在这天夜晚，潭州城内突然火光冲天，杀声、干戈声惊天动地。兵马使臧玠以“缺粮饷”为借口，发动了叛乱，杀死潭州刺史兼湖南都团练观察使崔瓘，占领了整个潭州城。居民奔走相告，说士兵们正在大街小巷奸杀抢掠……

湘江上的渔船中也一片骚乱，杜甫夹在一群渔民中间逃离潭州城。当官兵追至江边时，苏涣正好从崔瓘府中突围出来了。他一手执着一只弓弩，另一只手握剑，跳到船上，用弓弩阻挡了官军的进犯。这晚月光暗淡，但潭州城内火光冲天，杜甫的船和渔夫们的船结成一队，苏涣手持弓弩站在船头，逆江水慌乱地向南驶去……

船到达衡州后，衡州刺史杨济热情地地款待了杜甫一家和苏涣。此时，杜甫的生命旅程已到了最后的几个月，但他的气魄仍然孤傲。杜甫依然是杜甫，并不因为生命力衰颓而有所屈辱。

这时，澧州刺史杨子琳、道州刺史裴虬、衡州刺史杨济联合出兵讨伐叛变的臧玠，便造成了更大的小军阀间的混战。这场混乱的最后结果，却因杨子琳收受了臧玠的贿赂而退兵，从而导致讨伐的失败。杜甫没法在衡州再住下去了，便与苏涣计划一道南下郴州，因为他的舅父崔伟在郴州任录事参军。临行前，杜甫写下了《回棹》，字里行间自是重重无奈与心酸：

夙昔试安命，自私犹畏天。劳生系一物，为客费多年。

衡岳江湖大，蒸池疫疠偏。散财婴薄俗，有迹负前贤。

巾拂那关眼，瓶罍易满船。火云滋垢腻，冻雨邑沉绵。

强饭莼添滑，端居茗续煎。清思汉水上，凉忆岘山巅。

顺浪翻堪倚，回帆又省牵。吾家碑不昧，王氏井依然。

几杖将衰齿，茅茨寄短椽。灌园曾取适，游寺可终焉。

遂性同渔父，成名异鲁连。篙师烦尔送，朱夏及寒泉。

到处是战争，到处是叛乱，而他没有官职，没有地位，上岸后是徘徊，上了船是溯洄。他只能在湘江上不断溯洄，寻找能够安身养老的地方。他带着妻儿一大群人在四顾茫茫的湘江上漂泊，他所拥有的只有诗，吟诗可以度日，可以充饥，可以暂时忘却啼饥号寒的家人。这不是聊以充饥的饭食，而是饥寒交迫的现实。

在他看来，湘江是一条长绦，一端牵他向南方逃避，一端牵他向北都怅望。可怜的杜甫，他的心被这条湘江的长绦牵碎了。北望是朝廷，是他念念不忘的故乡，然而却是杀戮的战场，是死亡之路。南顾是一条生路，是遥远的希望。该走向何方呢？然而他不能不走，从这里到那里，剑南十载，湖湘几近三年，把他折磨得奄奄一息了。他还是抱着一线回归故里的希望，但希望太渺茫了，渺茫到不成为希望，而是一缕残愁，几行清泪。他目前只有去郴州投奔崔伟一条路了。

三

他们的船从衡州府往北回棹10里水路，便是耒水与湘江的交汇处，溯耒水南去，到达距耒阳县城东北40多里的方田驿，再前往郴州。这个著名的大驿站起源于汉晋时期，是当时京城到广东的必经之路，杜甫将船停靠在驿站附近的河边，并留宿了一夜。

第二天，突降倾盆大雨，一下就是好几天，并引发了山洪暴发。杜甫一行人被围困在方田驿，船上的粮食没有了。在那风雨交加的深夜，病痛和饥饿无情地折磨着他，他感到四海虽大，却没有一个可以容身的地方。正在绝望之时，耒阳县聂县令得到消息以后，派人给他送来十斤牛肉和两坛白酒，并致信问候。这真是穷途知己，雪中送炭。杜甫振作精神写诗答谢，让聂县令派来的人带回：《聂耒阳以仆阻水，书致酒肉，疗饥荒江；诗得代怀，兴尽本韵，至县呈聂令。陆路去方田驿四十里，舟行一日，时属江涨，泊于方田》：

耒阳驰尺素，见访荒江眇。义士烈女家，风流吾贤绍。

昨见狄相孙，许公人伦表。前朝翰林后，屈迹县邑小。

知我碍湍涛，半旬获浩溔。麾下杀元戎，湖边有飞旐。

孤舟增郁郁，僻路殊悄悄。侧惊猿猱捷，仰羡鹳鹤矫。

礼过宰肥羊，愁当置清醥。人非西喻蜀，兴在北坑赵。

方行郴岸静，未话长沙扰。崔师乞已至，澧卒用矜少。

问罪消息真，开颜憩亭沼。

到底是诗人，又有了活下去的希望，杜甫与苏涣喝着酒，吃着牛肉，便激越地谈论着如何平定潭州臧玠叛乱，讨论着下一步到哪里安居。他神情酣畅了，又喝醉了。可他早已疾病缠身，现在又遇上风雨交加的恶劣天气，自是不胜风寒之苦，重疾复发，根本支撑不了长途跋涉。于是，他只得沿汨罗江而上，转往昌江投他的远亲昌江县令以及昔日同僚好友。平江唐时叫昌江县，属岳州，五代后唐讳昌，遂改名平江。这样的行程，应该是这位风烛残年老人的最佳选择。

据平江《杜氏族谱》和明、清时期的地文史志记载：唐大历五年（770年）夏，杜甫由潭州出发，经衡阳去郴州，中途路过耒阳。正遇上大水，无奈回棹北上，由湘江转汨罗江。此时，杜甫异常凄苦，幼女夭折，草草葬在路边，大儿子也早已饿死在中原。他渴望叶落归根，却仿佛到了末路，烛已见跋，心已成灰。就在闷热的船篷里，他作《风疾舟中伏枕抒怀三十六奉韵呈湖南亲友》，乃成绝笔。之后，可能在往平江的途中，也可能是到达平江县城不久，竟溘然病逝。从此，诗人的吟哦消失了，他的生命也结束了，后人将他葬于平江县城东南16公里的小田村，一处风景秀丽的小山坡上。其子宗武、孙嗣业留下守墓。

一千多年后，一个深春的正午，在长长的雨天之后，天竟然放晴了，我怀着敬意拜谒了平江杜甫墓。这是一处墓祠合一的古建筑群。在朗朗的阳光里，远看杜甫祠，如同一座古庙，有长长的灰砖围墙。祠由三大院落组成，青砖灰瓦，朴实无华，俨然普通的旧时农家民居，其清贫的风格应是极符合杜甫生前简朴恬淡、穷愁潦倒的生活境况。

祠内第一进庭院原为僧舍，有两处天井，现在已是人去楼空。往前走，又是一个院落，为官厅，是举办祭祀活动时宾客休息的场所。再过去，便为杜祠的享堂，自然是祭拜和缅怀活动的厅堂。院内一棵罗汉松，树龄已达500多年，享堂大门柱联：“千秋痛感茅屋叹，百代犹闻酷吏呼。”享堂中间，前置杜甫的坐像，一副忧郁的模样。享堂背后的小园林，坐落着杜甫的墓

冢。杜甫墓坐北朝南，为圆形土堆，麻石墓顶，墓围由红麻石砌成。墓前有三块大青石碑，横顶雕饰朱雀图案。主碑正中一块刻着“唐左拾遗工部员外郎杜文贞之墓”，右边刻着“光绪九年癸未冬十月吉日”，左边刻着“署平江县事武陵县知县李宗莲题”。站在墓前，但见苍柏郁郁，清静幽雅，我自是感慨万千。

杜祠建于何时已无法查证，只知清光绪九年（1883年）重修杜墓。次年续修飨堂、官厅、僧舍与浣花草堂。光绪十一年（1885年），张岳龄、李元度等又募资于祠后增建“铁瓶诗社”，为凭吊、赋诗、聚会之所。民国初年，飨堂、诗社等被辟为学校。就在杜甫墓地附近，有“杜家冲”村，据说是杜甫的子孙曾经居住过的地方，任凭草长莺飞，花开花落，杜氏血脉亦绵延至今相传至第60代了。平江县内杜姓达1600多人，每年清明，当地杜姓后裔都要来此扫墓，纪念先祖。

据唐元稹撰《故检校工部员外郎杜君墓系铭（江陵士曹时作）》记载：“……剑南节度严武状为工部员外郎，参谋军事。旋又弃去，扁舟下荆、楚间，竟以寓卒，旅殡岳阳，享年五十九。夫人弘农杨氏女，父曰司农少卿怡，四十九年而终。嗣子曰宗武，病不克葬，殁，命其子嗣业。嗣业贫无以给丧，收拾乞丐，焦劳昼夜，去子美殁后馀四十年，然后卒先人之志，亦足为难矣。”元稹明确道出杜甫是在五十九岁时去世，葬在岳阳，平江唐时即属岳阳，就是我现在来到的地方。然而这里终不是杜甫的故里，况且他整天喊叫要“北归”的心愿，宗武自是耳濡目染耿耿于怀。可宗武也病了，没有办法完成移父尸骨于故乡安葬的夙愿，只好嘱托儿子嗣业。嗣业终于在诗人去世“四十年”后，“卒先人之志”。

也因此，当今学者普遍认定在杜甫去世四十三年后，孙子杜嗣业将他的灵柩运回偃师，葬在首阳山下，在杜预墓的附近，杜审言墓的旁边。就在杜嗣业迁移祖父的灵柩时，路过荆州，遇见诗人元稹。元稹给杜甫写了这篇著名的墓志铭，使得在唐代诗坛地位并不高的杜甫，成为了今天的完美的“诗圣”。看来，河南偃师的杜甫墓才是他最后的墓地。平江杜甫墓，只是他的第一墓葬地，或是他的灵柩暂厝处。那么，平江杜墓不失为杜甫之陵墓，是他的原葬墓，他的尸骨、遗物、诗稿和魂魄都留在了平江。

杜甫在湖湘流连几近三年，留下诗作近百首，大多是漂泊生活凄凉的写照，其关心天下安危与百姓疾苦的感情依然一脉相承。最后，诗尽了，诗人也就此长眠了。虽然杜甫的死有种种不同的传说，但无疑在三湘大地上度过了他最后的岁月。在我看来，杜甫为人情真意远，他的灵魂必定常来故地，此地应沾染了诗人的灵气。即使这里已不是真正的杜甫墓，也应是一座杜甫的纪念地。何况平江与汨罗江相连，杜甫与屈原为伴，似两颗巨星落地，在湖湘大地上相映生辉。而屈原之怨，杜甫之悲，其斑斓的笔墨，抒写了无尽的时代与个人的悲剧，深沉地折射出中华民族所遭受的苦难，湖湘文化在巫鬼浪漫之外，也因此有了沉郁悲忧的苍凉底色。

在中国诗歌史上，杜甫是第一个如此立场鲜明、胸怀广阔地将人的情感、人的命运、人的一切，皆置于诗中，用诗歌撑起黑暗的闸门，用点点光明照亮了飞蓬草芥般苦难的芸芸众生。而这种忧国忧国的思想比屈原更深沉更真切，读他的诗，眼前自会浮现出一位沧桑忧郁的老人，一双悲切的眼睛看着国家的沉沦，痛惜着人民的疾苦。“飘飘何所似，天地一沙鸥。”忧国忧民甘为社稷的杜甫，像一只沙鸥，飞越崇山峻岭，跨过江河湖海，在茫茫的天水之间盘旋，寻寻觅觅……

柳宗元：孤舟蓑笠翁

一

就柳宗元一生来说，他既推崇先秦诸子，又钦佩屈原、司马迁等人，经史子集无不通晓。但儒学思想对他影响最大，孔子和孟子倡导的“仁政”以及“民本”学说，被他终生信奉。也因此，他21岁中进士，26岁考取博学宏词科，被任命为集贤殿书院正字，真可谓春风得意马蹄疾。不几年，年仅33岁的他就升任礼部员外郎，成为朝廷要员。

长安时期的柳宗元，尽管只是二三十岁的年轻人，在衮衮诸公心目中，是无足轻重的后生小子。然而他的文章，却受到人们的交口称赞。韩愈在《柳子厚墓志铭》中真实地记载道，柳宗元在长安“名声大振，一时皆慕与之交”。

永贞元年（805年），唐顺宗李诵继位，即提拔王叔文为起居舍人充翰林学士，实际上主持政务，柳宗元、刘禹锡等时代俊杰均得到了重用，史家传为美谈的“永贞革新”就此拉开序幕。其时，柳宗元以热情昂扬、意气风发的气概，开始施展其“辅时及物”、“利安元元”的抱负。

然而同年八月四日，中风病重的唐顺宗禅位，让位于太子李纯，历时仅仅半年的“永贞革新”无奈地匆匆落幕。李纯登基第三天，就迫不及待地对革新人物加以贬黜，立贬王叔文为渝州司户，将柳宗元、刘禹锡等，这些参与改革的年轻官员们贬为远州刺史。仍觉得不够狠，又在他们赴任途中加贬为远州司马，柳宗元的抱负还未施展开就被贬往永州。

二

对柳宗元来说，“永贞革新”的失败是他后半生政治命运的转折点。

九月中旬，他凄然地离开长安，待到他的孤帆从洞庭湖飘到湘江时，已是淫雨霏霏的冬季。途经湘江与汨罗江会合之处，念及亦是报国无门的屈原，他含泪写下《吊屈原文》：吾哀今之为仕兮，庸有虑时之否臧？食君之禄畏不厚兮，悼得位之不昌。退自服以默默兮，曰吾言之不行。既媮风之不可去兮，怀先生之可忘？

于柳宗元而言，他虽回天无力，仍如屈原不改初衷素志，决心效法前贤，其浩然正气自是感人。随之，他山一程，水一程，于当年年底终于抵达永州。唐代的永州，下辖零陵、祁阳、湘源三县，处于湘桂交界的山区，是远离中原政治、经济、文化中心的“南蛮之地”。从事业辉煌的高峰，突然被摔到万劫不复的深谷，从繁华的长安，突然被贬到远在几千里外人烟稀少的边荒之地，柳宗元内心的激愤自是可想而知。

遥想唐永贞元年寒冬，一个风雪交加的傍晚，一脸悲怆的柳宗元，孤独地站在船头，眺望潇水两岸萧瑟的原野，任风任雨任雪吹打着脸庞，撕扯着长衫，兀自木然不动。就这样，当他来到永州零陵，迎接他的只有落寞的风雪、无言的山水和凋敝的百姓。

而一千多年之后，初秋时节，一个阴雨绵绵的日子，我站在永州柳子庙前。但见青砖青瓦的柳子庙神情落寞，前有愚溪缓缓流过，几棵青松也瘦骨伶仃。我在前坪转了转，四周很安静，偶尔有几个行人匆匆走过。庙正门楣额石竖刻着刚劲有力的三个大字，白底黑字：柳子庙。周围浮雕着五龙双狮，古朴苍劲，栩栩如生。正门两侧雕刻着“山水来归，黄蕉丹荔；春秋报事，福我寿民”的对联，无声地述说着当地百姓对柳宗元感恩之情。

永州司马虽有正六品的官职，却因是戴罪之臣，柳宗元在永州差不多就是囚徒，是扎扎实实的贬黜。于是，原来与他交往的许多人因担心受到牵连，对他避之犹恐不及，更别说嘘寒问暖，关心他的前途命运。当朝新贵与趋炎附势之徒则对他交相诽谤和攻击，更让他深刻地感受到了所谓世态炎凉与人情冷暖。

既然永州司马是编制外的闲员，自然没有官舍。当年，柳宗元在永州先后有两处居所，大致上是以潇水为界，四年河东城内，六年河西城外。一开始，他寄寓在龙兴寺，寺内条件极差，“凫鷮戏于中庭，蒹葭生于堂筵”。寺外一片丛林乱石，人迹罕至，十分荒凉。全家就住在龙兴寺的西厢房内，不仅大门朝北，而且只有一个北窗，光线阴暗，潮湿闷热。他强打精神，作了简单的修缮，在西墙上开窗开门，在新开的门外搭建一座高大的轩，从而可以远眺西边的潇水及岸边的群山。但这毕竟只是权宜之计。此时，他依然抱着起复为用的理想，并没有下定在此长期生活的决心。

已是柳宗元被贬的第五年。按照唐代惯例，贬官一般在二年或五年后可以“量移”。况且，这一年恰遇册立太子，大赦天下。可当年的八司马不得赦免，王叔文和王丕还先后被赐死。于柳宗元而言，曾经的希望很快就如肥皂泡一样破裂了，渺无踪影。他还得在永州待下去，何日是归期，自是茫然。

北归之梦已无望，长期借住佛寺毕竟不是办法。就在这一年，柳宗元毅然从城内龙兴寺搬出来，在愚溪东南畔构筑家园。以他在《愚溪诗序》中的话说：“余以愚触罪，谪潇水上，爱是溪，入二三里，得其尤绝者，家焉。”事实上，柳宗元迁居到愚溪后，才暂且放下胸中块垒，真正移情于自然山水。他平静地垦植榴橘，栽种竹柳，过着永州平民百姓的农家生活。

愚溪，原名冉溪，或称染溪，是流入潇水的一条小溪。柳宗元定居冉溪后，将它更名为愚溪。愚溪新居位于西山脚下，离愚溪入潇水的汇合口二三里路，背依苍翠葱郁的山峦，前有潺潺流水。愚溪上有钴鉧潭、小丘、小石潭诸景，溪旁就是湘桂古驿道。柳宗元将此新居自号愚堂，或称愚溪草堂。草堂茅屋围以竹篱，台阶前栽种芍药，篱笆边有菊花，院子里还种了仙灵毗、白荷、海石榴、灵寿木、早梅、橘柚、红蕉等。草堂附近，更是巧布丘、泉、沟、池、亭、岛，与溪、堂合为八景，号为八愚，并作《八愚诗》纪其事。其《愚溪诗序》云："溪虽莫利于世，而善鉴万类，清莹秀澈，锵鸣金石，能使愚者喜笑眷慕，乐而不能去也。"

愚溪愚堂虽是小溪柴扉，因陋就简，因居者生情，胜景荟萃，反倒美不胜收，让人赏心悦目。

三

迈入柳子庙，便是一个小小的院落，但见进深三栋，逐层砌筑，形成三级递升的格局。沿着鹅卵石的路面往前走，迎面是赵朴初题写的"八愚千古"的牌匾。回首一望，是题额为"山水绿"的戏台。台顶飞檐翘角，那一排泥塑的人像，在历史的风雨中，依然色泽鲜艳，各具情态。台基坚固高大，

台面宽敞，站在可容千人的台前，依稀可以想见昔日唱戏的热闹场面，仿佛锣声鼓声钹声还在耳边回荡。据说每到农历七月十三日，柳宗元的生日，邻近的老百姓都唱大戏来庆祝他的寿诞。届时，十里八乡，男女老幼，济济一庙，看戏吃粉，杀猪宰羊，敬烛烧香，甚是热闹。

当初，随同柳宗元一道来永州的有年近七旬的老母，及他的表弟卢遵、堂弟柳宗直。母亲自然懂得儿子横遭贬黜的忧伤，便好言安慰儿子说："明者不悼往事，吾未尝有戚戚也。"可她不可能没有沉重的悲痛，从住惯了的繁华京都，来到偏远的永州，一路车船颠簸，凄风苦雨，饱经艰辛，到永州后不久，她就染病在身。元和元年（806年）五月十五日，她竟撇下难以割舍的爱子，病故于龙兴寺。老母客死异乡，对处于政治失意的柳宗元来说，自是沉重的打击。他悲从中来，不吃不喝枯坐了3天，硬撑着为母亲写了篇祭文："太夫人有子不令而陷于大谬，徙播疠土，医巫药膳之不具，以速天祸，非天降之酷，将不幸而有恶子以及是也……"字里行间浸透着哀伤和自责，更是蕴含着他无比的怨愤。

柳宗元羁罪异地，自母亲病逝后还遭遇了一连串的家庭不幸。元和五年(811年)，他的爱女和娘病逝。自妻子杨氏死后，柳宗元先后与数名女子同居相伴，但宥于当时的等级观念，未再正式婚娶。他为和娘所写《下殇女子墓砖记》言称，此时病死的女儿"凡十岁"。如是推算，和娘应为贞元十六年（800年）左右柳宗元与长安女子所生的女儿。

其时，柳宗元有俸禄可享，并非衣食无着。但是，他来到边远的永州，生活上本有许多不习惯、不适应的地方，又有几位亲人撒手人寰，乃陷入极度抑郁，身体状况急剧恶化。他初到永州才33岁，还是个年富力强，精力旺盛，充满朝气的青年人。仅过了三四年，就“百病所集，痞结伏积，不食自饱。或时寒热，水火互生，内消肌骨”，身体已是相当衰弱了。这种病，重时一两天发作一次，一旦发病就心慌意乱，视力模糊，吃不下饭，人一天天消瘦。

为了治好疾病，柳宗元不得不寻求出路。他向田夫野老请教，搜集民间草药验方，“晨起自采曝，杵臼通夜喧”，自己采晒，自己炮制。在痞病严重的一两年间，他不饮酒，少看书，多出游，以自我调节疗理。尽管“痞病稍已”，但他的身子骨已被折磨得相当虚弱了，年未四十而齿摇摇发苍苍了。

所幸的是，还有表弟卢遵、堂弟宗直相随左右。他们就学于他，对他十分尊敬和崇拜，甘愿千里迢迢跟随他，来到偏远的永州。在永州，他们照顾柳宗元的生活，料理家居事务，一起读书，一同游览，自是难能可贵。

所幸的是，还有好友刘禹锡。刘柳同中进士，同砚席，同参与永贞革新，又同时被贬至此南蛮之地。一在永州，一在朗州，两者相隔并不远，至少还可鸿雁传书。当初到达朗州，刘禹锡第一封信是写给柳宗元的。他与柳宗元互相勉励对方读书练书法，共同探讨天地万物的关系。他们的情谊比沅江深比潇水长，彼此给对方以无尽的慰藉。虽说刘禹锡内心也伤痛无比，但他生性豁达乐观，乃以豪迈乐观的态度对待被贬的生活，移情山水，故做到了悲而不哀、怨而无悔。他在《砥石赋》中感叹道，自己的宝刀“既赋形而终用，一蒙垢焉何耻，感利钝之有时兮，寄雄心于瞪视”。很显然，面对朝廷无理责罚的蔑视，他要砥砺志节，保持雄心壮志，继续斗争下去。为此，放眼洞庭，看到的是：“湖光秋月两相和，潭面无风镜未磨。遥望洞庭山水翠，白银盘里一青螺”。湖光月色，一派明净，绿水青山，相映成趣。面对令人销魂的秋色，更是表现出与众不同的奔放：自古逢秋悲寂寥，我言秋日胜春朝。晴空一鹤排云上，便引诗情到碧霄。《旧唐书》称刘禹锡在朗州十年：“唯以文章吟咏，陶冶情性。蛮俗好巫，每淫祠鼓舞，必歌俚辞。刘禹锡或从事于其间，乃依骚人之作，为新辞以教巫觋，故武陵溪间夷歌，率多禹锡之词也。”也就是说，而对那些蛮风俚曲，刘禹锡不仅没有感到“呕哑嘲哳难为听”，而是尽可能地把自己融进当地的百姓与民俗中去，努力去感受当地人民的生活与思想感情。从《采菱曲》可以看出刘禹锡被民间生动活泼的劳动吸引了，他情不自禁地将这种美丽景象融入诗中，描绘了武陵女郎在白马湖采菱的动人情景：“白马湖平秋日光，紫菱如锦彩鸳翔。荡舟游女满中央，采菱不顾马上郎。争多逐胜纷相向，时转兰桡破轻浪。长鬟弱袂动参差，钗影钏文浮荡漾。笑语哇咬顾晚晖，蓼花缘岸扣舷归。

因此，他在当地百姓生活的欢乐与苦楚中，内心的孤独感被减弱或消释了，看起来比柳宗元显得开朗、豁达、豪健。倘柳宗元在永州的生活是乌云密布，则刘禹锡拥有更多的亮色。这亮色不光照耀他自己前行的道路，也给了柳宗元不少信心与支撑。

四

到了永州，当地的行政长官对柳宗元自是远而视之，不肯多交惹麻烦，也不想干涉过多得罪人。柳宗元也很知趣，最多偶尔帮忙写些上表、祭雨之类的应酬文章。于是，柳宗元在永州真正交往较多的是故旧同道，如刘禹锡、吕温等人，姻亲杨凭、杨诲之父子，还有文学思想的同道并与他共同掀起古文运动的韩愈。

柳宗元在被贬永之后的头几年，一直处于“罪谤交织，群疑当道”的地位，不敢说话，更不敢与在位者直通音信。只是在元和元年（806年），他写过《上广州赵宗儒尚书陈情启》，向所尊重的当政者表露过心迹后，就沉默了。

元和二年（807年）冬，大雪来得又猛又突然，积雪覆盖

着大地。漫漫长冬的某日，柳宗元站在朝阳岩下，但见岩洞幽深空旷，潇水之上则浓雾茫茫。正是在如此绝望的寂静中，沉重的孤独久久缠绕着他，他挥笔写下："千山鸟飞绝，万径人踪灭。孤舟蓑笠翁，独钓寒江雪。"柳宗元果真在漫天飞雪里孤独地垂钓么？他只是陷入了昏天昏地的茫然。至于能钓上来什么，他根本不在乎，也不再有所期盼。但独钓寒江，自是有离群索居的孤独，有坚持信念不随俗浮沉的孤傲。

直到贬官五年后，他接到了父亲的故交、时任京兆尹的许孟容的来信，才使他萌生了"复起为人"的希望。他立即回了一封千余字的长信，详细陈述了自己的心情和处境，力图辩谤祛疑。之后，他又给李建、裴埙、顾十郎等权重一方的当政者写了内容大致相同的信，诉说自己的苦衷，期盼他们能够援引。柳宗元一口气给这样多在朝的旧人致信，看起来有些荒谬，其实很符合他当时急于用世的心态。然而这些信如泥牛入海，渺无回音，自是白辛苦一场，徒劳无功。柳宗元对此也只能仰天长叹了。

无奈之余，柳宗元移居愚溪，常常"把锄荷锸"，引溪水灌溉田园，疏浚沟池；种植花草树木，布置园林小景；有时还到野外采药，与客人一起行歌坐钓，登山临水。他在《溪居》里这样描写自己的生活："久为簪组累，幸此南夷谪。闲依农圃邻，偶似山林客。晓耕翻露草，夜榜响溪石。来往不逢人，长歌楚天碧。"好一派闲适超脱、怡然自得的模样，于他战胜疾病、恢复健康，大有裨益。

但是，要说柳宗元内心的真实情感，只怕远非如此。虽有利民之心，却是有心无力！一位长安朋友去永州看望他，见他神情宁静乐观，便欣然对他说："今余视子之貌，浩浩然也，能是达矣，余无以唁矣，敢更以为贺。"柳宗元则回答说："嘻笑之怒，甚乎裂眦。长歌之哀，过于恸哭。庸讵知吾之浩浩，非戚戚之尤者乎？"其时，在他内心深处，始终认为自己只是一名永州的过客，始终坚持坚如磐石的信念和正气凛然的风骨，与他的好友刘禹锡一样，至死也不敢违心地认错检讨。

来到永州后，柳宗元很清楚自己的处境，虽说久久不能释怀，也不能如刘禹锡豁达，但并没有就此而沉沦。既是报国无门，只得退而求其次，他决心奋读古书，以求圣贤君子用心立志之道："贤者不得志于今，必取贵于后，古之著书者皆是也。"既然生不逢时，志不得展，那么转向移情山水，著书立说吧！

柳宗元原本多书，可命运多变，书也随之零落，他曾痛惜地叹道："家有赐书三千卷，尚在善和里旧宅，宅今已三易主，书存亡不可知。皆付受所重，常系心腑，然无可为者。"举家南迁时，多有不便，所带只是部分藏书。住在龙兴寺几次失火，又被烧毁损失了些。因此，为了读书和写作，柳宗元不得不广为搜求，慢慢地又积聚了数百卷。他一头钻进这些书中，手不释卷，通宵达旦。最初几年，身体状况不佳，心情不好，记忆力很差，往往读后即忘。但他坚持不懈，"常候战悸稍定，时即伏读"。

而今，迈上十三级的台阶，我步入中殿，横梁上"八愚千古"、"文冠八家"、"都是文章"、"司马遗风"等名家题写的牌匾，历历在目。放眼一望，面阔三间，布局宽敞宏大，墙头、门楣上、木壁上、窗棂上，或彩绘，或泥塑，或山水人物，或走兽花鸟，或民间风俗等图案、雕饰品，点缀其间，活灵活现。想当年，自柳宗元被贬到荒州远郡，故交零落，消息闭塞，只有一条和岁月一样悠悠的古驿道。不久之后，陆续来了一些贬官流人，共同的命运与志趣，使他们形成了一个特殊的沙龙，其中有南承嗣、元克己、吴武陵、李幼清和终生不仕的白衣卿相娄图南。在读书著述之余，柳宗元与他们“施施而行，漫漫而游，日与其徒上高山，入深林，穷回溪，幽泉怪石，无远不到”，踏遍了永州的山山水水，排遣了胸中深沉的郁闷，寻得了“与万物冥合”的乐趣。

就在元和四年（809年）九月，秋高气爽，风轻云淡之时，坐西亭眺望，柳宗元发现了西山之‘怪特”。遂率元克巳、李幼清、吴武陵、娄图南等伙伴，兴致勃勃渡潇水，缘愚溪，伐木开路，穿过人迹罕至的密林，登上西山。“引觞满酌，颓然就醉”，暮色苍茫，“而犹不欲归”。过不多久，又在西山附近循愚溪而上，发现了钴鉧潭、小丘、小石潭和小石城山四处佳景。元和五年（810年），迁到愚溪居住后，他以此为中心，溯潇水而上，游袁家渴、石渠、石涧，最远的还到过城东七十里外的阳明山脚下的黄溪。

“从小丘西行百二十步，隔篁竹，闻水声，如鸣佩环，心乐之。伐竹取道，下见小潭，水尤清冽。全石以为底，近岸，卷石底以出，为坻，为屿，为嵁，为岩。青树翠蔓，蒙络摇缀，参差披拂。”

“潭中鱼可百许头，皆若空游无所依。日光下澈，影布石上，佁然不动，俶尔远逝，往来翕忽，似与游者相乐。”

在柳宗元的眼中，永州像小石潭这样的山水多达二三十处，其中最有名的有八处，这些如同仙境的景致大大抚慰了他孤寂的灵魂。譬如，在永州的西山上，登高一望，千山万水尽在怀抱之中，颇有一种“会当凌绝顶，一览众山小”的感觉。在此山上喝酒，更是特别地提神，越喝越多，一醉方休，喝醉了倒头便睡，睡着了就做各种各样有趣的梦。在恍恍惚惚、半醉半醒之间，他仿佛已与周围的山峦，与自然界融为了一体。于是，柳宗元在游记中还写道，就是那座风景独特的西小丘，那么美，卖四百文钱，卖了好多年，就是卖不出去。他同情西小丘的命运，花钱把它买下来，和几个朋友平整土地，修葺花草，小丘立刻展现出了耀眼夺目的风采。他感慨，永州这样的山水太多了，可千百年来，它们只能默默地在偏荒的山地，埋没了自己的风采。要是没遇上了我，还不知道要埋没多少年呢。

“环永之治百里，北至于浯溪，西至于湘之源，南至于泷泉，东至于黄溪东屯，其间名山水而村者以百数”，都留下了他的游踪。真如他所说的那样：“凡是州之山水有异态者，皆我有也。”永州优美的山水切合着他独特的遭遇与感怀。在永州的十年，是柳宗元平生最为困厄、最为艰难，心情也最为孤寂郁愤的十年。但永州的奇山异水，孕育了他的传世佳作，他的文采像泉水一样喷涌而出，思想像火花一样熠熠生辉，发言为文，无不悲恻动人，发人深省。就是在永州，他写出了名传千古的《永州八记》，成为我国古代山水游记中不朽的经典篇章，造就了他作为古文大家的绝世风范。而永州这个原本默默无闻的小城，也因《永州八记》而闻名天下，成为无数文人墨客顶礼膜拜的圣地。

柳宗元一直以为，要用尽平生所学，为朝廷效力。他也就不能沉入佛教的世界，只能游离于佛教的世界。可永州人民却为他立了庙，以为纪念。于是，我得以在柳宗元的世界里载沉载浮，穿过中殿，便是正殿。正殿中央有柳宗元的侧卧像，面容稍显清瘦，看上去冷峻，闪烁着奇异的神采。墙正中刻着“利民”二字，一语道破了人们纪念柳宗元的根本原因和他思想的真谛内涵所在。一直以来，儒家的仁政理想就是柳宗元政治思想的核心，他从来没有停止过他的思索，他的《捕蛇者说》、《种树郭橐驼传》等，无不埋露了他的“仁民爱物”民本思想。在柳宗元看来，他不仅仅在写山水，而是用山水在写自己的人生自己的人格。

五

在被贬第十年时，柳宗元、刘禹锡、韩泰、韩晔、陈谏等五人，同时接到回京的诏令。接到消息后，柳宗元太高兴了，他写了一首诗：南来不作楚臣悲，重入修门自有期。为报春风汨罗道，莫将波浪枉明时。

到了长安东郊饯别行人的灞桥，正是早春二月，柳宗元联想到当年被贬出京的情景，无限感慨地写了《诏追赴都二月至灞亭上》一诗：

十一年前南渡客，四千里外北归人。

诏书许逐阳和至，驿路开花处处新。

可是世事难料，人心叵测，他们刚回来才不过一两个月，事情就发生了急剧的转变。据说，事情缘于刘禹锡的《游玄都观》：“紫阳红尘拂面来，无人不道看花回。玄都道里桃千树，尽是刘郎去后栽。”本来，柳宗元、刘禹锡这些人才高名重，一贬十年，一下子都回到京城，自然备受关注。他们诗酒唱和，率性而为，并无向权贵乞怜告悔之意。这就不能不引起政坛宿敌们的激烈反对，乘机将此诗拿去告了御状。唐宪宗原本就对当年王叔文集团耿耿于怀，将他们五人又全部贬为远州刺史。柳宗元他们再次失去了效力中央朝廷的机会，经历了喜从悲来、悲从喜来的大起大落。这次改放远州刺史，柳宗元到柳州，离京城比永州更远。而刘禹锡贬得最糟糕，被贬到了播州，就是现在的贵州遵义。柳宗元得知刘禹锡远谪播州时，不禁大哭起来：“播州非人所居，而梦得亲在堂，吾不忍梦得之穷，无辞以白其大人，且万无母子俱往理。”于是，柳宗元立即上疏，向朝廷请求将他所贬去的柳州与刘禹锡的播州对换，加之裴度的帮助，刘禹锡后来才得以改为连州。

南下柳州，柳宗元走的正是一个月前进京的旧路，也是十一年前被贬南下的那条路。但他此时的心情与前两次大不相同。他已经43岁了，身体多病，家境凄凉，长久盼望洗雪沉冤的机会，竟轻易地失掉了。他再一次深切地认识到朝廷对自己的敌意之深、压迫之重，也更感到前途的渺茫。他与刘禹锡结伴南行，到衡阳才分手，然后溯湘江西进舟行去柳州，刘禹锡则改陆路去连州。在江岸上，两个好友依依惜别，郑重相约：皇恩若许归田去，晚岁当为邻舍翁。柳宗元首先写了《衡阳与梦得分路赠别》一诗：

十年憔悴到秦京，谁料翻为岭外行。
伏波故道风烟在，翁仲遗墟草树平。
直以慵疏招物议，休将文字占时名。
今朝不用临河别，垂泪千行便濯缨。

刘禹锡的答诗《再授连州至衡阳酬赠别》云：

去国十年同赴召，渡湘千里又分岐。
重临事异黄丞相，三黜名惭柳士师。
归目并随回雁尽，愁肠正遇断猿时。
桂江东过连山下，相望长吟有所思。

于是，柳宗元满怀悲伤和失望，拖着衰病之身，经过三个月的长途跋涉，于元和十年（815年）农历六月二十七日来到柳州。仅短短四年时间，至元和十四年（819年），他竟病逝于柳州任上，终年47岁。悲乎悲哉，一腔抱负，却只能赍志以殁。

而此时，刘禹锡扶母亲的灵柩从连州北归，恰恰在途经四年前分手之处衡阳，接到柳宗元临终前写给他的遗书和讣告。他不禁失声痛哭，“如得狂病”，挥泪写下怀念柳宗元的诗，自是一字一泪：忆昨与故人，湘江岸头别。我马映林嘶，君帆转山灭。马嘶循故道，帆灭如流电。千里江蓠春，故人今不见。他发誓让柳宗元的儿子“同于己子”。后来，他果真践行了诺言，将柳宗元的遗孤抚育成人。而就在长庆元年（821年），刘禹锡利用短暂的服丧时间，在洛阳为柳宗元及另外一位去世的朋友吕温编定了文集，竟有整整三十卷《唐故柳州刺史柳君集》，并亲撰序言。服阙之后，他便被授予夔州刺史，前往四川重庆就任。

直到唐文宗太和二年（828年），57岁的刘禹锡才被调入京城，任主客郎中。在长达二十三的年贬官生活中，刘禹锡始终没有向权贵折腰，也没有向命运低头。刚刚回到离开十四年的京城，他就再次游览了玄都观。一切物是人非，玄都观已是断壁残垣，灿烂的桃花早也荡然无存，只剩下半园青苔、几畦菜花黄。刘禹锡又是触景伤情，写下了首《再游玄都观》：百亩庭中半是苔，桃花净尽菜花开。种桃道士归何处？前度刘郎今又来。而且在诗前还写了一篇小序。刘禹锡写这篇序文是有意旧事重提，这还不算，尤其是“以俟后游”四字，更是向打击他的权贵挑战，表示决不怕你们打击报复，时刻准备再次被贬到外地，我以后还会再回来的。倔强的刘禹锡虽然屡次遭到打击报复，仍然傲气十足。

三年后，即长庆元年（821年），柳州人就在罗池建庙，把柳宗元供奉为罗池之神。柳宗元的灵柩运回北方去了，柳州人就在罗池庙旁，修建了他的衣冠冢。一辈子否认鬼神的柳宗元，被柳州人衷心地供奉为罗池之神，真是难以理解的历史矛盾，却是一种最好的纪念方法。到了宋代崇宁三年（1104年），宋徽宗追封柳宗元为文惠侯，罗池庙也改名为柳侯祠。

说到底，柳宗元本质上只是一个文人，一个满怀鸿鹄之志却不得不寄情于山水的文人，一个在困苦里依然渴望效法前贤的文人，一个一旦有机遇就用尽心力为民效力的文人。虽然愚溪已不是唐时的愚溪，小石潭也不复当初的清澈，现代气息已然侵蚀了昔日奇山异水，人们因此而失落而伤痛。而今流连于愚溪上下，我依然能触摸到柳宗元的气韵，兀自静静地沉淀在岁月的深处，浑身依然洋溢着孤舟蓑笠翁的寂寞与无奈。

王昌龄：不知身在五溪滨

到达黔城时，天空下着蒙蒙细雨，㵲水缓缓绕城而过。远远看去，淡淡的雾气笼着浑浊的河水。站在㵲水河畔时，遥想远在盛唐时期的诗人王昌龄，莫名的酸涩与怀想，便涌上我的心头。再转过身来，我惊讶地发现，竟然面对一座座灰墙青瓦檐角高翘的老房子，神情落寞。不由自主地，我流连于奔流不已的河水与沿河蜿蜒的老房子之间。今夕何夕？竟得以与“诗家天子”王昌龄不期而遇！

一

王昌龄生平缺乏详尽记载，大致可知其早岁贫寒，渔耕而读。《题灞池二首》其二云：“开门望长川，薄暮见渔者。借问白头翁，垂钓几年也。”质朴的诗句袒露着他沉静淡泊的心境，在二十四岁以前，他一直呆在家乡灞上芷阳村。而这二十多年的时间，正是唐朝政治变动最剧烈的时期，是武、韦外戚擅权转为李唐王朝恢复政权的时期。唐玄宗在获取皇位后，开始励精图治，政局日趋稳定，但他作为一个明君的政绩其实尚未充分体现出来。这些风云变幻的事件，自然对王昌龄的思想产生了不小的冲击。他自幼饱读诗书，其反对暴政主张仁政的儒家思想根深蒂固，且因此又萌生了避世远祸的道家出世思想。

后来，由于父亲去世，作为长子，王昌龄不得不努力耕作，以维持全家的生计。就在开元七年（719年），在盛唐“漫游热”、“边塞热”和“隐居热”的感染下，他开始了非同寻常的仕前漫游，期盼为未来的仕途进取奠定坚实可靠的基础。可他的河南之行很不顺利，到大梁之后，曾出现过旅费紧张等种种困难，当然也与他在“出世”还是“入世”的犹豫徘徊有着很密切的关系。终于，在这年年底或开元八年（720年）初春，他才来到嵩山。虽然上嵩山并非他的迫切愿望，但入乡随乡俗，入道遵道规。前几个月他还是认真地学道，后几个月则心神不定，另谋打算，将更多的精力用在广交朋友和提高自己的知名度上去了。到了秋天，他离开嵩山，来到了河北，开始了他第一次边塞漫游。

事实上，唐玄宗即位后，继承并发展了积极开边的政策，对于战功卓著的将士不惜予以封侯和重赏，便吸引了不少读书人前往边塞走立功进仕的道路。王昌龄自认“粗读兵书尽冥搜”，“洞晓山川无与俦”，通晓用兵之策，便决计寻找机会参战杀敌，以建立功勋。纵观王昌龄一生，与大多数文人一样，并不心甘情愿地做一个纯粹的文人，因而变得辛苦而辗转，变成了行动着的思想者。当时热烈的拓边政策，使得他的思想因此激昂与清醒，一直热切地思索着安边宁民之策略。他是以一种英雄的态势在漫游，他的身上放射着英雄主义的熠熠光环，他将自己看成了一位出征的壮士。王昌龄在河北边塞漫游了整整一年时间，深深地为国家积极的开边政策而自豪，其高昂的英雄主义气魄与满腔的爱国主义热情，洋溢于诗的字里行间。《从军行》云："大将军出战，白日暗榆关。三面黄金甲，单于破胆还。"此诗格调昂扬升腾，似在歌颂和鼓励一个正出榆关作战的大将军。只是因无李广之才，大将军却以惨败告终，便有《出塞》："秦时明月汉时关，万里长征人未还。但使龙城飞将在，不教胡马度阴山。"回溯盛唐时代，但见王昌龄站在月光朗朗的边关，在月光下徘徊，在月光下思索，进而慷慨激昂地吟咏，激昂之声穿越时空一次又一次地敲击人们的思索。

之后，于开元九年（721年）夏秋之交，王昌龄自河北道卫州的湛上，来到河东道潞州理所。就在年底，他北上并州太原府，也就没有再往北行，直至开元十一年（723年）秋，整整二年他都在河东漫游或客居。此时，通过对边塞实地考察后，他的思想变得更加深沉，在他看来，自唐玄宗登基以来，边关的确打过不少胜仗，但败仗也吃得很多，就在他赴河北和河东边塞漫游与客居期间，吃败仗的事发生得更加频繁。其原因就在于做将帅的缺乏起码的指挥才能，且没有正确的赏罚政策去调动士卒们的积极性，长此以往，自是不堪设想。自此，随着漫游时间越久，发现的问题越多，他的非战思想也越突出，也因此开启了河陇边塞诗幽怨的情调。

就在辛苦的征途之上，王昌龄步履越走越远，他的思索渐渐地深刻沉重，乃至叹息声声：琵琶起舞换新声，总是关山旧别情。撩乱边愁听不尽，高高秋月照长城。于是，边塞战士的命运牵扯着王昌龄，揪得他心酸心痛，他决心走科举进仕之路，以自己“贤良”的才德去实现安边宁民的理想。

王昌龄于开元十一年（723年）秋返京兆，于开元十二年（724年）春参加了科举考试，却未第。失落之余，他随即踏上了一次更为豪壮的边塞漫游——河西陇右之游。其时，他离开长安后，沿渭河平原向西进发，经泾州、原州，出萧关而去陇右。之后，他溯黄河而上，经会州至兰州，兰州是陇右道东部的腹心地带。他依然没有停止漫游的脚步，再西去鄯州，乃至北上凉州、甘州，最后到达肃州，甚至还去了肃州西部的玉门军驻地。王昌龄的此次西北之行，历时一年零十个月左右，计其里程约八千里之遥。而且，所经之地，或为山区，或为高原，或为沙漠，人烟稀少，气候恶劣，边患时生。因此，他深切地感受了边关将士的艰难困苦，边庭战争的残酷性、危害性及不人道，自是更坚决更全面地否定战争。

当是时，他心怀抱负，执着于功名，关注世事，在尘世间积极寻觅人生价值。他的字里行间有着大悲悯，落笔更有历史的厚重感。在河陇边塞之行后，他便坚定了安边宁民的理想，决心要为实现自己的理想，改变边塞的现状而努力行动。他借扶风主人的口说：“少年与运会，何事发悲端。天子初封禅，贤良刷羽翰。”

有人统计，他以河西、陇右为背景的总共二十一首边塞诗，就是他在塞上行与塞外行之时，一一收拾进他的诗囊，也正当他风华正茂意气干云的年华。“**大漠风尘日色昏，红旗半卷出辕门。前军夜战洮河北，已报生擒吐谷浑**”(《参军行》)。那些幽咽悲壮的边塞之歌，是在哪几阵马蹄声中和哪几曲胡笳声里吟哦而成呢？终于，开元十五年（727年），王昌龄登进士第，此时他已然32岁。进士及第后，补秘书省校书郎，校书郎自古由文学之士充任，为当世所重。至开元二十二年（734年），他入选博学宏词科，超绝群伦，于是改任汜水县尉，这大约是他生平最为快意的一段日子。其间，孟浩然进京，二人交往甚欢，“数年同笔砚”，同时还与王维、王缙、裴迪、储光义等联唱迭和，名动一时。

二

在诗的王国里，特别是在七绝的殿堂中，盛唐时代的王昌龄，高视阔步，南面而王。然而，在人生的江湖上，他却历经暗礁的嘲弄，险滩的暗害。

在当时，王昌龄“轻举随鸿鹄”之志不但无法施展，还于唐开元二十六年（738年），已然43岁时遭贬岭南（今广东一带）。王昌龄的个性正如其自云“得罪由己招，本性易然诺”（《见谴至伊水》），看来是他敢于揭露当时“兵满天下，流毒四海”的社会现实之故。这次“负谴”而被远贬岭南，开端了与他后半生相始终的谪宦生活。贬谪已经令人苦楚了，何况他是北方人，南方炎热而潮湿，不服水土，岭南更是未经开发的蛮荒之地。因此，伴随他一路南行的，只有挥之不去的凄风苦雨。

究其原委，正是唐玄宗暮气沉沉，懒得亲理朝政，一心纵情享乐，开始重用奸相李林甫，权力下移的时候。当唐玄宗穷兵黩武，对西北边塞少数民族进行征讨的时候，王昌龄殷切希望谒见皇帝，陈御边良策。可是有李林甫这个欺上瞒下的奸相作祟，即便王昌龄有匡济之志，也无法施展。所以他在《无题》中愤慨地说：“奸雄乃得志，遂使群心摇。赤风荡中原，烈火无遗巢。一人计不用，万里空萧条。”此时，他已预感到奸雄得志，群心动摇，安禄山起而叛乱不可避免。之前，宰相张九龄每遇事直言敢谏，唐玄宗对他很不满意。后被李林甫趁机排挤，罢免宰相，在荆州地方做行政长官。王昌龄路过荆州，对张九龄这个老上司深为不平，便写了一首《奉赠张荆州》的诗：

祝融之峰紫云衔，翠如何其雪崭岩。邑西有路缘石壁，我欲从之卧穷嵌。鱼有心兮脱网罟，江无人兮鸣枫杉。王君飞鸟仍未云，苏耽宅中意遥缄。

随之，王昌龄怀着“迁客”的不平心情，和张九龄告别，路经襄阳，和他的好友孟浩然相晤，互诉衷情。重病在身的孟浩然看到老友将要赴贬所岭南，真是难分难舍，怎不“相思望斗牛”呢？便以一首《送王昌龄之岭南》劝慰他。之后，王昌龄又从汉水乘船而下，涉长江，入洞庭，溯湘江，经长沙，到衡阳，上郴州，去岭南。

王昌龄对于自己这次被贬岭南，虽比作“羁鸿”，此去“永与世人远”，但“今往何必忧”呢？可见他的胸襟是开阔的，气宇是轩昂的，并不因自己被贬岭南而沮丧。可他具体应贬流到什么地方，他一路的诗中均无定说。但既然过了郴州，理应到了当时岭南道的北部韶关一带，很可能便在骑田岭周围的乐昌、临武及郴州所构成的三角地带活动。开元末年贬流此处的人员，大多是政治上与朝廷闹过别扭的，这些人对素来喜欢热闹的王昌龄来说，正是有着共同语言的患难之交，使得他得以排遣心中哀愁和感伤。

然而，满天的阴霾偶尔散开，也会有亮丽的一角蓝空，苦雨暂收，照射在天上和心上。王昌龄和比他小4岁的李白有缘在巴陵相见复同游，便如不期而至的一轮晴日。开元二十七年（739年）春，因玄宗加尊号而下的大赦令后，王昌龄本已得以缓解的贬流之愁，便彻底地得到解除，在回长安途中自是尤为轻松自如。时至当年秋日，他已到达巴陵，遇到大诗人李白，这是他们第一次相见。巴陵乃南北要冲，唐代谪守岳州的中书令张说于此修建“岳阳楼”之后，更是名闻遐迩。他们在喜出望外的邂逅中，都有“同是天涯沦落人”的感慨，乃携手同游巴陵，有说不完的离愁，也有痛饮高歌的欢乐。多情自古伤离别，在一个暮色苍茫的傍晚，两个诗人在巴陵城头、洞庭湖滨，又匆匆告别了。李白乘舟北去，王昌龄以《巴陵别李十二》相赠：摇曳巴陵洲渚分，清江传语便风闻。山长不见秋城色，日暮蒹葭空水云。倘遥望历史的深处，但见楫桨摇曳，一叶孤舟漂向洲渚远处，而李白和王昌龄互唤保重的声音，依然从水波上随风飘扬。舟行已远，李白从湖上回首，水绕山环，已然不见秋日巴陵的城郭。王昌龄呢？暮色中也只见一片蒹葭苍苍，云水泱泱。

雪花飘飘的隆冬，王昌龄再次来到襄阳，重访挚友孟浩然。两位老朋友玩得非常愉快，孟浩然也必然留他多住了些时日，王昌龄此时既无公务在身，又无贬流之忧。只是他们未曾料到，这是他们的最后相聚，就在王昌龄回到长安没多久，孟浩然竟然撒手西归："时浩然疾疹发背，且瘉。相得欢甚，浪情宴谑，食鲜疾动，终于冶城南园，年五十二。"或许因为他们都沾不上盛世的荣光，惟有以酒一浇块垒，孟浩然亦可谓舍命陪君子。由至情至性如孟浩然，颇可想见王昌龄的为人。

开元二十八年（740年）冬天，王昌龄接到了赴江宁担任县丞的委任状，接着便离京南下。所以后人又称他为"王江宁"。但古往今来，做官总以在天子脚下为重，王昌龄明显对江宁丞这一人微言轻的职务并不满意，常作牢骚语，如《送韦十二兵曹》诗中抱怨："县职如长缨，终日检我身。平明趋郡府，不得展故人。"他希冀自己不会在江宁任上久留，"不应百尺松，空老钟山霭”（《宿灞上寄侍御玙弟》）。可正所谓性格决定命运，如他这般脱略世务不拘小节，江宁任内已被人罗列出两大罪状：一曰“好酒贪杯”；二曰“不守本职”。开元二十八年（740年）冬日接调令，二十九年（741年）夏日才离洛阳南下江宁任所。从长安赴江宁任所，他在洛阳一住半年，其原因无非是“薄宦忘机栝，醉来即淹留”。县丞为全县之总管，既要处理公务公案，岂能因酒误事？任职一年多后，又于天宝二年（743年）春离职上京，直至天宝三年（744年）冬日才始返江宁。回江宁后，又曾去太湖、浙江一带游览。这种明显以怠工作为消极反抗的手段，过于意气用事，也实在太容易授人以柄。

王昌龄在江宁时，常约诗友在衙署后厅之“琉璃堂”聚会唱和。唐代画家据此绘有“琉璃堂人物图”，有多种摹本传世，并流传至今。一百四十年后，晚唐诗人张乔旅次江宁，还专程去凭吊琉璃堂故址，写有《题上元许裳所任王昌龄厅》一诗：琉璃堂里当时客，久绝吟声继后尘。百四十年庭树老，如今重得见诗人

王昌龄在江宁丞任上约六七年之久，未料到天宝七年（748年），正在广陵游览的途中，得到了因“不护细行”、从江宁丞贬为龙标尉（怀化黔城）的消息，他久病卧床的妻子闻此消息竟气绝身亡。

关于时人谓其“不护细行”、“不矜小节”，平心而论，唐人多有此病。陈寅恪《元白诗笺证稿》亦谓唐人轻狂，不护

细行、不矜小节的绝非王昌龄一人，偏偏他因此频遭贬谪。他出身孤寒，在承南北朝旧俗、极重家世门阀的唐代，全无靠山可言，却又有着“卷舒形性表，脱略贤哲议”的不羁个性，难免为人诟病。王昌龄不同于挚友孟浩然，即使大半辈子只是被支来使去的芝麻官，却始终期待着“黄鹤青云当一举，明珠吐著报君恩”，期待“明祠灵响期昭应，天泽俱从此路还”。孟浩然虽也写下出世的虚无句子，却从未真正有过出世之心。孟浩然尚有另一方净土安顿他的人生，王昌龄却无处可逃，只有不断地企盼与落空，再企盼与再落空。他的宫怨诗里，以男子写闺情，实则处处都有自己的影子。曾写下“黄沙百战穿金甲，不破楼兰终不还”这般血性文字的诗人，面对无奈的现实，始终有化解不了的苦涩，那些栏杆拍遍、拔剑击柱的壮怀激烈，只能被岁月煎熬成茫然无奈的长叹息。但对节义操守的信奉，对功业理想的执着，在折磨他灵魂的同时，也支撑着他的灵魂。好在他这一生，说不尽的长亭短亭多少次折柳相送，却少有消沉颓丧之语。

三

龙标县自是偏远之地，群山环拱，交通阻隔，乃唐代又一贬谪之所。王昌龄得到被贬为龙标尉的消息，念及曾经安边宁民的理想，情绪竟高昂起来，悠然前往龙标。

天宝七年（748年）九月左右，王昌龄带了一株和妻子共植的芙蓉上了船，沿长江到洞庭，溯沅水去贬所上任。从秋天走到第二年春天，据说在沅江过黄狮洞险滩时，官船被打翻，险些葬身鱼腹。他抱着两只装书的木箱，在冰冷的水中不知飘了多久，才被几位渔民搭救，捡得性命。

江宁虽然只是担任县丞，但较之龙标，应是人间天上。王昌龄在江宁任上曾回过一次长安，和被征召进京供奉翰林的李白第二次握手，而王昌龄再遭贬谪之时，李白也早已被放逐出朝而漫游于江南。当他辗转听到这一消息，已是第二年暮春时节了，至今传唱人口的《闻王昌龄左迁龙标遥有此寄》，不知李白写在哪家柳色青青的客舍：杨花落尽子规啼，闻道龙标过五溪。我寄愁心与明月，随风直到夜郎西。

龙标在沅陵县西南，李白没有去过，只能想象得之。当年崇山峻岭中的羊肠小道是何等弯曲难行，路旁便是河水清且涟漪的㵲水。这湾㵲水，曾照亮过王昌龄悲愤哀愁的眼睛，洗刷过他从金陵远谪而来的满身风尘吗?志书上曾记载他贬官来此前后的情况和传说，“往返惟琴书一肩，令苍头拾败叶自爨”。

他当年是一叶扁舟溯㵲水而上呢，还是在荒无人烟的山野间踽踽独行?千百年来，龙标深藏在湘西南的万山丛中。昔日的龙标，今日的黔城镇，仍然只是一个简陋的小镇，仿佛还没有从古代的梦中完全醒来。镇上年深月久的窄街小巷，多用苍苍的青石铺成，写满沧桑，而猛一拐弯，或许还能听到王昌龄当年吟哦的回声。

再大的苦难也压不倒他执着的信念，再美的山水也融不化他忧国忧民的情怀和一心想回到朝廷效力的愿望。“莫道谗言似浪深，莫道迁客是沙沉。千淘万漉虽

辛苦，吹尽狂沙始到金。”龙标正处于㵲水和清水江汇入沅江之处，两岸青山隐隐，王昌龄经常坐船去对岸岩洞寻幽探胜，或溯沅江而上至沅陵，访寺庙，登高楼，弹箜篌，高歌醉酒而归。他在凶险的沅水上，高吟“谁识马将军，忠贞抱生死”，从未忘记“何当报君恩，却系单于头”。

既是来到昔日的龙标，我禁不住在龙标旧城辗转找寻。当然，我知道自是找不到王昌龄曾经的足迹，但依然在那些古老的街道上走来走去。突然友人却在前方呼唤，快来，芙蓉楼快到了。我奔上前一瞧，却是一座碧绿的园子。走进园子，满眼都是绿色，有浓郁的柚子花香幽幽袭来。转过一丛青竹，但见翠绿的庭院之间，点缀着几座亭台精致的楼阁。如一株出水的芙蓉，芙蓉楼风姿绰约地临江而立，温和，洁净，神秘。我急切地往前奔去。

时至今日，当我站在芙蓉楼上，只见近处的㵲水和远处的沅水在楼前流过，依然不舍昼夜。在春日楼头，我抚今追

昔，怀古之幽情不禁油然而生。

唐天宝九年（750年）夏天，遭贬湘西的陶副使来访龙标尉王昌龄。陶副使为王昌龄旧识，王昌龄任江宁丞时，曾作《别陶副使归南海》一诗。今陶副使贬湘西，王昌龄闻知，便以《寄陶副使》寄之安慰。诗云：“闻道将军破海门，如何远谪渡湘沅。春来明主封西岳，自有还君紫绶恩。”陶副使系用旧名，副使，节度使、观察使、采访处置使、按察使、转运使等之下皆有副使，为诸使之佐。陶副使来到龙标，因龙标公务清闲，王昌龄得以时刻陪同。时当初夏，二人在芙蓉楼内，幽篁深处，携春酒，唤歌姬，于琴棋之余、歌乐之间，相对欢饮，兴致颇浓。王昌龄兴之所至，挥笔写下了《龙标野宴》：

沅溪夏晚足凉风，春酒相携就竹丛。

莫道弦歌愁远谪，春山明月不曾空。

流水通波接武冈，送君不觉有离伤。

青山一道同云雨，明月何曾是两乡。

时而旷达，时而幽怨，或许这才是王昌龄此时的心情。旷达的背后可能是更深的忧伤，但也可能旷达就是旷达，旷达的背后还是旷达。我相信王昌龄旷达的纯净，因为这可能更符合他的性格。天宝十一年（752年）的秋天，他的友人魏二，乘船前来龙标访友。二人在龙标境地，游山玩水，饱览大好河山，对五溪的山山水水，赞不绝口。魏二在龙标游玩了一个月后，准备回到遥远的故乡，与王昌龄依依惜别。王昌龄为之送行，挥笔写下著名的诗篇《送魏二》：“醉别江楼橘柚香，江风引雨入舟凉。忆君遥在潇湘月，愁听清猿梦里长。”

当年，王昌龄可曾辗转于潕水河畔？他忧伤的目光可曾抚过滔滔的河水？他在昔日偏僻的南蛮之地一呆就是八年，好在常有友人来访，他在龙标城东为送客而建的临江楼，不知道宴饮过多少次、送走了多少人。他送了魏二，送了张四，送了程六；送了狄宗亨，又送柴侍御；送了薛大赴安陆，又送朱越；送了李棹游江东，送李十五；送了崔参军往龙溪，又送吴十九往沅陵。让他的送别诗名扬天下的，却是《芙蓉楼送辛渐》。

当此刻我站在芙蓉楼上，四周一片寂静，但见灰灰的天空，缓缓流淌的江水，还有对岸默默的青山，山脚下疏疏的农舍。遥想当年，王昌龄寂寞于偏远之地，理想依然无从舒展。多少次，他站在楼上，目送友人的船渐行渐远，直至青山挡住了他无奈的视线。

当然，一个文人，王昌龄本身是脆弱的，无力的，但他毕竟有思想有抱负。出于安边宁民的思想，他，一个北方人，就平和地留守在南方龙标，忍受了常人难以忍受的孤独，还有阴雨连绵更兼湿热沉闷的气候。辛渐，相伴王昌龄多年的朋友，现在要离开他，回到北方的洛阳。把酒话别之时，寒雨潇潇而下，笼罩着江水，笼罩着芙蓉楼，今日离别何时才能重逢？一夜秋雨，连江入吴，更添离愁别绪，两个好友离情萦怀一夜未眠。当天色微明之际，站在凄风苦雨的渡口，王昌龄与友人执手相看泪眼。终于，帆扬起来了，船渐行渐远，王昌龄依然孤独地站在渡口，一动不动。友人就此离去了，只剩下他孤零零的一人了，就像孤零零的楚山一样，伫立在江畔空望流水逝去，自己却没有归期。辛渐啊，回到洛阳，如果亲友们问起我时，你就告诉他们，我王昌龄还是过去的王昌龄，仍然如晶莹剔透的冰心玉壶，光明磊落，表里澄澈！

而当我站在江边，送客亭之侧，暮色悄然自四周笼了过来，有冷风袭来。江还是那江，江上却无帆。仿佛依稀间，自历史的深处，谁的吟唱渐渐清晰：

寒雨连江夜入吴，平明送客楚山孤。

洛阳亲友如相问，一片冰心在玉壶。

王昌龄贬到龙标时，正是年过五十的壮年岁月，他在重重雪峰山脉重重阻隔之下，行吟泽畔，泛舟潕水，建芙蓉楼，植古柏树，以长安洛阳那精致典丽的雅歌来对蛮荒之地未尝雕饰的山歌，日子倒过得张弛有致，活色生香。无苦么？无；无怨么？无；无悲么？无；无报复心么？无；无贪鄙心么？无；无重回长安去钻营之心么？无。这，就是一片“冰心”吧。

来到城西南潕水和沅水的汇流之处，该是传说中的“芙蓉渡口”。在王昌龄

咏歌啸傲过的江边，他抑扬顿挫的吟哦，和滔滔江水一起在我的心头流唱：

月色溶溶照古城，芙蓉渡口水风清。

焦桐一曲梨花雨，不知身在五溪滨。

四

龙标四周的群山如插翅难飞的囚笼，软禁了王昌龄的壮年岁月。

天宝末年，安史乱起，两京沦陷。唐至德元年（756年），唐肃宗李亨在甘肃灵武即位，改元至德而大赦天下。此时，曾经为“一时之秀”的王昌龄已经垂垂老矣，终得以离开龙标。后世曾多方揣测他的用意，有说是去投奔永王，好友李白在那里，也有说是省亲，又或许他只是走向冥冥中的结局。但长安尚未收复，道路不宁，想回故里实无可能，王昌龄只得沿江东下，于次年秋天到达九江。随后两京收复的消息于岁末传到江东，王昌龄决计还乡，但他怎能预知自己的生命也接近终点了呢?

他路经亳州(今安徽亳县)时，竟然被刺史闾丘晓杀害，一代巨星，遽然殒灭！这位手持彩笔的“诗家天子”，沉于下僚的仕途三十年，却有二十年是迁谪的岁月，最后竟然不幸屈逝于恶吏闾丘晓之手。闾丘晓，姓闾丘，名晓，据《旧唐书·张镐传》记载，“晓素愎戾，驭下少恩，好独任己”，可见是一个暴戾乖张之徒。

傲视权贵，嫉恶如仇，脱略世务，不拘小节，大概是王昌龄这种才干与骨气并兼的文人的通病。而闾丘晓身处高位，在乱世中拥兵自重，加之“愎戾”的本性，作威作福，还很有可能忌妒王昌龄的诗才和名声，于是王昌龄便在劫难逃了。

然而，正所谓“人生无常，天道好还”，闾丘晓终于未能逃脱命运对他的处罚。应当感谢的是张镐。张镐出身布衣，为人刚正，当时兼任河南节度使。安史叛军合围张巡、许远逝守卫的睢阳，张巡告急。张镐挥师昼夜兼程，传檄闾丘晓克日就近赴援。但闾丘晓居然逡巡不进，待张镐赶到时，睢阳已陷。张镐以军法问罪于闾丘晓，而将之处死。闾丘晓连连求饶说：“家有老母，请留我一命。”张镐的答复令九泉之下的王昌龄冤恨稍伸，令千载之后的人们依然人心大快：“王昌龄也有老母，谁去抚养呢?”遂杖杀之。

再一次深深地张望芙蓉楼，仿佛依稀间，王昌龄依然衣袂飘飘地站在楼上。身在龙标，心忧天下呀！他虽命运多舛，但豁达开朗，善于自遣，用玩世不恭的方式，安然走过生命的重重波折，留下了众多美妙的诗篇。不由分说地，王昌龄满腔的赤诚，穿越历史的云烟，执着地萦绕在我的周遭！我徘徊又徘徊，心绪时起时落，无言地眺望着滔滔的江水。也许，在历史的长河里，无数的苦难打磨着一颗颗坚韧的灵魂，使之高贵使之坦然，比如王昌龄，比如辛弃疾，比如陆游。浑身已然伤痕累累，心灵却那么坚贞那么坦然那么执着。

秦观：郴江幸自绕郴山

自古往来郴州者多矣，真正使“郴”千古留芳者，非秦观莫属。秦观在郴作词多矣，真正让人念念不忘、吟诵不已者，惟《踏莎行》而已。郴州何幸，竟得秦观一词而闻名!

一

话说宋代的积贫积弱，使得有宋二百年间一代又一代的知识分子充满了忧患意识，试图通过变法来改变国家贫弱的局面。熙宁二年(1068年)，历史将素有改革之志的王安石推上了革新政治的舞台，但新法招致了以司马光为首的守旧大臣的激烈反对。由此，在朝廷中形成新党与旧党之争。在神宗一朝，旧党始终不敌新党，旧党人物纷纷落马，或入牢笼，或贬外任。

秦观乃北宋著名词人，出生于书香之家，在前两次的考试失利后，终于元丰八年(1085年)中了进士，并正式步入仕途，先是除定海主簿，后又调任蔡州教授。就在这一年，宋神宗去世，年仅十岁的哲宗即位，高太后“垂帘听政”，新法停止执行，以司马光为首的一批旧党人物纷纷返回京城。第二年，也就是1086年，改元元祐。苏轼当时已被召还朝，连续升迁后，被授予翰林学士。于是，几乎所有跟苏轼关系密切的苏门文人，陆续进入朝廷担任重要职务，自然也包括苏轼最喜爱的弟子秦观。秦观于元祐五年（1090年）被召进京，授太学博士，秘书省正字。自此，他在京中度过了大约四年时光，这是他一生中最得意最辉煌的时期：不光有机会接近皇帝，在朝廷中议论国家大事；还常与当时最孚名望的文士一起饮酒赋诗填词，切磋诗艺词艺。元祐七年（1092年）春三月，秦观参加了御赐金明池宴集，并以此为莫大的光荣，有《金明池》记述其盛况。

至元祐八年（1093年）七月，秦观和黄庭坚一起，同时被任命为国史院编修官。但是好景不长，就在这年九月，高太后去世，哲宗亲政，起用曾经参与过王安石新政的吕惠卿、章惇等人。此时的新党人物，无论是政治谋略还是个体素质，都远远不及王安石。新法没有得到很好的恢复贯彻，却成了他们打击持不同政见者的工具，局势又一次变得动荡不安，旧党人物人人自危。自绍圣元年(1094年)四月，以苏轼为首的一批“元祐党人”又相继被贬出京城，苏轼在一个月内连续三次被降官，终被贬至广东惠州。其他苏门人物运气也好不到哪里去，黄庭坚被贬到涪州，再到黔州……相比之下，秦观似乎运气还算好，先是出为杭州通判，赴杭途中又因政敌弹劾再贬至监处州酒税。可惜他在处州任上并未得以安宁，又被人罗织罪名，三年后再贬往郴州，之后而横州、雷州等地，再也没有回过朝廷。

秦观被贬郴州，可以说是彻底改变命运的一次转折点，因为前几次被贬好歹还只是降官，朝廷至少还承认他是命官，还享受着分内的俸禄。可这次被贬往郴州，被削去了所有的官爵和俸禄——他从朝廷命官变成了一无所有的“草民”。从此，苏轼、秦观等人的真正厄运来到了，大宋国的真正厄运也来到了。

二

当初，秦观在政治上甚为得意时，却坐党籍而被贬。被逐离京之际，北望都城，他将万千愁苦融入了《江城子》的字字句句：

西城杨柳弄春柔，动离忧，泪难收。犹记多情曾为系归舟。碧野朱桥当日事，人不见，水空流。　韶华不为少年留，恨悠悠，几时休？飞絮落花时候一登楼。便作春江都是泪，流不尽，许多愁。

青春不再，元祐党人已星销云散，自身难保。西园雅集已远，“诏赐花酒”已成南柯一梦，盛况不再。在秦观看来，眼前的瓯江流水，向东不远，便是温州地界了。温州再东，便是渺茫的大海，自是与京城遥不可及。一刹那，离别情绪有如春江，滔滔东去，秦观终于迸发了“便作春江都是泪”的哀叹！

但是，他依然存有幻想，希望有朝一日能重新回到朝廷。处州是他贬谪途中的第一个落脚点，刚到处州之时，境况艰难，甚至难觅栖身之地。生活处境的巨大落差，导致他心理上巨大的落差。好在随着时间推移，他似乎渐渐适应了谪居的恶劣环境，愤懑、牢骚的心态也渐渐平和。在闹市征收完了鱼肉等各类税赋后，他只身来到庵中，有时面对佛陀静坐，有时与数竿碧玉般的翠竹默默相对，偶尔也用长长的井绳打来清水，为老僧煎茶熬粥。尽管与佛陀共处是在公事之余，专事监视的人却弹劾他“不职”，于是又被罢去监处州酒税之职。

免去收税的差事后，秦观更加无所事事。次年春，他前往处州南面的囿山法海寺中修忏，抄写佛书，并书绝句《题法海平阇黎》于寺壁之上：“寒食山州百鸟喧，春风花雨暗川原。因循移病依香火，写得弥陀七万言。”春风花雨，百鸟争喧，他却无亲朋可相聚，无知己可倾诉，只得远离尘世，把自己藏在深山古寺，面对青灯黄卷，默默抄写佛书。不久，秦观又被政敌们罗织了“谒告写佛书”的罪名，于绍圣三年（1096年）受到“削秩徙郴州”的严惩。

“削秩”，是革除所有的官职封号，是对当时士大夫最严重的惩罚。至此，在“党争”中屡屡受气而抑郁寡欢的秦观彻底绝望了，陷入哀伤、悲凄之中而不能自拔。此时，于他而言，处州的生活是多么值得留恋，行前乃作《河传》词抒发愁苦：

乱花飞絮，又望空斗合，离人愁苦。那更夜来，一霎薄情风雨。暗掩将，春色去。　　篱枯壁尽因谁做？若说相思，佛也眉儿聚。莫怪为伊，底死萦肠惹肚。为没教，人恨处。

这时的愁苦比起《江城子》来要深得多了。他恨那“一霎薄情风雨”，也就是令他编管郴州的该死诏命。他已经明显地感觉到“暗掩将，春色去”，对重新回到朝廷不再抱任何希望。

贬谪处州时，秦观可能还带着老母幼子及全家几近二十口人，而这次“投窜湖南”，则“不获俱行”。他的老母已七十多岁了，且疾病缠身，也实在不能再跟随他长途跋涉了。于是，秦观只得将一家老少先送回扬州老家，匆匆安顿家小，耽搁了一些时日。然后，只带了儿子秦湛随行，忍痛溯江西上，继续漫漫长路，前往郴州。已是初冬十月，过岳阳，面对浩瀚的洞庭湖，他写下了《祭洞庭文》，祈求洞庭诸神“赐以便风，安然获济”。此时，他只期盼“早被天恩，生还乡邑”，乃真正的情绪低落，思想愁苦。从此，秦观的思想情绪再没有回升过。

也因此，尽管秦观骨子里流淌着浪漫的血液，可到了最浪漫的湖南，却一点也浪漫不起来：政治上的严酷打击，家庭的无奈离散，精神上的持续折磨，让正当壮年的他对生活心灰意冷。此时，秦观比他的老师、朋友更加绝望更加悲痛，还在处州时在《千秋岁》里发出了“飞红万点愁如海”的哀叹：

水边沙外，城郭春寒退。花影乱，莺声碎。飘零疏酒盏，离别宽衣带。人不见，碧云暮合空相对。　　忆昔西池会，鹓鹭同飞盖。携手处，今谁在？日边清梦断，镜里朱颜改。春去也，飞红万点愁如海。

事实上，处州地处江南，气候和风景都很好，比苏轼所在的惠州、黄庭坚所在的黔州条件好不知多少倍。秦观的脆弱无助，令人情不自禁地产生深深的同情和怜惜。

绍圣四年（1097年）仲春，朝廷对“元祐党人”的贬地作了一次大规模的调整。秦观刚到郴州没多久，又得转徙到更远的横州。大约在暮春时节，秦观从郴州到了衡阳，准备从此溯湘江而上赴横州。

他的好友衡阳太守孔平仲（毅甫）特意挽留他多逗留些日子，秦观非常感激孔毅甫对他的善待，在一次宴席上将《千秋岁》词呈献给孔毅甫。当孔毅甫读到“镜里朱颜改”时，非常惊讶地说：“少游盛年，何为言语悲怆如此！”送别秦观回来后，孔毅甫曾十分伤感地对身边的人说：“秦少游神情气质已经大不如前，大概将不久于人世了啊！”并步原韵和词一首：

春风湖外，红杏花初退。孤馆静，愁肠碎。泪余痕在枕，别久香销带。新睡起，小园戏蝶飞成对。惆怅谁人会？随处聊倾盖。情暂遣，心何在？锦书消息断，玉漏花阴改。迟日暮，仙山杳杳空云海。

不久，秦、孔二人所作的《千秋岁》经由苏轼的侄孙苏元老传到了远谪琼州的苏轼手里。苏轼有所感，亦作和词一首：

岛边天外，未老身先退。珠泪溅，丹衷碎。声摇苍玉佩，色重黄金带。一万里，斜阳正与长安对。道远谁云会？罪大天能盖。君命重，臣节在。新恩犹可觊，旧学终难改。吾已矣!乘桴且恁浮于海。

相比较而言，苏轼的和词比秦、孔二人的心境较为开阔，表现出他一贯的超脱达观态度。后三年，即元符三年(1100年)，秦观在见过苏轼一面之后，在回京的路途中去世了。不知道他是否看到过苏轼的这首和词，如果看到，也不知道他作何感想。

三

就在秦观一贬再贬的过程中，往昔青年才俊的风流浪漫早已荡然无存。在“愁如海”的灰暗心境里，秦观竟意外地感受到了多情湘女的温情抚慰，感受到了人生中最后一抹柔情，刻下了最温情却最悲情的烙印。

当年秦观到长沙时，略微停留了一些时日，当地的友人向他推荐了一位歌妓。据说这个女子歌唱得特别好，很喜欢唱秦观写的词，每得到秦观写的词就爱不释手，又是认真抄写，又是日夜吟唱。秦观有些将信将疑，长沙离京城几千里之遥，如此蛮荒之地，再出色的女子应是无法与他之前交往过的京城名妓李师师、蔡州名妓娄婉、陶心儿等绝色女子相提并论。也因此，不管旁人如何夸奖，秦观依然不动声色。直到有一天，他闲来无事，竟然信步走到了女子的居处，才惊讶地发现：这位女子住的地方竟十分雅致脱俗，根本不像一个普通歌女的住处。正在疑惑之间，秦观被迎进屋内，抬头一看，眼前的女子容貌秀丽，气质淡雅，就算在京城，恐怕也难找如此妩媚脱俗的女子。

等到女子请他坐下，秦观一眼瞧见书桌上放着一本《秦学士词》，便拿过来随手翻翻，发现里面抄的全是他的词作。他不由暗自感动，便问道：“这秦学士是何人？你怎么收集了这么多他的词作？”女子便一一诉说了自己如何喜欢秦观如何用心收集他的作品，又如何爱唱他的词。眼见女子真诚的模样，他却不敢相信

女子的满腔痴情，便故意问道：“你爱秦学士，大概也只是爱他的词吧！”女子不由长叹道：“哎，如果我此生能有幸见到秦学士，哪怕是给他做妾做丫环，也死而无憾！”他被女子深深感动了，便如实相告：“实不相瞒，我就是秦学士，被朝廷贬官经过这里，没想到会有幸遇见你！”当女子得知眼前这位清瘦忧郁的男子竟是秦观时，不由大惊失色，慌忙退了出去。

就在秦观不知所措时，女子的母亲进来了，殷勤地请他至正室就座。秦观刚刚坐定，已重新装扮一新的女子袅袅婷婷地走了进来，对着他就拜。拜罢，随即令人摆上丰盛的酒席，请他在主位上坐下，她和她母亲一左一右地站着，伺候他喝酒、吃菜。每

酒过一巡，女子就唱一曲他的词来助兴。其婉转清丽的歌声，其深情清亮的双眸，如甘甜的泉水流过他荒芜与愁苦的心田，滋润着他感动着他。就这样，一直陪着他喝到深夜唱到深夜聊到深夜……

少游乃性情中人，政治上累累遭挫，在苍茫孤独的迁谪途中意外遇见懂自己、心仪自己的红颜知己，就如在无边的沙漠之中巧遇一眼亮如珍珠的清泉，给他干枯凄凉的心带来了无限的慰藉。在女子刻意营造的“温柔乡”里，他是多么舍不得离开！可他毕竟是待罪之身，怎敢违抗圣旨，待在长沙与女子长相厮守。再多的依依难舍，他也只能匆匆离开，赶赴郴州。分别那天，女子伤痛万分，再三对他说，她将从此守身如玉，只要秦观他日北归经过长沙时，还能再来看看她，她就心满意足。

这并不是一段轻率的誓言——他们分别后，女子果然闭门谢客，和母亲住在一起，连官府的召唤都再三推辞，痴痴地守候着秦观北归。

秦观与长沙义妓的一段交往，事见洪迈《夷坚志》。《夷坚志》补卷第二，又记秦观与义妓之事云：“……留数日，娼不敢以燕惰见，愈加敬礼。将别，嘱曰：‘妾不肖之身，幸得侍左右。今学士以王命不可久留，妾犹不敢从行，恐重以为累，唯誓洁身以报。他日北归，幸一过妾，妾愿毕矣。’少游许之。”

但长沙女子的心愿并没有实现。一别之后，秦观又遭再三贬黜，一直到宋徽宗即位才获得朝廷的恩准北归，但在北上途经滕州时突然去世。

似有冥冥的感应，一天午睡时，女子突然从噩梦中惊醒，哭道："我和秦学士分别好几年都没梦到过他，今天却梦见他来和我告别，这兆头不吉利，是不是秦郎去世了？"她连忙派仆人沿途去打听，不久果然得到确切消息，秦观已经去世了！女子哭着对母亲说："我已经将自己的一生许给了秦学士，现在不能因为他人死了就背叛他！"于是她换上孝服，日夜兼程地追赶，终于在一家驿站赶上了秦观的灵柩。她伤心地抚摸着秦观的棺木，凄凄地绕棺三周后，大哭一声，气绝而亡。一缕香魂，便追随秦郎而去，永远相守于地下……

而秦观在从郴州到横州的贬谪期间，念及长沙义妓对他的深情及天各一方，写了大量的爱情词。其代表作是他的名篇《鹊桥仙》，这首词大约作于绍圣四年(1097年)七夕，时他已经离开了湖南，到了横州：

纤云弄巧，飞星传恨，银汉迢迢暗渡。金风玉露一相逢，便胜却人间无数。

柔情似水，佳期如梦，忍顾鹊桥归路。两情若是久长时，又岂在朝朝暮暮!

四

也是一个有些寒意的秋天，苏仙岭上笼着蒙蒙的云雾，山上游人甚少。我来到秦观的塑像跟前，但见他倚坐于在大石之侧，神情抑郁，正着力向汴梁遥望！也许，他在期盼皇帝能大发慈悲，早日召他回到京城。毕竟，遥远的京城一直在他意念中闪烁着温暖迷人的光芒！可一次次的失望，碾碎了他永远也无法实现的愿望。于是在元符三年（1100年），悲愤之间，他挥笔写下了“婴衅徙穷荒，茹哀与世辞”，令人不忍多读！一时间，秦观，这简简单单的二字竟穿越时空，渐次震动了我的灵魂。透过历史的云烟，我隐隐看见落寞的秦观，在荒芜的古道上不停地跋涉跋涉，满面沧桑。就在这年，他终遇赦北归，八月已行至滕州，却再也撑不住了，即溘逝于光华寺。悲哉，秦观！

秦观其才华如熠熠星辰，照耀着中国的词空。但他不仅仅是个情感主义者，而是清醒地看到当时朝政存在的问题，勇敢地反对尽废新法，主张保留新法的核心免役法，以利于改善国家财政，达到富国强兵的目的，并因此未能躲过政治的争斗。旧党执政时，因出自苏门，秦观一再遭到排斥。新党上台，他又一贬再贬至雷州，与苏轼仅隔海相望。

当我远远地瞧见，竟有一座精致之古亭庇护着一方石壁，很不以为然。可站立其前时，我惊诧了。这就是赫赫有名的三绝碑？我久已仰慕的三绝碑！只是一方方圆数丈的天然大石壁，也只是一方褐色的凹凸不平的石壁。碑上，刻有秦观之词、苏轼之跋和米芾之书法。石碑不大，但一俯一仰之间就有了气势，虽然气势并不张扬，就如秦观本质上只是一介书生。

哎，我不由一声长叹。当又一次我抬头仰望这冷峻寂寥的石碑时，只觉尘世的繁华如潮水缓缓退却！在那少有人文主义气息的社会中，一个落魄书生的生命如何坚韧而又脆弱地与自己的创作渴求周旋？在流放生涯中，他一路颠簸，一路诗词，不然，何以走过其间亲人离散及前途受阻等等艰辛呢？秦观寄情于文字之间，混迹于樵夫民间，在落寞中惶恐。郴州，在他意念中，应该是最后一站。谁料，一年后，他盼来的却是再贬于横州，虽有万分的苦楚，有万分的哀怨，却容不得他半点犹豫，只得无奈地登上了航船。是时，他满怀惆怅，悲愤交加，而漫天的霜雾，浑黄的月亮，萧萧的秋色，一切的一切撞击着他的满腹心酸，他挥笔写下了一首《踏莎行》：

雾失楼台，月迷津渡。桃源望断无寻处。可堪孤馆闭春寒，杜鹃声里斜阳暮。

驿寄梅花，鱼传尺素。砌成此恨无重数。郴江幸自绕郴山，为谁流下潇湘去？

这是一个文弱书生在悲苦面前的自叹自怜，字字句句都寄寓着他得不到赏识的悲凉，寄寓了他怀才不遇的怨愤。而他仍是颠沛流离，在贬斥中离京城更加遥远了。

站在石碑跟前，我不由反复吟哦着《踏莎行》，万千感慨涌上心头。中国文人历来有一种超越现实社会生活的精神欲求，但现实的阻碍总是令他们更深更痛地堕入现实的尘埃，使他们不断生出孤愤悲凉、凄婉伤绝的遗恨和幽怨。一直以来，秦观与屈原有着相似的政治理想与爱国热情，却生生地被贬，且离越贬越远，再无由实现自己的治国平天下的抱负。到达郴州后，其忧愁悲愤达到了极点，此作于的《踏莎行》一词更是凄切沉郁，包含了多少忧愤、无奈与悲哀呀。自此，秦词以独特的凄婉悲情惠及郴州，荡涤了郴州的蛮荒气息，给这里的山山水水注入了深厚而独特的文化气息，为湖湘文化的性格添上了一种婉约浪漫和纤柔的文化性格，从而丰富与充盈了湖湘文化。

想当初，秦观到达郴州时，大约已近年底了。一路辛劳，又刚刚告别长沙义妓，他自是陷入更大的悲叹与思念之中。每每愁情难耐时，唯有提笔抒写在天寒地冻之中艰难行进的辛苦。《如梦令》云：遥夜沉沉如水，风紧驿亭深闭。梦破鼠窥灯，霜送晓寒侵被。无寐，无寐，门外马嘶人起。

到了郴州以后，人地生疏，经济拮据，时常捉襟见肘，也只得强打精神。而在《冬蚊》诗里，他的心情糟到了极点，因而聊借诗句一泄不平之气。但是，激愤的心情终究难以平静，绍圣四年(1097年)春，又有《阮郎归》二首写其愁苦：

潇湘门外水平铺，月寒征棹孤。红妆饮罢少踟蹰，有人偷向隅。

挥玉竹箸洒真珠，梨花春雨馀，人人尽道断肠初，那堪肠已无。

此时，秦观虽始终坚持自己的人格与理想，绝不妥协，但对还朝已不寄予任何希望，一切现实的东西在他眼里都成了渺茫，传统的理想王国桃花源更是虚幻。

秦观已矣，但他凄美的爱情，凄美的爱情绝唱，依然在潇湘的山水之间缠绵环绕，余音袅袅。至今长沙还流传着一个奇异的故事：当年潭州太守宴请宾客时，让歌妓唱《临江仙》词，有一位歌妓便唱了两句：“微波浑不动，冷浸一天星”。宾客张才叔听后大加赞赏，要她把整首词完完整整唱出来。歌妓只好以实相告："不瞒您说，这不是我作的词，昨天夜里我在一条商人船上住，听到旁边一艘船上有个男子倚樯而歌，声音非常凄怨，又十分动听。可惜我记性不好，只记得这两句。既然您有兴趣，我们不妨今夜再去碰碰运气。"

于是，太守真的带着人当晚就到船上去了，摆好了酒席，悄然地等在船边。半夜里，果然传来一位男子的歌声，一唱三叹，哀婉动人。当时酒席上一位叫赵琼的歌妓，一边听一边眼泪哗哗地淌下来，直至哭倒在地，说："这是秦观的歌声啊！"等到众人再看时，船已不知所踪。

太守赶紧派人四处打听，果然，那艘船就是载着秦观灵柩的船，打潭州湘江经过……而那首词，也在众人的强记之下留了下来：

千里潇湘挼蓝浦，兰桡昔日曾经。月高风定露华清。微波浑不动，冷浸一天星。　独倚危楼情悄悄，遥闻妃瑟泠泠。新声含尽古今情。曲终人不见，江上数峰青。

又传说，秦观灵柩曾被就地草葬于潭州橘子洲，黄庭坚昔日被贬广西宜州，过谭州时曾和秦少游《和黄法曹忆建溪梅花诗》韵，赋梅花诗一首："长眠橘洲风雨寒，今日梅开向谁好？何况东坡成古丘，不复龙蛇看挥扫。我向湖南更岭南，系船来近花光老。叹息斯人不可见，喜我未学霜前草。写尽南枝与北枝，更作千峰倚晴昊。"

其时，我徘徊又徘徊，一代文豪的命运竟如此波折，心情不由沉重，时而凝望着凉凉的石碑，时而无言地眺望眼前高大的树丛。在此凄凄的寒秋，有无边的阴凉涌上来，合着那石碑的寂寥气息，萦绕着我，久久不散！

元符元年（1098年）秦观来到了横州，住在浮槎馆。这里虽一年四季常绿，但他远离京城，举目无亲，自是悲凉难耐。次年又远徙雷州，思乡之情时时涌动：“鷦鷯一枝足，所恨非故林”。至元符三年(1100年)，他乃于悲愤绝望中自作挽词，以示必死的念头。此时，宋徽宗即位，政局有所变化。宋徽宗于是年四月发布赦令，被贬大臣多数内迁，恢复秦观宣德郎职位，召他即刻进京。苏轼量移廉州，与秦观相会于海康。秦观出示挽词，苏轼连声叹息，唏嘘而别。此年七月，秦观启程离海康北归，经容州，过衡州，八月余来到滕州。八月十二日，饮酒醉卧光华亭，醒来忽然向家人索要水喝。家人持水来到，秦观未喝而含泪一笑，乃溘然逝世，时年52岁。

闻知噩耗，东坡痛彻肺腑，仰天悲呼：“哀哉少游，痛哉少游，遂丧此杰耶！”随又于九月七日作《追荐秦少游疏》，也是唯一一次为晚辈所作疏文，首云：“生前莫逆，盖缘气合而类同；死独未忘，将见情钟而礼具。”之后，当他读到《踏莎行》，眼泪不由滚滚而下，将“郴江幸自绕郴山，为谁流下潇湘去”写在自己的扇子上，又颤抖地写下几个大字“少游已矣，虽万人何赎！”其伤痛不言而喻！

其后，米芾获秦词、苏跋，又一番感慨，即挥毫一并书写下来。此时，少游的精神气韵再一次得到了一种首肯，他性情中的高贵得以在历史的长河中永存。时至南宋年间，郴州知军邹恭特令人将米芾所书秦词、苏跋摹刻在苏仙岭白鹿洞上方的天然石壁上，造就弥足珍贵的三绝碑。

如此看来，苦难在时空岁月中完美地打磨了无数孤寂的灵魂，使之坚韧。但不由自主地，我仍为少游深深地悲哀！为历史深深地悲哀！

辛弃疾：脉脉此情谁诉

在中国历史上，由行伍出身，以武起事，而最终以文为业，成为大诗词家的只有一人，那就是辛弃疾。这也注定了他的词及他这个人，在文人中的惟一性和在历史上的独特地位。

一

长沙城那条有名的营盘路，俨然一条现代都市繁华的街道，却立着一尊辛弃疾的塑像，看上去自是英武挺拔，表情冷峻，衣袂飘飘，让人有些凛然。由此看来，辛弃疾应为关公和张飞的结合体。事实上，辛弃疾生于金宋乱世，受其祖父辛赞的言传身教，不光从小博览群书，苦练剑法，且很早就树立了有朝一日一定要赶走金兵、收拾旧河山的远大志向。就在21岁时，辛弃疾趁着金主完颜亮亲率大军南侵时，毅然在山东济南拉起了一支数千人的义军。此时，学富五车的辛弃疾看上去更像一介高大魁梧的武夫，他驰骋疆场，攻击金兵，就像犀牛那样威猛善斗，人皆称其为“青兕”。

后来，为了给金人以迎头痛击，他深明大义，率领两千义军投奔到另一支义军首领耿京的旗帜下，兼任书记长，掌管印信，为其出谋划策。有了辛弃疾这样的好帮手，耿京的队伍如虎添翼，迅速壮大起来，号称有20余万人。一次，叛徒义端和尚偷了耿京的印信连夜逃走了，辛弃疾闻讯手提利剑，单人独马追奔两日，将其抓获。辛弃疾根本不听叛贼的求饶，刀起头落，斩下他的脑袋，就拎回去见耿京。从此，耿京越发信任辛弃疾了。

为了光复大业，辛弃疾又说服耿京南归，与南宋朝廷的正规军共同抗金，并亲自南下临安联络。可他返回时，义军却发生了变故——张安国叛变，杀掉了耿京，还拉走了一帮人投降金军。这自是犯了辛弃疾的大忌，纵是逃到了天边，纵是躲在重重防守的金营，辛弃疾硬是带人闯进金营，将张安国掳了出来，让他死得难看极了。

之后，辛弃疾名重一时，因此获得了南宋朝廷的认可，开始在南宋的官场上摸爬滚打。他以为自己终于有了施展抱负的机会。

二

楚天千里清秋，水随天去秋无际。遥岑远目，献愁供恨，玉簪螺髻。落日楼头，断鸿声里，江南游子。把吴钩看了，栏杆拍遍，无人会，登临意。

辛弃疾本来是以身许国，期盼血洒大漠，马革裹尸。但他错了。说来，他直捣金营时，还只是一个英雄少年，正血气方刚，欲为朝廷痛杀贼寇，收复失地。但谁料南归之后，他立即失去了钢刀利剑，就只剩下一支笔，只能笔走龙蛇，泪洒宣纸，为历史留下一声声悲壮的呐喊。像屈原那样仰问苍天，像共工那样怒触不周，他临江水，望长安，登危楼，拍栏杆，四顾茫然，只能热泪纵横，自是脉脉此情谁诉。

可从政报国从来就是辛弃疾的主攻方向，而填词作赋只是他的业余爱好。如果说，辛弃疾的一生洋溢着悲剧色彩的话，于南宋朝廷而言，文武双全的辛弃疾就是一根鸡肋。应该说，辛弃疾的词不是用笔写成，而是用刀和剑刻成的。他是以一个沙场英雄和爱国将军的形象留存在历史上和自己的诗词中。时隔千年，重读他的词作时，我仍感到一种凛然杀气和磅礴之势。比如著名的《破阵子》：醉里挑灯看剑，梦回吹角连营，八百里分麾下炙，五十弦翻塞外声。沙场秋点兵。 马做的卢飞快，弓如霹雳弦惊。了却君王天下事，赢得身前身后名。可怜白发生。

可以说，这首词除了岳飞的《满江红》可与之媲美外，在中国上下五千年的文人堆里，再难找出第二首如此有金戈之声的力作。也因此辛词比其他文人有深刻的不同，吟读其词，总是清晰地听到一个爱国臣子一遍遍地哭诉，一次次地表白，令人忘不了他在夕阳中扶栏远眺、把栏杆拍遍的身影。

辛弃疾南归后为什么不为朝廷重用呢？他在一首《戒酒》的

戏作中说："怨无大小，生于所爱；物无美恶，过则成灾。"看来，只因他爱国而生怨，因尽职而招灾。他作为南宋臣民生活了40年，倒有近20年的时间被闲置一旁，而在断断续续被使用的20多年间又有37次频繁调动，辗转于湖北、江西、福建、浙东等地，纵是无奈，又能如何。而每当他得到一次效力的机会，就特别认真特别执着地去奔波去操劳，那颗炽热的爱国心烧得他浑身发热。也因此，40年间无论在何地何时任何职，甚至赋闲期间，他都不停地上书，不停地唠叨，一有机会还要真抓实干，练兵筹款整饬政务，时刻摆出一副要冲上前线的样子。这怎能不让主和苟安的南宋朝廷心烦意乱？

辛弃疾名弃疾，但他那从小使枪舞剑、壮如铁塔的五尺身躯，何尝有什么疾病？他只有一块心病：金瓯缺，月未圆，山河碎，心不安。他甚至自嘲自己的姓氏：

烈日秋霜，忠肝义胆，千载家谱。得姓何年，细参辛字，一笑君听取。艰辛做就，悲辛滋味，总是酸辛苦。　更十分，向人辛辣，椒桂捣残堪吐。世间应有，芳甘浓美，不到吾家门户。

三

更能消几番风雨，匆匆春又归去。惜春长怕花开早，何况落红无数。春且住。见说道，天涯芳草无归路。怨春不语。算只有殷勤，画檐蛛网，尽日惹飞絮。　长门事，准拟佳期又误。蛾眉曾有人妒。千金纵买相如赋，脉脉此情谁诉？君莫舞。君不见，玉环飞燕皆尘土！闲愁最苦。休去倚危栏，斜阳正在，烟柳断肠处。

还在淳熙六年（1179年）春天，他从湖北奉调湖南，同僚为他送行时，他心绪难平，终于以极委婉的口气叹出了自己政治的失意。这便是那首著名的《摸鱼儿》。据说宋孝宗看到这首词后很不高兴。但辛以典相比，一片忠心、痴情和着那许多辛酸、辛苦、辛辣，真是打翻了五味坛子，却无人懂得。今天读时，每一个字都让我一惊，直让我觉得那就是一滴滴血，或者是一行行泪。

其时，辛弃疾风尘仆仆赶至湖南，担任湖南转运副使，时年39岁。之前，他一直郁郁不得志，尽管他捧着一颗赤子之心，而今既然抗金北伐事业已经随着宋孝宗的消沉而步入低潮，也只能暂时将他关注的重心放在如何做一个"富民侯"上了。然而，敢说敢做、不怕得罪人的性格，却使他因此又跟南宋官场的某些人发生了矛盾和冲突。

第一个跟他发生不愉快的人，是当时的知潭州（今长沙）兼湖南安抚使王佐。王佐是安抚司（"帅司"）的长官，负责一路的军政和民政，辛弃疾是转运司（"漕司"）的长官，主管一路的财政。两人是同级的不同部门，不过王佐的位置更重要，权力更大。两人之间矛盾的起因，是当时湖南境内的一场农民起义。

当时的湖南地区存在着严重的社会危机，农民起义、武装暴动的事件时有发生。其时，郴州宜章县农民因为对官府的"和籴"（通过摊派的形式强行征购农民的粮食）政策不满，在陈峒的带领下起来造反，接连攻破了好几座县城，拉起了一支几千人的队伍。南宋朝廷此时将辛弃疾调任湖南转运副使，其用意应在使其平“盗”。到了四月，农民起义军在官军的进逼下，退回了宜章深山中的营寨里。见此，转运司给各州发了个文，要抓好农业生产，不要因为防备盗贼耽误了农时。王佐却发了个针锋相对的文件，说转运司的这种说法不对，还是要一鼓作气把盗贼彻底消灭。

此后，王佐在宋孝宗的支持下，调集了一两万人马，在5月将这次农民起义镇压了下去，并因此获得了显谟阁待制的贴职，具备了侍从官的资格。这时，辛弃疾便写了一首词祝贺王佐，其中几句是：

三万卷，龙头客，浑未得，文章力。把诗书马上，笑驱锋镝。金印明年如斗大，貂蝉却自兜鍪出。

可王佐读了辛弃疾这首词以后，“疑为讽己，意颇衔之”。原来，王佐这次镇压起义军，杀的人很多，招致了不少非议。那么，王佐疑心辛弃疾是在讽刺他，从而恨得牙痒痒，自是再自然不过的事了。

辛弃疾接下来干的一件事情，更实实在在地得罪了一大批人。就在陈峒领导的农民起义被平息后不久，辛弃疾向宋孝宗递交了一份报告，名曰《论盗贼札子》。在报告中，他认为“盗贼”（主要是农民起义）现象之所以接二连三地发生，主要是由于贪官污吏和豪强地主的剥削和压迫，是“官逼民反”。而他所谓的“弭盗之术”，就是整顿吏治，爱护百姓，才能真正达到“弭盗”的效果。辛弃疾大胆地向皇帝公开陈述这种意见，也知道是在捅马蜂窝，但他依然坚定地表示自己将会严厉打击贪官污吏。

宋孝宗此时正在为境内不断发生的农民起义事件而头痛，于是他亲笔批复了辛弃疾的这份报告，要他“行其所知，无惮豪强之吏”。且同年秋天，他还让辛弃疾接替了王佐的职务，担任知潭州兼湖南安抚使。

一个挑战就这样摆到了辛弃疾面前。那么，他在任湖南安抚使期间所做的“弭盗”工作又如何呢？

镜头一：淳熙七年（1180年）春，湖南永州、邵州、郴州三地发生饥荒。一般来说，就是朝廷开仓发点救济粮了事，但辛弃疾想得深远。他提出，现在溪流不通、水利运输很不方便，朝廷在赈济的时候，可以大量招募民工去兴修水利，用粮食作为报酬。报告递上去，很快就得到了批准。于是，辛弃疾下令湖南各州郡，要他们动用官仓的存粮，募集大批民工来兴修水利，浚筑陂塘。最后，朝廷只付出了10万石的储备粮，老百姓的饥荒缓解了，一批水利工程也在当年就投入了使用。

镜头二：湖南与两广相邻，是少数民族杂居的地方，民风剽悍，几次起义都发生在少数民族聚居区。辛弃疾觉得，在这种地方，光采用强硬手段压制是不行的，必须在当地开办学校，让少数民族学习汉族文化，灌输忠君爱国的儒家思想。辛弃疾乃在郴州宜章和桂阳军临武设立了县学，专门教育峒民子弟。

镜头三：辛弃疾在《论盗贼札子》中曾公开向贪官污吏宣

战："自今贪浊之吏，臣当不畏强御，次第按奏，以俟明宪。"淳熙七年（1180年），他辖区内的知桂阳军赵善珏上任没多久，被发现有贪占百姓租赋等行为。辛弃疾自是毫不客气地上奏弹劾，直至将他罢了官。

镜头四：当时，驻扎在湖南的官军训练差，装备弱，将校们驱赶士卒为自己干私活，长途跑买卖。倒是豪绅地主控制的"乡社"战斗力强，乡社里的乡丁，少则一两百人，多则三五百人，为豪强的利益抗衡官府，其性质类似茶商军，只是不流动。湖南的几任安抚使为此十分头疼，他们上疏朝廷说：楚人历来强悍，能相安无事就不错了，朝廷只好默认。

辛弃疾一到湖南，就看出了问题所在，便着手整顿官军，严明军纪，强化训练。他治军有一套，令出必行，将校有怠慢者，杀一儆百，谁讲情都没用。他还每日披挂巡视军营，发现问题马上处理，官军的战斗力迅速提高，像一支队伍了。之后，他腾出手来整顿乡社，并不将其解散，而是限制乡丁的人数，每社不超过50名。他趁机邀请一帮地方豪强参观官军营地，亲自表演百步穿杨。豪强们一个个缩了脑袋，辛将军的大名，他们早已如雷贯耳，今日更是领教了他的威严与强硬了，便纷纷在乡社减员的协议书上画押签名。

这些"弭盗之术"的实施，湖南的治安问题得到了很大的改善。不过，辛弃疾一向以"将种"自命，他以为湖南之所以一再发生民变、暴动事件，跟当地武备空虚，地方军队缺少战斗力，不能进行有效的威慑和镇压也有关系。因此，湖南局面基本稳定下来之后，辛弃疾考虑仿照广东路的摧锋军、福建路的左翼军，另建一支“飞虎军”。于是，他上书奏请朝廷批准他在湖南创建一支精锐的地方军队，来维护地方的平安。

宋孝宗很爽快地下诏给他，令其“委以规画”。辛弃疾大刀阔斧干起来了，且给这支部队起了个响亮的名字：飞虎军。

四

秋日午后的阳光，温暖而爽朗，空气中似有回忆悄然落地的声音。在城市中隐现浮沉的是历史，是回忆，是关于市井的变迁和成长。

后人为纪念辛弃疾，将飞虎军军营所在地称为营盘街。营盘街东接蔡锷北路，西抵黄兴北路，自是长沙城繁华地带。我站在营盘街上，遥望历史深处，好似与英雄一道梦回了金戈铁马的古战场！

然而，让辛弃疾想不到的是，建军这件事情，既成为他一生中的得意之作，又由此惹出了一连串的风波，在他的仕途中埋下了致命的“暗礁”。开始时还进行得比较顺利，他跑遍了长沙城，最后看中了昔日长沙王马殷在长沙城北的营垒故基，他要效法马殷“上奉天子，下抚士民”，内靖乱军，外御强蕃，消灭湖南境内的割据势力。随之，辛弃疾轰轰烈烈地拉开了架势，到了七月，部队已经初具规模，有步军一千多人，骑兵一百六十多人。

可就在这时，麻烦来了。据《宋史》记载：“时枢府有不乐之者，数沮挠之。”“枢府”就是枢密院，是宋朝军队的最高领导机关和全国军务的总理部门。面对这来自上层的压力，辛弃疾的反应是：“行愈力，卒不能夺”，最终没有停止建军的行动。可由于南宋一直面临着金国的威胁，时刻准备着战争，不得不养着大批的兵员，军费支出巨大。现在辛弃疾建设地方军队，从中央财政收入中再给他拨很多的经费，那就不太现实了。

《夷坚志》记载，在建造飞虎军的军营时，铺砌道路需要大量石料。辛弃疾便下令调集全城在押囚犯，到长沙城北驼嘴山去采石，按罪行轻重定量，凿石量多质好者可以赎罪。为此，囚犯们个个争先恐后，所需的石块在很短的时间内备齐，而他连一两银子也没花。

为了筹措经费，辛弃疾还想了很多办法开辟财源，增加收入，他当时就实行过一项把“税酒法”变为“榷酒法”的改革。原来潭州的酒都在城外酿造，再送入城中去卖，入城时，官府根据酒的数量收税。辛弃疾便下令关掉那些酿酒的作坊，对酒实行官府垄断经营，这也就是所谓“榷酒法”。通过这种改革，官府这项收入大大增加了，可也导致一些人颇有怨言。于是，就有人向皇帝告状说，“辛弃疾胆大妄为，利用建飞虎军的名义，在那里大搞摊派，搜刮民脂民膏，已经闹得民怨沸腾了！”

宋孝宗知道建设军队需要花大钱，中央既然没有从财政上给辛弃疾很多支持，辛弃疾为了办成这事在地方上搞摊派，自然很有可能，如果因此又闹出什么事来，那就麻烦了。于是，他立即颁下十二分急切而又混账的御前金字牌，命令他立即停止筹建飞虎军。“御前金字牌”是宋代专供皇帝用来传递紧急重要公文的木牌，是皇帝的御旨，日行五百里，其形制为木牌红漆上书黄金字，上面刻有“御前文字，不得入铺”的字样。因此，接到金字牌的官员必须立即服从皇帝的命令。现在，辛弃疾就收到了这么一面金字牌，他已经投入了巨大心血的飞虎军创建工作面临着半途而废的危险。

对皇帝的命令，辛弃疾当然不好正面对抗，但是，他却玩了个阳奉阴违的花招：他恭恭敬敬地收下了金字令牌，却“受而藏之”。然后，他不动声色地把负责监督工程建设的人叫来，下了一道死命令：一个月内，必须建好飞虎军的营寨，否则军法处置。此令一下，那些负责工程的人自是急得睡不着觉，日夜施工，拼命地赶工期。不久，他们就发现了一个难以克服的问题：当时秋雨绵绵，无法烧制屋瓦。主管只得苦着脸跑到辛弃疾那里汇报。辛弃疾问：“要多少瓦？”回答说，20万。辛弃疾说：“别担心，我有办法！”第二天，长沙城内外的居民便接到了一则通知：每户供应20片瓦，官府立付100文，限两天内收齐，送至飞虎军营地。这二十片瓦对于每户人家来说，当然不是什么大不了的事，只需要从自家的屋檐上匀一匀。结果，不到两天，屋瓦便全部筹足。

一个月后，飞虎军的营寨完全建好了。这时，辛弃疾便赶紧打了一个报告，把建营的前后过程及收支账目详细加以陈述，并绘制了飞虎军营栅图，一并呈给了宋孝宗。皇帝一看，生米都已煮成熟饭了，账目也清楚得很，也没什么好说的了，自是不好追究了。

营垒筑成，辛弃疾又派人到广西购战马500匹。此时，飞虎军拥有步兵二千，骑兵五百，都是壮健勇武之士。他亲自坐镇，督同操习，严申军纪，勉励将士忠君爱国，报国雪耻，而扰民者轻则罚，重则格杀勿论。飞虎军脱颖而出，很快成为当时沿江各地军队中最精锐的一支队伍，大有辛词“壮岁旌旗拥万夫”的气势。而且此后30多年里，飞虎军一直是长江一带一支有力的武装力量。飞虎军战无不胜，令金人闻风丧胆，称之为“虎儿军”，不敢轻易来犯。

应该说，这时的辛弃疾，充满了建功立业的自信，从年轻时就立下的理想、领兵作战的韬略眼看就有实现的可能，他真的是跃跃欲试了！眼望着半壁江山，他充满了焦虑，也充满了渴望，渴望纵驰疆场。

五

然而令人遗憾的是，淳熙七年（1180年）年底，朝廷来了一道调令，辛弃疾又被任命为隆兴知府兼江西安抚使，不得不离开了湖南。

那么，面对这种种的误解和攻击，面对仕途中不断的风波，辛弃疾究竟如何想又如何做呢？中国的士大夫文人常常奉行儒道互补的人生哲学，就是将儒家思想和道家思想互相调剂补充。辛弃疾虽然是个不折不扣的儒家思想的积极实践者，但他对道家思想也有很深的体会和认同。面对着仕途中不断出现的风波和危机，辛弃疾当然也和其他的士大夫文人一样，希望能够从道家思想这里找到解决的良策。

既是报国无门，他便到赣南修了一座带湖别墅，咀嚼自己的寂寞。

带湖吾甚爱，千丈翠奁开。先生杖屦无事，一日走千回。凡我同盟鸥鹭，今日既盟之后，来往莫相猜。白鹤在何处，尝试与偕来。

破青萍，排翠藻，立苍苔。窥鱼笑汝痴计，不解举吾杯。废沼荒丘畴昔，明月清风此夜，人世几欢哀。东岸绿荫少，杨柳更须栽。

这回可真的应了他的号“稼轩”，要回乡种地了。一个正当壮年又阅历丰富、胸怀大志的政治家，却每天在山坡和水边踱步，与百姓聊一聊农桑收成之类的闲话，再对着飞鸟游鱼自言自语一番，真是“闲愁最苦”，“脉脉此情谁诉”！

约在第一次在江西为官（淳熙二年至三年任江西提刑）期间，辛弃疾就在江西上饶城外一里左右处买下了这块地皮。此处风景优美，有一个狭长如带的湖泊，名为“带湖”。他规划在此建造几十间房屋，开辟些菜地和稻田。由此可见，对于官场生活，辛弃疾早已是心生厌倦，只是他的事业心又让他不愿轻言放弃而已。淳熙八年（1181年）秋，辛弃疾在带湖旁的新居将要完工，此时他正在江西安抚使任上。

辛弃疾的追求从来不在要做一个词人。他由武而文，又由文而政，始终在出世与入世间的矛盾，在被用或被弃中受煎熬。他是贾谊、诸葛亮、范仲淹一类的时刻忧心如焚的政治家，对国家民族有一颗火热的心，也不怕谗言倾盆，明知不可为而为之。所以随时局起伏，他就大忙大闲，大起大落，大进大退；稍有政绩，便招谤而被弃；国有危难，便又被招而任用。

我常想，要是为辛弃疾造像，最贴切的题目就是“把栏杆拍遍”，他一生大都是在被抛弃的感叹与无奈中度过的。历史的风云，民族的仇恨，正与邪的搏击，爱与恨的纠缠，这一切如地壳内岩浆的滚动鼓胀，冲击着他敲打着他。既然这股能量不能化作刀枪之力，不能化作施政之策，便只有一股脑地注入诗词，化作诗词。他并不想当词人，但武途政路不通，历史把他逼向了词人之道。

辛弃疾的改革与整顿，既是“不为众人所容”，终于就在他离开长沙的第二年，受到革职处分，被迫退隐。那一年，他才42岁。可以说，长沙既是辛弃疾仕宦生涯的一个顶点，也是他人生的转折点。从此之后，他就转入了断断续续二十来年的闲居生活。英雄还没老呢，却不得不任剑鞘蒙尘，也不得不受制于人。但他一刻也没有忘记过他的报国理想，所谓“位卑未敢忘忧国”，他的一颗心，始终在为大宋王朝跳动着。可除了一声声长啸，化为两行清泪，辛弃疾内心的无奈和痛苦自是无以言说。而他这位悲剧英雄明知不可为而为之的霸蛮精神，自此丰富并充盈到湖南人的性格里，使得湖南人的精神内涵多姿多彩深沉苍凉。

后来，宋廷向金国求和。开禧三年（1207年）秋，金人以索取南宋权臣韩侂胄的首级为议和条件。韩大怒，再次对金用兵，并想请辛弃疾出山，以壮军威。而此时，辛弃疾病已沉重，最终“抱恨入地”。

至宋咸淳年间，史馆校勘谢枋得路过辛弃疾墓旁庙宇，听到有急促的声音大呼于堂上，好像鸣发其心中的不平，自傍晚至半夜不绝声。枋得拿着蜡烛写作文章，筹备天亮将祭祀他，文章写成而声音才停下。至宋德佑初年，经枋得向朝廷请示，朝廷加赠辛弃疾为少师，谥号忠敏。

有些阴沉的深秋，我漫步营盘街头，有凉凉的风，一抬头，便看到在听橘园昔日的位置上，建起了一座辛弃疾市民文化广场：一座石壁之上，刻着兵士们抬石垒壁建造军营的情形；石壁之前，一匹矫健的战马颔首敛蹄，像聆听战鼓准备奋起，也似激战之后载誉归来；而辛弃疾腰倚宝剑，手握诗书，面容沉郁，壮怀激烈，却无诉说之地，更无用武之地。

塑像之后，一方大型石壁上，潇洒俊秀的字体刻着辛弃疾沉郁豪放风格的代表作《破阵子》。

曾经挑灯看剑，曾经金戈铁马，曾经吹角连营，曾经嬉笑逗乐。时光早已逝去，英雄豪气却依然长留在这条普通的街道上。

我无语地站立在塑像跟前，久久地，一动不动。真想自己也站成雕塑。

第二章

心 忧 天 下

周敦颐：吾道南来，原是濂溪一脉

站在秋日朗朗的阳光里，站在岳麓书院的濂溪祠里，我用心地看周敦颐塑像。

周敦颐站在这个千年学府的角落里，看一拨一拨的游客漫不经心地从他的身边走过，脸上依然洋溢着莲花般的微笑。

也许只是因为他留下的著述太简约，没有多少游人给这位千年理学的鼻祖、湖湘文化的先驱更多的尊敬，乃从他身边匆匆而过。的确，他惜字如金，一本人类第一次阐明宇宙本原的《太极图说》只有249个字，一部道德、性命、礼乐、刑政俱在其中的《通书》只有2832字，一篇留传千古的《爱莲说》仅179字。如同老子微妙的《道德经》，世间解读周敦颐文字的又何止几千几万言矣？

一

到了汉代，独尊儒术开始了民族文化中的造神运动，儒学开始成为统治者的御用工具，原始儒学中诗意的感性光辉开始被别有用心地抽取、过滤，变得越来越正襟危坐，也越来越萎靡不振。此后，接连不断的战乱，道、佛二教的兴起等，构成了对儒学的极大挑战，儒释道三家由此明争暗斗不止。如何应对挑战，重新确立儒学在思想文化和社会政治中的主流地位，成为从汉末至北宋的漫长年代里儒生们的重要课题。有唐一代，儒学开始重新聚集力量，力求有所突破，韩愈排斥佛老，李翱亲近禅宗，柳宗元统合、调和儒释道等等，都是这种努力的体现。可唐代儒学复兴的萌动，远远没有佛教禅宗的革命那样轰轰烈烈，风起云涌。儒学的真正复兴，新儒学对旧局面的根本突破，是在宋代。是周敦颐，最先举起了新儒学继往开来的大旗，敞开胸襟，熔铸儒释道。

周敦颐长期困于州县之吏的地位，游离于国家核心政治之外，内圣（修己身）与外王（济天下）不可兼得，于是便寄情山水之中，出入佛老之间，致力于安身立命之道与儒者内圣之学的研究。大学者陈傅良先生说："名节自范文正公，议论文章自欧阳子，道学自周子。"周敦颐援道入儒，以儒解道，通过构筑内在心性修养的内圣之学，使儒学达到充盈和美的精神境界，获得充沛的内在动力，去建功立业。由此，周敦颐使儒学以开放的姿态进行自我升级，实行了儒学复兴的理论升华与哲学突破，使汉魏肇始、唐代达于兴盛的儒释道思想文化大交锋、大交集、大交融，最终汇聚到以儒学为本、佛道辅之的相对和谐共存的新境地。故而其学成为道学之源，并最终汇成宋明理学之洪流，影响了中国思想史八百年的基本走向，被康熙皇帝称之为“有宋理学之宗祖”。

周敦颐出生时，父亲周辅成为他取名“惇实”，希望他将来成为敦厚诚实的人，后来因避宋英宗旧讳，才改成“惇颐”。周辅成赐进士出身，官至贺州县令，于周敦颐15岁时去世。天圣九年（1031年），周敦颐随其母从营道到东京开封，投靠舅父龙图阁直学士郑向。在舅父的指引下，他通读了诸子百家著作，在学识水平上有了较深的造诣。康定元年（1040年）冬，周敦颐守母孝期满，除去孝服，由吏部调任洪州分宁县（今修水县）主簿。第二年正月，他到达分宁县，从此开始了以江西、湖南为中心的州县官生活。

庆历二年（1042年），周敦颐在修水城东门外风景优美的旌阳山麓创建书院，以延四方游学之士。书院右侧是修河，如玉带般蜿蜒而来，酷似其家乡的濂溪，令他甚为慰藉。为寄托思乡之情，他自号濂溪，还将书院改名为濂溪书院。之后，他利用公务空闲时间，到此讲学授徒，开始了他传道授业的生涯。虽说他一生坎坷，四处奔波，创办了多所“濂溪书院”，但修水濂溪书院才是他亲自创办的最早的书院。其时，他的思索日渐成熟，并没有硬搬佛、老的教条，而是把佛老的某些理论加以消化，以丰富儒家的哲学。他把佛道二教的禁欲主义同服从封建纲常的教条

结合起来，倡导人们既做一个忠臣孝子，同时又具有安贫乐道、清心无欲的精神境界。他的《牧童》诗，借牧童的生活境界，描绘了“理学”的社会作用：“东风放牧出长坡，谁识阿童乐趣多。归路转鞭牛背上，笛声吹老太平歌。”

宋朝统一中国后，宋太祖为了防止军阀割据的重演，大力提倡儒学，重用儒臣，宣称“宰相须用读书人”，而且要求武臣也要读书。到了宋仁宗时期，从中央到地方，涌现出一批儒家学者聚徒讲学，传授孔孟的典籍，形成了许多学者一边做官、一边讲学的“做官传道之风”。周敦颐在南安县期间，在儒学上便已形成自己的思想和见解，开始宣讲他的“理学”思想，并渐渐有了些影响。

庆历四年（1044年），通过吏部考察，周敦颐被调任为南安军司理参军，属于直接办案的官员。南安军等同下州，时辖南康（今江西南康县）、大庾（今江西大余）、上犹（今江西上犹）三县，治所在今大庾。至庆历六年（1046年）春，河南人程珦以虔州兴国县知县代理南安军副职，成为周敦颐的上司。至南安，见周敦颐品德高尚，“视先生气貌非常人，与语，果知道者”，对他的人品与学问非常钦佩，故要他的两个儿子程颢、程颐拜其为师。当时，周敦颐30岁，程颢15岁，而程颐年仅14。二程后来回忆说："昔受学于周茂叔，令寻颜子、仲尼乐处，所乐何事？"四年之后（1050年），大儒胡瑗考18岁的程颐，以《颜子所好何学论》为题，程颐几乎毫不思索便作答："然则颜子所独好者，何学也？学以至圣人之道也。"胡瑗对此深感惊异，倒是没有想到其早已从周敦颐处得到了真传。之后，程颢、程颐兄弟在学术界的横空出世，也就有了周敦颐学术思想的发扬光大。对于程珦的独具慧眼，朱熹曾经赞叹："濂溪在当时，人见其政事精绝，则以为宦业过人。见其有山林之志，则以为襟袖洒落，有仙风道气，无有知其学者。惟程太中独知之。这老子所见如此，宜其生两程子也。"

至庆历六年（1046年）冬，周敦颐离开南安，升任湖南郴州县令。一至该地，发现学校毁损严重，便把县里的开明绅士、富商大贾和文人学士请到县衙来座谈，请大家为兴建学校出谋划策。于是，周敦颐与县教谕趁热打铁，马上择址在鱼绛山东北的大土岗上，并迅速开工建设。庆历七年（1047年）年七月底，学校顺利完工。周敦颐很是满意，并兴致勃勃地写了一篇《修学记》。其时，他的上司知州李初平是武官出身，对周敦颐平日刻苦攻读圣贤之书，努力于地方的办学事业非常赞赏，也深为自己的学业不修而忧虑，便问他："我想读书，求教于您，不知行否？"周敦颐坦诚相告："您的年纪大了，恐怕很难。不过，我可以专门讲给您听。"之后，他公务再忙，也要抽出时间为李初平讲学，坚持了一年有余，李知州竟然颇有收获。然而，毕竟李初平的年纪大了，身体状况也不太好，正当他想继续学下去的时候，疾病夺去了他的生命。李初平为人正直，为官清廉，去世时依然两袖清风，连办理丧事的钱都不够。他的儿子尚且年幼，他的夫人既悲痛又发愁。周敦颐见此，便将李初平的丧事全部承担下来，还亲自护送李初平的灵柩回老家安葬。此后，周敦颐还"往来经纪其家，始终不懈。"

熙宁三年（1070年），已是54岁的周敦颐以虞部员外郎任广南东路提点刑狱，走向了他一生仕途的顶点。广南瘴疠，古称恶疾，内地人很难适应。果然，就在这年夏天，他病倒了，又听说他母亲在润州的墓庐遭水浸袭，甚为震动，便决心离开广东，乃请调南康知军。他于第二年第四次进入江西，抵达南康。他很快就将母亲自润州移葬九江德化，即他构筑于庐山之麓的濂溪书堂附近，顿感身心轻松。想到自己从政三十一年，已是56岁的老人了，不觉顿生退意。这年冬天，他便以多病为由，请求解职，且"上南康印至南京分司"。朝廷的批文，在熙宁五年（1072年）正月底才到达南康。他随即办好各项移交手续，安顿好随从周通，就回到庐山莲花峰下的濂溪书堂。之后，他真正隐居于濂溪书堂，开办濂溪书院，在此设堂讲学。于是，自南宋以来，读周敦颐书风气大盛，以讲周子之学的濂溪书院和奉周子之祀的濂溪祠自然相继大兴。在岳麓书院的濂溪祠里，有一幅濂溪书院的分布图，就如繁星点点散落在大江南北。

他留给后世的，决不仅仅是一篇《爱莲说》。他的人格精神与至情至性，他经世致用的修为功力，他思想文化上的开拓创新、兼容并蓄意识……都达到了君子入圣的境界。他继承《易传》和部分道家思想，提出一个简单而有系统的宇宙构成论，说“无极而太极”，“太极”一动一静，产生阴阳万物。“万物生生而变化无穷焉，惟人也得其秀而最灵”。圣人模仿“太极”，建立“人极”。“人极”即“诚”，“诚”是“纯粹至善”的“五常之本，百行之源”，是道德的最高境界。只有通过“主静”、“无欲”，才能达到这一境界。

于是，周敦颐像一盏灯，高擎在历史的天空，照亮了儒学前进的道路。居宋元明清时期思想界之统治地位的理学，可以说由周敦颐奠基，至程颢程颐二兄弟处成大气候。也就是说，周敦颐去世后，他的学生程颢、程颐继续弘扬他的学说，至南宋朱熹集大成，建立起一个完备的客观唯心主义理学体系。

宋淳祐元年（1241年），周敦颐追封为汝南伯，从祀孔子庙。延祐元年（1314年）又封为道国公，全国各地建濂溪祠或濂溪书院纪念的多达70多处。明嘉靖间，从祀称“先儒”，崇祯间改称“先贤”。到清雍正十三年（1735年），他的《太极图说》《通书》等著作被列科举考试范围，他本人被尊为“孔孟后一人”和“理学鼻祖”。

当此温暖的秋日，当我站在岳麓书院的濂溪祠里，有一个强烈的冲动，想拉住匆匆而过的游人，告诉他们，由文庙—濂溪祠—四箴亭—讲堂，这才是一条儒学发展的道路，这才是朝拜岳麓书院的轨迹。

周敦颐恰好站在转折的地方，那个散发万丈光芒的地方，那个上承孔孟、下启程朱的地方，无数人循着这种耀眼的光芒而来，沾着他灵魂的莲香而去，才兴盛了千年学府岳麓书院。

二

吾道南来，原是濂溪一脉；大江东去，无非湘水余波。

清代学者王闿运当年谈笑之间，随手写下的这副对联，自是令人为其豪迈的气势所折服，且由此想到周敦颐念念不忘的濂溪。

倘循湘江溯流而上，至其支流潇水的源头，就到了道县。从道县县城又沿潇水支流濂溪河，出城不远，就到了周敦颐的故里——楼田。

村庄依山而建，左豸岭，右龙山，前临十里沃野，后倚道山为屏，濂溪环腰而过。宋天禧元年（1017年），周敦颐就出生在此地。已是深秋，天气有些阴凉，我来到了久已仰慕的楼田村。走过一座高耸的“周敦颐故里”牌坊，左边是一栋两层楼房的楼田粮站，据说曾是南宋绍兴八年（1138年）兴建的濂溪书院所在地，惜“文革”中被毁。

一进村，最先见到的是右边——濂溪祠，因为全国各地的周氏后裔经常要回来祭拜，于1997年新建。正中悬挂着周敦颐的像，梁上有一块复制的康熙皇帝题赐的“学达性天”匾额，据说当年他题了两块，一块给岳麓书院，一块给道县的濂溪书院。再往前走，赫然一个小广场，抬头便见周敦颐故居，青砖黑瓦，偌大的一座院落，却大门紧闭，看来平日里来访者并不多。

我又折回来走了走，站在了村边大道上。右边赫然一座宽敞的门楼，摆着些长条木凳，有不少老人在打牌，也有几位老人在一旁默默地坐着。原来这里是村民聊天休闲的地方，婚丧嫁娶都必须经过此门。全村皆姓周，因了周敦颐，历代都是皇帝褒奖的地方，均拨专款维修管理濂溪书院、濂溪祠，还每年春秋两季组织祭祀。据说以前村里的女孩子出嫁都打黄伞，别村的迎亲队伍碰到了，都得远远回避。

我抬脚往村子里面走去，就在门楼后，竟然藏着大片明清时代的院落。或鹅卵石路，或青石板路，通向一座座沧桑落寞的房子，那些青砖墙上满是斑驳的或大或小的灰墨色印痕，看上去很多已经没人住了。但那些窗棂上的雕花、富丽的门当都泄露了村庄昔日的繁荣。竟然飘雨了，且渐渐地密实，我依然往里走，楼田人的生活好像就藏在青砖残瓦的深处，我却无法走近。只见孩子在跑，鸡鸭在跳，农妇在门前洗菜。我走进几户人家看了看，进门便是天井，屋内都是些旧陈设，有些凌乱有些暗淡。我有了些淡淡的心酸。

退回来，沿着村边大道往前走，道旁都是莲池，已然破败，隐约的荷香依然随风飘过来。莲池过去是小巧的濯缨亭，亭边便是濂溪圣脉，从石山底下悄然溢出。就在道山之麓，那些苍灰的大石头如一条龙趴下来，张开大嘴，清冽的泉水从它嘴里冒出来，看不出水的深浅，却有小鱼儿在一圈圈细小的波纹里游进游出。而且，泉有玄机，正观泉眼，一条若现若隐的分水线将泉池分解成一个圆润的阴阳太极。井上之石上，明嘉靖年间知州事方进题刻“圣脉”二字，故称“圣脉泉”。泉水就这样流下去，流成了绿树掩映下的濂溪，奔向潇水，汇入湘江。就如周敦颐的理学在此发脉，浩浩汤汤，流向华夏大地，流向欧亚大陆。

后人之所以尊称周敦颐为“濂溪先生”，除推崇他的道德文章外，也因为他故乡这条濂溪。他从小玩耍在濂溪，酷爱其出自山窦，泉涌其中，晶莹清澈，大旱不涸，积雨不溢不浊，而终年潺潺不绝。

据勘察，在道山以南，道山与龙山之间一公里左右的范围内，分布了上鱼塘、杉树岭、杨柳井、双文洞、板溪塘等多处泉眼群。各路泉水，欢畅地汇集到楼田村前，洼积成为带状沼泽，呈现出一派水鸟栖息，荷莲、荸荠、梗叶摇曳的湿地景致。勤劳的楼田人，勘选出某些沼泽地，用从山林中砍伐下来的松原木，按一定的间距，平铺在淤泥之中，并让树木交织成层，如铺设楼板条那样，上复积土，便成了田地。于是村前又呈现出一派“稻熟、荷香、鱼跃”的丰收景象来。“楼田”古名，竟始于这树木造田之法。

就在村子东边沼泽地中富集的水流，继续从容、轻曼地由南而北淌过楼田村前，然后折向东北方向，曲折蜿蜒，绕过龙山的最北头。事实上，此溪流，才是名副其实的古代濂溪，现已经消逝。而现在的濂溪，古代称营水，也就是周氏族谱中记载的营溪。

几乎可以认定：站在周敦颐故居跟前，在那些遥远的日子里，可以看到大片荷田，还可以看到前面山上郁郁葱葱的松林。周敦颐从小就是看着这片美丽的莲花盛开。也正是这些莲花，塑造了他高贵的品质。史载，周敦颐读书刻苦，为人敦厚诚实，20岁即“行谊早闻于时”。舅舅对他深为赞许，以至在获得封荫子侄的机会时，不荐自己的儿子为官，直接举荐他入仕。

故乡如此美景的熏陶，怪不得周敦颐一辈子性好山水。

村支书终于来了，打开了故居的门。走了进去，却陈设简陋，空空荡荡，寂然无声。就在中厅，我又看到周敦颐的画像，应是与许多古人的模样相似，也不知是不是古人对自己的相貌不在意，还是画像技艺所致。但周敦颐就是周敦颐，不会因为今人无法再现他的真实模样，而影响他洁净的品质及推动理学发展的成就，更无法否认他对故乡的眷恋，虽说他最后并没有回到故乡。

治平元年（1064年）冬，赣州城内大火，烧毁民房千余家。身为通判虔州的周敦颐此时正在各县巡视，本无责任，但却甘受责罚。虽没革职，却移调偏僻的永州。虽然有些冤屈，有些凄凉，但永州毕竟是他的家乡。回家，对游子而言，总是令人神往的高兴事。他于治平二年（1065年）初离开虔州，到江州后与友游庐山，在濂溪书堂住了一段时间。至治平三年（1066年）三月上旬才到永州。在永州的两年，他写下了对后世影响巨大的《拙赋》：

或谓予曰：人谓子拙。予曰：巧，窃所耻也。且患世多巧也，喜而赋之。

巧者言，拙者默。巧者劳，拙者逸。巧者贼，拙者德。巧者凶，拙者吉。呜呼，天下拙，刑政彻。上安下顺，风清弊绝。

人皆取巧，而周敦颐独取“拙”。平日里拱默不语，逍遥飘逸，醉心于山水，无取于民，无劳于百姓，这正是他超群之品格的表现，而且不失为治理政事的好办法。所以，蒲宗孟赞他：“孤风远超，寓怀于尘埃之外。”

治平四年（1067）春，周敦颐率全家回营道扫墓，并专门通过官府移文，将他母子上京时留下的十几亩薄田送给族人周兴，作为其常年看守周家墓地的费用和报酬。看来，当时周敦颐已经下定不再回营道的决心了。

早在嘉祐六年（1061），周敦颐以国子监博士通判虔州，由开封出发，第三次进入江西。于五月初到达江州，乃与友人游庐山。爱庐山风景之美，乃购地筑屋于其麓，取名濂溪书堂，欣然有卜居之意。“堂前有溪，发源莲花峰下，洁清甜寒，下合于溢浦。先生濯缨而乐之，遂寓名以濂溪，与其友潘兴嗣订异时溪上咏歌之约”。周敦颐以家乡之名命屋前之溪，庐山之麓便也有了一条濂溪。也许这是他最为渴望的生活，其《濂溪书堂诗》云：

“……庐山我久爱，买田山之阴。田间有流水，清泚出山心。山心无尘土，白石照沈沈。潺湲来数里，到此始澄深。有龙不可测，岸竹寒森森。书堂构其上，隐几看云岑。倚梧或欹枕，风月盈中襟。有时吟复默，酒罢鸣幽琴。数十黄卷轴，贤圣谈无音。”

可见，周敦颐不是不爱故乡，相反故乡在他的心里有很重很重的分量，他所有的讲学过的书院皆为濂溪书院，只是更爱那些美好的山水。更确切地说，他更爱庐山脚下美丽的山水，乃至永远地留在彼处。

就本性来说，周敦颐一生嗜好山水，讲求清静，既有道家的超尘出世之风，更兼文人览胜寻幽之好，加上居官理事敢于负责的严肃作风，并不会以去父母之乡为意。

三

出淤泥而不染，濯清涟而不妖，中通外直，不蔓不枝，香远益清，亭亭静植，可远观而不可亵玩焉。

今人提及周敦颐，多是因为他的《爱莲说》——他的精神散发出来的悠远莲香。是哪一池莲让他徘徊沉吟，写出千古名篇《爱莲说》？是道州故里的莲？是郴州桂阳的莲？江西分宁的莲？合州的莲？还是虔州的莲？我想他一定是行过很多的路，看过很多的云，最后才会被某株亭亭玉立、不蔓不枝的莲而打动。因此有人说，《爱莲说》蕴含深厚的寓意，当作于虔州。嘉祐八年（1063年）五月，周敦颐正好47岁，人生阅历最丰富之时，才有可能作出《爱莲说》。

虔州城内，楼宇茫茫，雨雾阵阵，朦朦胧胧，颇使人有不辨东西之感。但高耸而立的郁孤台还是一目了然。著名词人辛弃疾在此写下了千古名作《菩萨蛮》：“郁孤台下清江水，中间多少行人泪。西北望长安，可怜无数山。青山遮不住，毕竟东流去。江晚正愁余，山深闻鹧鸪。”可谁又知道，上溯一百十一年，就在郁孤台下不远处的虔州府衙内，周敦颐构思并创作了意境深远的《爱莲说》？话说嘉祐八年（1063年）正月七日，周敦颐行县至雩都，邀余杭县令钱拓，四明沈希颜、王抟游罗崖，在此饮酒赋诗，题名刻石。沈公者，邑令也，极其崇拜周敦颐，因建濂溪阁于善山，山顶有高山仰止亭。至五月，为纪念此次出游，周敦颐应沈公之邀作《爱莲说》。《爱莲说》一出，沈希颜、王抟、钱拓再次聚会之时，高兴之至，爱不释手，反复吟咏后，觉得此文值得书丹刻石以教谕学子。于是乎，沈希颜书，王抟篆额，钱拓上石。《爱莲说》碑刻好后，便成为濂溪阁的镇阁之物，由此源远流长。

据说，周敦颐喜爱莲花由来已久，在知南康军时，曾在府衙一侧开挖一池，种上莲花。约一百零六年之后，即宋淳熙六年（1179年）朱熹亦知南康军。他对周敦颐十分推崇，从周敦颐曾孙周直卿处获得《爱莲说》石碑的拓本，欣喜万分，将“后圃临池之馆”取名“爱莲池堂”，并在旁边刻上《爱莲说》的全文，早晚吟诵体味。又立周子祠，刻周敦颐像与《太极图》，还亲撰《爱莲诗》：“闻道移根玉井旁，开花十丈是寻常。月明露冷无人见，独为先生引兴长。”

虔州的那池莲花又何其幸运，它年年夏天盛开，恰好在那一季遇上了周敦颐，才有了千年来无数人深情款款地注视那一株莲。当六岁小儿都可对着一池荷花吟诵《爱莲说》时，人们可知，周敦颐就是池中一株高贵而美丽的莲花！

他的品质如莲。三十一年为官，最高当到提点广南东路刑狱，其他不过县令、专员等。康定元年（1040年），周敦颐一至分宁，即惊绝父老乡亲：有一犯人关押多时，因案情复杂，牵涉甚广，久审不决。周敦颐以25岁初任主簿，只一次审讯，便将案情弄得水落石出，轰动一时。《义宁州志·职官志·名宦》载：“分宁时有狱，久不决，敦颐至，一讯立辨。邑人惊曰：‘老吏不如也’”。不久，他调任袁州芦溪镇代理市征局事务，再调南安军任司理参军（1044年），仍主管办案。

南安军府所在地，即今之江西大余县城。弯曲的章水静静地缓缓地自县城边缘流过，水流有些吃力，因为水量已是微乎其微。而在周敦颐时代，章水则完全不同，两岸古木参天，河宽水急，来往舟楫如过江之鲫，川流不息，南来北往的货物由此上船下船，一队队数十或数百人结伴而行的挑夫杠着抬着搬着穿梭于梅关。想必当年南安军府衙的后花园，就是周敦颐休憩读书，并深思“天理之根源，万物之终始”之地。

据史书记载，周敦颐一上任，又在审案上一鸣惊人：当时南安府监狱内有一重犯按律不该死罪，但时任转运使的王逵生性苛刻、暴虐，坚持要处以极刑。周敦颐据理力争，而王逵就是不听。面对高压，他毫不畏惧，马上写好辞职报告，连同自己的任命书和印信，一起呈交给王逵，高声说：“用杀人的办法来讨好人，我干不了！”并转身就走。王逵一下愣住了，看着自己年轻的下属不屈不服的背影，渐渐地有了触动。回头再仔细审阅案情，感到自己是有错，于是，从宽处理了该囚犯，将死刑改为流刑，即充军。他转而欣赏周敦颐，并且向朝廷鼎力举荐周敦颐。不及一年，周敦颐便因此升任湖南郴州县令。

熙宁三年（1070年），周敦颐已54岁了，在宰相吕公著的极力举荐下，以虞部郎中任广南东路提点刑狱。他巡按到端州，发现知州杜谘利用职权，垄断著名的“端州石砚”开采，上行下效，众官与民争利，百姓怨声载道。他本可上本参劾杜谘，但因牵涉太广，便采取了一个迂回的计谋：上报朝廷，由朝廷正式下禁令：“凡仕端者，取砚石毋得过二枚。”端州的地方官只可取端砚两枚，自然不能参与社会上的开采了。禁令一出，“贪风顿息”，民众欢呼雀跃，其卓越的政治智慧由此也可略见一斑了。

他的清香如莲。38岁的周敦颐（1054年）以大理寺丞知洪州南昌县。于是，时隔八年，周敦颐又回到江西。在南昌任上，他殚精竭虑，日夜操劳，终至大病一场，甚而假死过去。好友潘兴嗣赶去看望他，并为他料理后事，检点家产，只有一只半旧的木箱子，衣服杂物全部叠起来不足一箱，而“钱不满百”，只有几十文。他此时为官已十余年，何以寒酸至此等境地？潘兴嗣写道：“濂溪先生为官清廉，所得俸禄一部分周济宗族乡亲，一部分待宾客，所留已微不足道了。清贫如斯，高洁如斯，良可叹也。”

蒲宗孟与他初次见面就聊了三天三夜，赞他“玉色金声，从容和毅，一府皆倾”，做主把自己的妹妹嫁给他作继室。周敦颐回京城述职时，再会北宋大文学家、大政治家王安石。之前，他21岁在镇江鹤林寺守母丧，年轻的王安石拜访他不遇，错过相识的机会。而二十年后，他们相聚于京城开封，谈了一日，余兴未尽，又作彻夜之论。王安石退而精思，忘寝废食，深有所得。后来，王安石升任宰相，大力推行“新法”，声名地位皆如日中天。周敦颐对新法基本上是赞同的，至少是不反对的。且曾叹自己病衰，不能为新政出力。

“君子以道充为贵，身安为富，故常泰无不足”，周敦颐的内心充盈得令人嫉妒。因此，九百多年前，众人多赞牡丹，而九百多年后，人人都赞莲花。莲花，花中君子，周敦颐人中君子也。那么，他笔下的莲花形象，应是儒家历来提倡的“士君子”。

但是，在为仕期间，周敦颐虽有数次路过濂溪书堂小憩，而真正隐居还是在书堂建好十一年后的熙宁五年（1072年）。这年他知南康军，年底以多病为由请准予离职，至此结束了他三十多年的仕宦生活。他回到濂溪书堂读书讲学，将母亲遗柩自润州移葬濂溪书堂附近，并请好友潘兴嗣撰墓志铭。周敦颐母亲当年曾有交待，死后要与胞兄同葬润州。他既不遵母亲遗嘱，又不将母亲灵柩运回营道故里安葬，而偏要安葬在九江，更进一步表明，他将隐居于此，并为母亲守墓。

熙宁六年（1073年）六月七日，周敦颐病逝于九江，是他晚年真正归隐和他最爱的地方。他葬于庐山北麓的栗树岭，墓侧还有他母亲、他夫人的墓葬。在母亲郑氏夫人的墓志铭中，他如此写道："吾后世子孙，遂为九江濂溪人，得岁时奉夫人之祭祀也，无憾矣。" 在他逝后十一年，宋大文学家诗人苏轼游濂溪书堂，写下了《濂溪》一诗："坐命此溪水，名与先生俱。先生本全德，廉退乃一隅。因抛彭泽米，偶似西山夫。遂即知所知，以为溪之呼。先生岂我辈，造化乃其徒。应同柳中柳，聊以愚溪愚。"

周敦颐的《太极图说》、《通书》等著作充满了老子式的智慧之想和哲人之思，但他绝非后来许多走火入魔的道学酸儒那样庄肃严刻、呆板枯燥、面目可憎，其人其思其言其行则"胸怀洒落，如光风霁月"，有一种正大而沛然、理性而诗意的气质与精神，这正是其内圣之学达到天人浑一境界的自然体现。因此，他的哲人之思是充满勃勃生机和审美情趣的。其诗曰："书房兀坐万机休，日暖风和草色幽。谁道二千年远事，而今只在眼前头。""有风还自掩，无事昼常关。开阖从方便，乾坤在此间。"这些诗句，读来皆有超然物外、浩然自得之旨趣，贯通天人，不着痕迹，与他后来的继承者和光大者朱熹那首著名的"问渠那得清如许，为有源头活水来"相比较，高下立判——朱子诗中洋溢着浓烈的理趣，而他已至主客圆融无别的境界。

由此，湖湘本土文化的真正建立是从宋代的湖湘学派开始，而湖湘学派的开山祖师，是周敦颐。周敦颐留给后世的，决不仅仅是一篇《爱莲说》。他就是一枝散发着幽香的青莲，具君子之风，中通外直，不蔓不枝，亭亭静植，香远益清……

王夫之：六经责我开生面

总体上来说，在思想文化创见和原道精神方面，明代湘人远不及宋代湘人来得有气魄有魅力。不过，到了明末清初，湖湘文化却异军突起，有了真正继承并超越宋代湖湘学派传统的大突破大建树，也给中国思想文化史带来了前所未有的大整合大收获。造成这一思想文化奇观的，乃是特立独行的思想家王夫之。王夫之晚年居衡阳之石船山，世人又称其为“船山先生”,与方以智、顾炎武、黄宗羲，同为明末四大学者。

一

王夫之，字而农，号姜斋，明万历四十七年（1619年）出生于湖南衡阳一个世代书香之家。父亲王朝聘饱读诗书，在王夫之出生时，已是知天命之年。可这位老先生有些大器晚成，至天启辛酉年（1621年）才在乡试上取得副贡资格。失望之余，抱着羞惭和委屈的心绪，到京师国子监肄业，期盼三年后依例应吏部铨选而授与一官半职。

未曾想到，他竟在燕京蹉跎10年之久，崇祯辛未年（1631年）终于得到一个外放做官的机会。其时正值温体仁当权，吏部的选郎承奉他的意旨索取贿赂，这在崇祯朝的官场上已成为不成文的规矩，然而这位老监生却愤然撕碎吏部文牒，气愤愤地返乡了。从此，他打消了仕进的念头，且对官府产生了深深的厌恶，这对王夫之日后失望于官场而专心致学产生了重要影响。

王夫之4岁时就随长兄介之入私塾问学，他的聪明及对古文化的兴趣令人不敢置信，7岁时就通读了文字艰深的《十三经》。至14岁时，他就考中了秀才，还被选拔到衡阳县学深造，得以饱览县学藏书，自是出类拔萃！

王夫之自少年时就在经、史、文学方面打下了深厚的基础，家庭成员又全都笃行礼教，忠孝二字在他思想上自是牢不可破。但他从不把入仕做官看作谋取钱财的手段，信奉君臣合义，合则尽力事之，不合则毅然去之。为此，任何时候他都有明确的是非界线，同志合道、忠良正直则引为知己。

二

明崇祯十一年（1638年），王夫之求学岳麓书院，师从吴道行。吴道行教以湖湘家学，传授朱张之道，更加坚定了他的济世救民思想。崇祯十二年（1639年），王夫之20岁，与旷鹏升等结“行社”。次年，他又与同乡文之勇、郭凤跹、管嗣裘等人效仿东林、复社，成立了“匡社”，由文“主其事”，旨在抨击时弊，评论朝政，议论改革。此时，东林著名党人高攀龙的侄子高世泰督学湖广，此人少时侍父讲席，晚年以东林先绪为己任，于梁溪（江苏无锡）创办了丽泽堂。这样的人掌管湖广学政，诸生很容易习染东林党人激浊扬清的风气。高世泰对王夫之制艺文章大加赞赏，称之为“忠肝义胆，情见乎词”。匡社偏于南岳一隅，未能产生多大影响，但也体现了王夫之主张躬行实践，传承了“求仁履实”、“经世致用”的湖湘学统。

崇祯十五年（1642年）七月，王氏三子都准备赴武昌应试，结果参之因父母年岁已高，留在家中服侍双亲没有成行，介之、夫之三场试毕，同榜中举。其父很高兴，督促他们取道南昌到北京等候“会试”。不过，此时明朝江山已经危在旦夕，李自成、张献忠的义军越剿越盛，横行大江南北；崛起山海关外的清人屡犯边关，守军节节败退；而贵戚官僚却仍在覆巢之下争权夺势，贪污盗窃。一些政治敏感性较强的士大夫已经察觉了亡国的兆头，内心忧惧不安。武昌乡试时沔阳知州章旷担任分考，考试结束后特地接见了王夫之，意味深长地将他引为知己，互相勉励。

这年十一月，王夫之与兄长到了南昌，在此度过暮冬，听说时局紧张，就踌躇起来。第二年正月，朝廷下令将礼部会试延期到八月举行，兄弟俩见北上已不可能，乃匆匆返归家乡。至五月，张献忠由南京沿江而上，攻占汉阳、武昌，杀死楚王。当时湖广巡抚王聚奎率部驻袁州，承天巡抚王扬基所部千余人驻岳州，长沙推官蔡道宪募练乡勇5000余人守潭州。但二王畏敌如虎，张献忠兵由武汉西下，破岳州，南下长沙，九月便攻入了衡州。此时，张献忠在长沙拆桂王府起造宫殿，下令“开科殿试”，“考授”官吏。王夫之兄弟既是新中的举人，正好是起义军物色的人才，但受过长期儒家思想熏陶的儒生都把起义军视为贼寇。王氏兄弟闻讯，就在舅父谭允林的引导下，连夜奔往南岳莲花峰下“草舍”藏匿。张献忠只找到了年迈的王朝聘，逼他通知王夫之兄弟出来佐助，王朝聘坚决拒绝，并准备投缳自杀。王夫之闻讯后，为救父亲，连忙“剺面刺腕”，用毒药敷在伤口上，叫人把他抬到大西军的“官庭”中，“示不可用”，还谎称王介之已死。张献忠见王夫之已到，就把王朝聘释放了。这天晚上，王夫之也伺机逃走，奔往南岳莲花峰下，在黑沙潭畔作《九砺》，其序称：“缘从贼者斥国为贼，恨不能俱碎，激而作此。”崇祯十七年（1644年）五月，李自成大顺军直捣北京，不久清军攻占了京城。王夫之在南岳双髻峰听到国变的消息，悲痛欲绝，写成一百韵《悲愤诗》，每一讽诵，就涕泪满面，哽咽不已。

其时，整个中国的政治形势风起云涌，陷入混乱与纷争。短命的南京弘光政权崩溃以后，湖广的明军归福建继立的隆武政府节制，何腾蛟守长沙，堵胤锡守武昌，章旷为湖南监军屯兵湘阴。堵胤锡由湖南学政拔为督抚，各部军帅在此国难当头竟不肯听命。此时，李自成在湖北九宫山遇难后，余部高一功、李过降明，改称 “忠贞营”， 堵胤锡负责“节制”。但忠贞营新附，若即若离，不肯放弃自己的独立地位。而何、堵二帅由于幕府搬弄是非，矛盾时起，互相倾轧，关心国事的人无不为之忧心忡忡。

隆武年间也是王夫之忧患生涯的开始，他的仲兄参之因病早夭，长兄介之奉父母避居在友人李继体的宅上，衣食完全由李氏接济。隆武二年（1646年），王夫之原配陶孺人弃世，长子尚在襁褓之中，他强抑内心的巨大悲痛，只管谋划着如何为国事出力。这一年，降将孔有德率清兵进入两湖，章旷在此国难深重之际被推上阁臣高位，率孤立无援之师，转战于荆楚各地。就在夏天，王夫之曾几次前往湘阴会见章旷，“指画兵令，请调和南北督师，防溃变”。可章旷只是点点头，并没有付诸行动，王夫之只得失望而归。然而明亡已成定局，隆武帝于汀州被清军擒杀，隆武政权很快瓦解，瞿式耜拥立桂王又在端州（广东肇庆）建立南明最后一个朝廷，建号永历。清顺治四年（1647年），孔有德兵至长沙，章旷悲愤绝食死于永安，湖南成为永历政府与清兵交战的前沿阵地，形势更为危急。

堵胤锡乃筹划收复湖南的事情，王夫之与挚友管嗣裘、夏汝弼等决定募集义师与官兵协同作战，收复家乡失地。对于这些亡国亡家的读书人来说，死亡的恐惧已经变得非常淡漠，他们似乎觉得与岌岌可危的旧王朝一起从历史上消逝反而是一种荣耀，是一种幸福。许多人抱定了生是大明人、死是大明鬼的信念悲歌而死，史可法在扬州失陷后自赴敌营，就声称今特来就死，唯恐死不明白耳。王夫之没有留下这等豪迈的遗言，但此时此刻他的心境是相同的，他正在竭力为赴国难而奔波。历经几个月的曲折，他们终于招集起一支义军，清顺治五年（1648年）十月在南岳方广寺举兵起义了。这支义军的领导是一伙缺乏行伍生活经验的书生，士兵则是一些未经训练的农民，又缺乏给养，自是孤立无援，失败从它开始组织的那天起就决定了。但王夫之他们抱定“能与雠战，虽败犹荣”的决心，苦撑数月，初冬时节终因寡不敌众而全军溃散。性翰受重伤，王夫之从败军中逃得性命，偕同管嗣裘迎着寒风苦雨直奔肇庆，到自身难保的永历皇帝那里暂且避难。这次起义失败，王夫之受到很大的刺激，他后来追忆此事，还说：“虽云与仇战者，败亦非辱，而志事不遂，亦何荣耶！”这次起义使他小有名声，堵胤锡在湖南上书永历帝，奏荐他为翰林院庶吉士。但因他正在“守制”，加之对永历朝廷非常失望，便坚决地推辞了。

评价历史人物是件很困难的事情，腐败的朱明王朝已经只剩下岭南一隅残山剩水，此时纠合千百名乡勇与数十万大军抗衡也许不够明智，但捐躯匡国的牺牲精神应是大义凛然。由此看来，王夫之的原道精神，绝非是单纯的学术文化之思，而是亲身践履力行，于危亡之际寻求危亡之因，使得他的原道更开阔而深入，具有经世致用的本质底色。

还在进言章旷时，王夫之就深感人微言轻，只得把自己的心思寄托在研读经籍上。至顺治三年（1646年），他在学术研究上就迈开了第一步，承父命编撰《春秋家说》，随之编撰《莲峰志》五卷。

三

面对清兵的入侵，王夫之认为当时南明政府的首要任务，是团结农民军一起抗清。但现实却如此令人心痛，永历小朝廷实在不成模样。楚省有三四十万军队，各部都保存实力，相互观望，没有能够统一指挥和调配军队的统帅。大批官僚麇集岭南弹丸之地，家眷僮仆不得不泊居在船上。他们还没有接受亡国的教训，往日没有机会体验封官晋爵滋味的藩将，便趁国势之危要挟天子，各地请封的公文不时呈了上来，而一班文臣们总要援引故事计较半天。而宰辅宦官王化澄、王坤之流以拥戴之功，窃据要津，收纳贿赂，排挤贤良。有实力的镇将都想把皇帝控制在自己手中，于是天子行辕在数年内搬迁五六处：广州失陷，迁往桂林；为了摆脱瞿式耜的羁绊，王坤、马吉翔蛊惑皇帝又迁武冈；楚师溃于长沙，迁于柳象；李成栋在广州“反正”，贿通王化澄，又迁回肇庆；湖南失守，逼于兵锋，迁往梧州……就在永历四年（1650年）初春，王夫之被瞿式耜推荐做了行人司行人。一开始，他对永历朝廷抱很大希望，想借此在抗清复明中有所作为。但永历朝廷是烂透了的桃子，散发着腐朽的气息，根本无力经营抗清方略，他不由失望透顶。

永历朝廷当然也有一些嫉恶如仇直言敢谏的人，最出名的有金堡、袁彭年、丁时魁、金都御史刘湘客、户科给事中蒙正发，时有“五虎”之称，也称“楚党”。这年四月，“五虎”因得罪奸臣王化澄等“吴党”，朝廷大兴诏狱。在王夫之心目中，金堡等人是孤忠济难之士，而今未死于敌却将死于奸人诬陷，岂不是天下奇冤！正义感使他忘却了自身的安危，他直奔大学士严起恒的官船，长跪恳请这位一时众望所归的阁臣疏救金、彭五君。严起恒果然出面了，可非但没有救得他们，自己也身陷党祸之中，给事中雷德复上章劾严犯了误国误君的二十四条“罪状”。严起恒无奈，只好谢罪求去。王夫之“悲愤有怀，不能自匿”，决定进行“死诤”，乃联络管嗣裘及同僚董云骧，一起上疏为严起恒诉冤，谓“大臣进退有礼，请权允辅臣之去，勿使再中奸毒，重辱国而灰天下之心”。他们大抵已对永历政权失望了，乃意在恳求恩准严氏引退以全余生。疏入，永历帝下诏，以王夫之“职非言官”而奏事，严词加以指责。由于王夫之等“死诤”，也因高必正出来营救，严起恒被继续留用，而金堡等也被释出狱。儒家古训，三谏不从便谏道已穷，君臣义绝，于是王夫之与董云骧挂冠而去。临行前，王夫之去看望遍体鳞伤的金堡，作诗互勉，诗云：

挑灯说鬼亦无聊，饱食长眠未易消。
云压江心天浑噩，虱居豕背地冤饶。
祸来只有胶投漆，疾在生憎蝶与鲦。
劣得狂明争一笑，虚舟虚谷尽逍遥。

王夫之离开梧州行在时是永历四年（1650年）七月，算来他在行人司只待了半年。接连几次的失败和打击，并未使他的救国热情有丝毫减退，仍继续从事救亡运动。直到明王朝大势已去，才满怀忧愤地回到故乡，此时他刚满30岁。随后，几近十年的抗清斗争生活，他辗转迁徙，备尝艰苦。顺治十四年（1657年）以前，他为抗清复明、民族节义而崎岖奔波，不得不隐姓埋名，改换服饰，颠沛流离在荒山野岭中，甚至藏匿到湘西苗族、瑶族居住的山洞里，自称瑶人。顺治十二年春，王夫之一面设馆授徒，讲授《春秋》，一面开始作《周易外传》。39岁时，他才回到衡阳莲花峰下续梦庵，将满腔的救国热忱化作探索真理的决心，晨夕杜门，静心思索，坚持艰难的著述生涯。

顺治十七年（1660年）始，王夫之到衡山以西寻觅隐居之所，避乱于衡阳县金兰乡，在茱萸塘构筑竹篱茅屋，名曰败叶庐。总算有了相对安定的避居地，遂决心长期隐居，专心闭门课徒著书，总结明亡的历史经验教训，对数千年中国的历史、思想、文化作溯流穷源、追根究底式的研究，由此得以重新回到明代湘人们大多已经弃置的“原道”之路。此后，他在败叶庐一面讲学，一面开始著书立学，生活自是十分清贫，没有纸张，便捡破纸、旧账册等作稿纸。他研究了《周易》，撰写《周易内传》、《周易外传》，还完成了一系列重要著作，如《尚书引义》、《读四书大全说》、《春秋世论》、《续春秋左氏传博议》、《老子衍》，及记录南朝永历政权的《永历实录》等。特别地，《尚书引义》竣稿于康熙二年（1663年），他借阐发《尚书》经义，抨击明代政治弊端，进而总结历代王朝覆灭的思想教训，对玄学、佛学和宋明理学进行批判。

康熙八年（1669年），王夫之已年过半百，身体日见衰弱，卜居十年的陋室已不能抗御风寒，于是在败叶庐后构筑新屋，名观生居。此后六年，每当冬春两季便移住观生居中。就在观生居，他强抑悲情，题下了“六经责我开生面，七尺从天乞活埋”的名句，陆续撰成《诗广传》、《礼记章句》等著作，重订《老子衍》。

康熙十二年（1673年）吴三桂兵变，次年正月兴兵檄文传到衡州，旋即攻占了湖南全境。王夫之频繁往来于衡阳、长沙、岳州等地之间，实地考察和谨慎分析了清军与吴军双方军事力量的对比变化，见吴连接失利，且无复明之意，便做出了最后的选择，乃继续归隐。清康熙十四年（1675年），他迁居到石船山下的湘西草堂，有茅屋三间，左为住房，右为书房，曾在《石船山记》中写道：“船山，山之岭有石如船，顽石也，而以之名。”在此他以顽石为喻，自励坚贞不渝。

此后十七年，他深居简出，专意著述，直至康熙三十一年（1692年）逝世，先后写下了《思问录内外篇》、《张子正蒙注》、《噩梦》、《读通鉴论》、《宋论》等数十种脍炙人口的著作。

王夫之一生闭门隐居四十年，不与官员往来，不食朝廷俸禄，全靠居室课徒谋生，自是异常清苦。传说他大女儿出嫁时，他也只能抄写所著书籍文稿作为嫁妆。遥想当年，他强抑亡国之痛，埋头于文字里，试图找出关乎民族存亡的哲理。由此，他的殉道精神，应是感人至深，亦非常人可及。他以艰苦卓绝的心力，燃烧自己的生命，接续民族文化的命脉于存亡断续之间、方生未死之际，以殉其文化理想之道。这样的殉道，其艰难苦楚绝非语言所能尽述，唯他自己所下的绝誓“活埋”二字可以略表。

从顺治三年（1646年）研读《周易》算起，或者从顺治十二年（1655年）讲授《春秋》、写作《周易外传》算起，王夫之七十多年的生命中，一半以上的时间，都在以独特的自我“活埋”方式殉中国文化之道。自古仁人志士殉道的方式甚多，并非只有杀身成仁之一途。王夫之在邪说四起、正学不张的社会氛围中，鄙薄时流，非佛、斥老、责“陋儒”，审察数千年来中国历史兴亡、政治得失及儒释道诸种文化的内在利弊，批判并超越宋明理学，对整个中国儒学进行否定之否定的全新阐释。在儒学本体论等众多思想文化领域，开创了一片新天地，构成他精深缜密而又博大的学术体系。

王夫之殉道的方式表面上并不轰轰烈烈，却以数十年的苦心孤诣与坚忍卓绝，更令人惊心动魄。他的殉道同时即是原道与践道，他不是在流自己的血，而是在磨自己的血。他以“磨血”的方式，蘸着自己的血肉生命，咀嚼中国文化的历史与现实积存，在切肤揪心的痛苦中，激活民族文化的内在生命力与再生之力，荡涤其中的沉渣与浮沫。他以自己的全部生命潜沉下去，燃起执着的心灯，深入到民族灵魂与民族文化的最基层，从整体上实行庖丁解牛式的审视与发现，从而在更高的层面上激活与创新民族文化，张扬民族灵魂。

四

封建社会的存亡，牵动着一代进步思想家的心，他们面对着严酷的现实，回顾着过去，开始对封建社会的政治、思想和学术进行系统地批判和总结。王夫之就是其中最突出的一个。

王夫之毕生服膺的前辈先贤，是宋代的唯物主义思想家、关学开山张载。他曾说道：“张子之学，上承孔、孟之志，下救来兹之失，如皎日丽天，无幽不烛。圣人复起，未有能易焉者也。”实际上，他的哲学贡献远远超过张载，他提出“天下唯器”，“理不先而气不后”等理论，而建立的哲学体系中包含着丰富的辩证法，在一定的程度上做到了将朴素唯物主义与朴素辩证法相结合，从而将中国古代自老子以来的辩证法思想发展到新的高峰。由此，王夫之上承周敦颐、胡氏父子和宋代湖湘学派，下启谭嗣同和近代湘学，奋然自异，浩然独往。

梁启超在谈王夫之的哲学贡献时，指出他不仅重视本体论，而且能从认识论的角度为本体论找根据，探讨“我们为什么知有宇宙”、“知识的来源在哪里”、“知识怎样才算正确”等问题。这种哲学思考，欧洲在康德以后才有，王夫之比康德早了一百多年。而王夫之在经济领域主张“上之谋之不如自谋”，指出计划经济（上之谋）不如自由经济（自谋），国家不应过多干预自由经济等思想，比亚当·斯密还要早。更有论者认为，他的历史本体论及经济思想，使人联想到20世纪哈耶克的哲学与经济思想……

王夫之史学的立足点，仍在经世致用，且归于躬行实践。他说：“所贵乎史者，述往以为来者师也。为史者记载徒繁而经世之大略不著，后人欲得其得失之枢机以效法无由也，则恶用史为？”康熙二十八年（1689年）九月，刘思肯来访，并给他画像，距他第一次在长沙水陆洲遇见王夫之并给他画像已过去十四年了。王夫之看过自己的画像，自题《鹧鸪天》以抒情：“把镜相看认不来，问人云此是姜斋。龟于朽后随人卜，梦未圆时莫浪猜。谁笔仗，此形骸，闲愁输汝两眉开。铅华未落君还在，我自从天乞活埋。”这一年夏秋，衡州等地又发生旱灾，王夫之一家人的生活很艰难，他不禁有“俭岁无多芋栗收”之慨。其时湖南巡抚郑端了解到这种情况，又钦佩王夫之的学问和操守，便命衡州府知府崔鸣鷟“馈米币”，“嘱以渔艇野服，相晤于岳麓，并索所著述刊行之”。但王夫之以“病不能往，且不欲违其素心，受米返币”，致函自称“南岳遗民”以谢之。之后，他还特地写了一副对联，以表自己的情操：“清风有意难留我，明月无心自照人。”

康熙三十一年（1692年）正月初二，王夫之与世长辞了，终年74岁。他去世之前担心后人过誉失实，便以“明遗臣行人”自称，自作墓志铭：“抱刘越石之孤愤而命无从政，希张横渠之正学而力不能企。幸全归于兹丘，固衔恤惟永世。”王夫之是学者，不信鬼魂，故遗命禁用僧道追荐亡灵，只是在墓碑上写道“明朝遗臣王夫之之墓”。

后来，曾国藩攻克安庆即开始捐资刊刻王夫之著作，攻克南京即设金陵书局，以刊刻王夫之著述为要事，并亲自校对其中的117卷，占全书三分之一多。《船山遗书》刊出后，曾国藩更广荐亲朋好友、弟子门生研读。由此，王夫之的影响遍及乾嘉之后的湖南士林，并在湘籍人才群体的形成中发挥了至关重要的作用。王夫之生前曾预言：“吾书二百年后始显。”从康熙六年（1667年）他穷居深山专事著述，至同治六年（1867年）曾国藩刻印《船山遗书》，正好二百年。

其实，三百年来，中国受惠于王夫之的很多很多，但人们对他的了解还很少很少。倘行走在衡阳东洲岛上船山书院里，就在秋凉时节，一派浓郁的桂花醇香中，已是楼塌屋穿，乃至荒草丛生。遥想昔日岳麓、城南、渌江学子纷纷慕名而来的盛况，自是令人悲凉之至。

魏源：师夷长技以制夷

魏源，应是最早一批“睁眼看世界”的中国人，也是最早喊出“师夷长技以制夷”的中国人。他本可以在中国近代开端时成就一番辉煌伟业，但却未能像法国的卢梭、孟德斯鸠、日本的福泽谕吉等思想家一样，位列近代中国“思想教父”的享堂。

悲剧不仅如此，其不可思议更在于，他编著的《海国图志》、《圣武记》，在国内出版多年默默无闻，还被有些读者视为异端。而当它们漂洋过海到日本时，却被奉若经典，风靡明治维新时期，成为促成日本强盛的最重要的思想启蒙读物之一。

一

魏源老家在湖南隆回金潭乡上魏家塅，一个台状的宅地，因其地形狭长如船，又叫“船形上”。院前田畴，视野开阔，一条小溪从垄上穿过，宛如一条护院河。院后不远处，便是清澈的金水河，不舍昼夜地流淌。魏源生于清乾隆五十九年（1794年）春，11岁以前一直生活在此山川秀美奇特之地。据说魏源出生那天傍晚，母亲陈氏做了个奇怪的梦，恍惚见到一位身着古衣冠的仙人从容地朝她走来，“持巨笔及金色花授之”，说这些都送给她儿子。梦醒之后的清晨，陈氏便生下了魏源。当然这只是传说，但小小魏源便有些特别，不喜欢与其他孩子一起嬉笑打闹，常独自静坐沉思。到7岁入家塾读书，其刻苦好学就远远超过了一般子弟。白天用了功，晚上还要抄书朗读，“夜手一编，咿唔达旦”，使得母亲非常担心他的身体，“悯其过勤，每夜定，灭灯令卧”。可他待父母熟睡后，就偷偷地把灯藏在被窝里，悄悄地翻阅书籍。久而久之，被母亲发现了，便苦苦相劝：“小孩子长夜攻读不息，会伤身子的。”说到最后，母亲几乎涕泣不成声。从此，魏源嗜书如命的夜读才稍稍放松了些。

其实，魏源不仅攻读刻苦，其聪慧也非同寻常，一般孩子只能机械背诵古书，而他听讲之后即能了解大意。传说魏源9岁到县城应“童子试”，县令指着茶碗上的“太极图”即兴出题：“杯中含太极”。魏源正怀揣着两个麦饼，那是母亲怕他饿肚子，临行之前塞给他的。他灵机一动，当即以“腹内孕乾坤”答对。其对仗之工整，意境之高远，令县令大为惊异。

至15岁时，清嘉庆十二年（1808年）二月，魏源参加了县考“童试”，邵阳知县宋大荣非常欣赏魏源与石昌化的文章，“拔置前茅，赞为双璧”。随之，魏源顺利闯过府试、院试，自是名列三甲，喜中秀才，入县学爱莲书院读书。为了进学深造，魏源于嘉庆十七年（1812年）初夏来到岳麓书院读书。此时的岳麓书院，自南宋以来形成的湖湘学派的学风，在其教学中得到充分展现，对其一生产生了重大影响。到第二年，湖南学政汤金钊与湖南巡抚广厚在与考的众学员中共同选得优秀学员89人为拔贡生，魏源及其好友李克钿、何庆元、陈起诗等赫然在列。嘉庆十九年（1814年）春，21岁的魏源怀着对美好前程的渴望，与急于到江苏复职的父亲一道启程，踏上了到北京求学的征途。

在北京的日子里，他先后结识了胡墨庄、刘逢禄、陶澍、李宗瀚、龚自珍等名公大卿与学者，并结为师友，学业造诣日深。可直至29岁时，魏源才在京中举人第二名，未几以举人身份按例捐了“内阁中书舍人”之职。由此反观，他少年早慧，15岁即考取秀才，科举之路却非常不顺，竟然当了几十年幕僚。直到年过半百，他才在第五次会试中考取进士，拼得了一个七品芝麻官。后来还因同情太平军，被咸丰皇帝斥为“庸吏”、“不肖官员”，连知州的乌纱帽都给丢了。

在中国，历来有两类读书人，一是书斋型，一为田野型，前者皓首穷经，足少出户；后者则以天地为造化，专攻实际问题。在我看来，魏源是个异数，他介于二者之间，成就则在二者之上。这与他立志甚早，才学盖世，眼光超卓，素与天下为己任分不开。

二

道光五年（1825年），32岁的魏源来到两江督署所在地南京，并结识了两名位高权重的湖南老乡，即时任江苏巡抚的陶澍（湖南安化人）和江苏布政使贺长龄（湖南善化人）。贺长龄虽只比魏源大9岁，但科场遂意，官运亨通。早年他在岳麓书院求学时，就已奠定了关心社会、主张经世致用、革除时弊的思想基础。进入官场后，更利用权势，大力倡导经世致用之学，早就想选编一部有关经世致用的书，以扭转当时“学者群趋于考据之一途”的学风。

贺长龄很了解魏源，正需要魏源这样的博学多才之士来协助他。于是，他聘请魏源为幕僚，一方面让魏源参与筹划正在议行的漕运，一方面委托他仿照陆耀《切问斋文钞》体例，编辑一部本朝人有关经世的文选。这项选文编辑工作，正是魏源想做也能够胜任的事情，便愉快地行动起来。

魏源不满意当时科举的“楷书帖括”和官僚的“胥吏例案”，更反对当时学术界的琐碎考据，而主张以经学解决实际社会问题。本着这一思想，魏源开始为贺长龄选编《皇朝经世文编》。在随后的一年多时间里，他足不出门，埋头阅读自清初至道光五年的各家奏议、文集、方志等文献，精心遴选，选录了“存乎实用”的文章2236篇，分为学术、治体、吏政、户政、礼政、兵政、刑政、工政等八个门类。几乎对囊括了其封建国家的经济领域所有问题，其中尤以税收、农业政策、漕运、盐法、币制、备荒等方面的文章，是研究鸦片战争以前清代经济状况的宝贵资料。

《皇朝经世文编》于道光六年（1826年）仲冬编成，自初刻本起就大受欢迎，风行海内几十年，“凡讲求经济者，无不奉此书为矩矱，几于家有其书”，足见其影响力之大。不仅道光、咸丰、同治、光绪年间多次翻印，版本达20余种，而且仿其体例的踵作之风一直延续到了民国时期。

《皇朝经世文编》面世后两年，也就是道光九年（1829年），18岁的左宗棠在朋友家中读到这部著作，便爱不释手。可当时他还是个穷秀才，买不起这部有120卷之巨的大部头。可他一直想得到这部书，终于在道光三十年（1851年），也就是他40岁时，积攒了一笔不小的银子，便赶紧去买下此书。左宗棠非但再三阅读，写了很多旁注，还逢人就推荐，称它是一部体用俱备、裨益世务、不可一日或离的“有用之书”。事实上，《皇朝经世文编》使经世致用之学渐渐深入人心，空疏学风为之逊减，直接影响了晚清的改良派和洋务派。光凭这一项功绩，魏源就足以成为当时的思想界领袖。

也正是由于编书而阅读了许多有益的文章，接触了各种思想理论，使得魏源的学识更为渊博，视野更为广阔，从而进一步巩固了他的经世思想。由此，道光五年（1825年）应为魏源早年与中年思想分期的分界线。

但当时的官场，因循守旧、贪污腐败触目惊心，帝国的躯体上，纵横交错的是潜规则与显规则狼狈为奸的利益网。其中最具代表的就是输送官粮的“漕运”。南北漕运关系国计民生，奈何到了清朝，成了一大政治难题。因为漕运在路上的耗费，竟然达到了250%。也就是说，如果皇帝下令，江南各省上交100万石粮食，那么江南各省要实交350万石，在路上得耗费250万石。多出的250%耗费到哪去了？不用多想，肯定耗在贪官污吏身上去了。

事实上，从直接管理此事的漕运总督、巡漕，到船只所过之处的各级官吏，再到押粮的士兵和运粮的运丁，人人都要伸手捞一把，形成了一个庞大得令人恐怖的贪污集团，并且还附带形成了一个黑社会性质组织——漕帮。如果是放在明朝或是宋朝，贪污如此明显，皇帝早就大开杀戒了。可是搁在清朝，皇帝还真是顾虑重重，根本原因在于这些运丁全都是旗人子弟。真搞整顿，这些游手好闲的旗人还真不好处置。但是皇帝自己的吃饭问题终究最为重要，也不是没想过要改，且解决的办法就是以海运代替漕运。

还在编录《皇朝经世文编》的过程中，魏源就有4篇论说海运和河运孰优孰劣，加上他在道光五年（1825年）写成的《筹漕篇上》及道光七年（1827年）完成的《筹漕篇下》等系列文章，便形成了他一整套关于漕运改革的理论。正是依靠魏源漕运改革的理论，陶澍、贺长龄等争取了道光皇帝的批准，于道光五年（1825年）秋，由贺长龄到上海办理漕粮海运事务，魏源随行佐理。魏源办事最讲究操作性，又熟悉情况，既得信任，他便大胆提出具体办法：租借海上商船为粮船，雇商家船丁为运丁，以漕运费用做运粮开支。道光六年（1826年）二月初一，陶澍、贺长龄等安排就绪后，第一批装载漕粮的海船从上海吴淞口顺利发出，月底即抵达天津，共运米112.2万余石，约占全部漕米的三分之二。首战告捷，欣喜之余，随之继续运送，至六月初全部运完，共计装载正耗谷米163.3万余石，共用沙船、浙江蛋船和三不像船1562只。一打算盘，所有开销摊下来，此次海运每百石粮食耗费四、五十两银子，而漕运每百石却要耗费六、七百两银子。从时间上来说，往常漕运要两三个月，而海运不仅未曾遇到风险，米质好，且只花了20多天。如此巨大的差距，自是震动了朝野，让那些伪装忠君爱国的反对派哑口无言。几年之后，漕运就被彻底废除了。

取得如此巨大的成功，陶澍和贺长龄，还有皇帝派来的两江总督琦善当然弹冠相庆，而在幕后的魏源则默默地进行记录和总结。整个改革过程被他写进了《海案全案序》，还对之进行了理论升华，指出“不难于祛百

载之积患，而难于祛人心之积利，反是正之，百废可举也”。

三

道光十一年（1831年）七月，父亲病逝后，魏源转入陶澍的幕府。魏源在辅佐陶澍时，又参与了一项重大改革——盐政改革。

与漕运一样，官府垄断的食盐交易，有一张巨大的利益网。自乾隆以来，作为国家财政收入大宗之一的盐政已积弊甚深，使国家盐务支出日益增高，官私费用繁多。官吏贪污，商人生活奢侈，食盐成本增高，盐价高得出奇。因此，私盐猖獗，而官盐价格又居高不下，造成国家盐课亏缺数千万，清朝盐政陷入严重困境。道光十年（1830年）皇帝下了狠心，任命陶澍为两江总督，主持盐政改革。道光皇帝对陶澍的信心，主要来自于其海运代漕的成功，海运代漕的策划实施，魏源起了重要作用。这次，魏源当然还得上，他也愿意上，因为这就是经世致用，就是当时湖湘学派的主旨。于是，经过调查研究，再借鉴前朝的经验，魏源拿出改革盐务的建议，以砸掉垄断盐商的铁饭碗。

自道光十二年（1832年）五月，陶澍亲自到海州地区了踏看实情后，决心采纳魏源建议，在淮北地区实行盐票制。之后，他拟定了改革盐法十五条，并与魏源具体商定了票盐章程十条，下决心推行“票盐制”，凭票购盐。章程规定由盐运司印刷三联空白票式，一为运署票根，一留分司存查，一给民贩行运。无论何人，都可交税领票，然后凭票运盐，在规定的区域和期限内自行贩卖。此举一经推出，便彰显了三大特色：一是买盐时就交税，不像盐商是分数次纳税。二是无论什么人，只要按章纳税，就可领取盐票购盐。三是盐出盐场，不再开包检查，可直接销往各地，各种关卡都被撤销。此办法切中弊端，但也让既得利益者大为恐慌，想尽各种办法抵制。故新盐法实施之初，简直无人响应，魏源便来了个招绝——自己带头经营票盐，以图打破僵局。本来官吏是不允许经商的，但魏源只是幕僚，可以通融。他与伙友“湖北徐君”合办，在短时间里便着实赚了一大笔银子，于道光十五年（1835年）斥巨资在风景如画的扬州买了座豪宅，名曰“絜园”。夫人劝他不要张扬，他却认为自己是正当经商所得，完全可以理直气壮。有些幕僚见魏源大赚其钱，也纷纷试着经营盐票，竟然收获颇丰。之后，应者云集，来买票盐的船只绵延数里。这年海州发生饥荒，因饥民可以贩卖票盐，还活得很滋润。于是，这次改革获得了皇帝和老百姓的双重认可，大获成功。几年下来，原来冒险走私的盐贩子也改做起官盐生意，淮北私盐绝迹，国家税收大增，陶澍功劳盖世。

就在新置絜园那年春天，魏源至京城参加第五次会试。这一年，往年任副考官的穆彰阿已升任为正考官，魏源更是名落孙山。此时，年近42岁的魏源，科场折腾已30多年，一次又一次地受挫，使他心灰意冷的同时，更对八股取士制度的腐朽深恶痛绝。

魏源便干脆躲进絜园，怡情于诗书、山水之中，絜园成为了他后半生养亲、居住、读书写作和继续从事幕政活动的重要场所。絜园位于扬州新城钞关门内仓巷，是一座园林式建筑，南为花园，北为住宅，建筑面积约500平方米。园内有古微堂、秋实轩、古藤书屋诸胜，“亭台楼阁称一时之盛”。后来，他的同乡好友何绍基来到絜园，见到魏源能拥有如此美如画卷、果味满园的庄园，且在此处如此闲适地读书著述、养亲和课子侄，内心感到非常高兴和羡慕，为他挥毫写下了“果味满园”四个大字。但作为一个一生以天下为己任的思想者，魏源只是暂时告别科场和喜得新居之后的怡然自得，实际上，此后忧国忧民思想的苦旅还很长很艰难。就在此时，魏源开始了对《明史》的研究，针对当时清王朝吏治腐败、财政拮据、灾害频仍和鸦片猖獗，已经到了病入膏肓、无可救治的地步，他纂辑了一部《明代食兵二政录》，图谋为清代时弊找出“对治而益著”的良方，可惜后来此书失传了。

道光十九年（1839年）六月初二日，两江总督陶澍去世了，如晴天霹雳，魏源自是悲痛欲绝，泣挽陶公二联，其一曰：“知遇感殊深，石屋印心，牖北垂询商大计；施恩诚普及，灵车返里，江南遗爱念宏规。”就在此时，钦差大臣林则徐刚在虎门销毁了2376254斤鸦片，而英军在几天前封锁了广州城，鸦片战争正式爆发。

四

魏源并不是独守书斋的思想家，他经世致用的思想贯穿了一生。到鸦片战争爆发，他深刻感受到清王朝上层集团的昏聩、腐朽和不堪一击，对时局自是极其忧愤，密切关注着战事的发展。道光二十年（1840年）9月，钦差大臣伊里布视师宁波时，魏源为友人邀至军中。此时，英军已占领定海，为了筹划进攻中国内地的作战计划，派出人员刺探军情，炮兵军官安突德偷偷地到定海附近测绘地图，被当地的百姓抓获，扭送至宁波知府衙门。魏源亲自审讯了安突德，安突德一一交代了英国的历史、地理、经济、政治等情况，同时也详谈了英军的作战意图和武器情况。英国的野心令魏源忧心忡忡，他根据安突德的供词，并“旁采他闻”，写成了《英吉利小记》一文，虽仅有2300多字，却是一篇了解十九世纪二十年代英国国情的重要历史文献。

经过几个月的鸦片战事，魏源深感英军反复难测，清军虚骄难胜，而朝廷和战犹疑，因而心情非常沉重，对战局悲观失望。道光二十一年（1841年）一月，由于琦善到粤后对英军的一再退让和一切反前任所为，竟擅自与英方议订《穿鼻条约》，允许割让香港并向英方赔款。道光皇帝对此不予批准，命革去其官职，交部严加议处，并派宗室御前大臣奕山为靖逆将军，户部尚书隆文、湖南提督杨芳为参赞大臣，授两江总督、江苏巡抚裕谦为钦差大臣，专办浙江攻剿事宜。裕谦久闻魏源的才学，加上林则徐的推荐，便将魏源延至幕府。不久，裕谦趁英军赴广东，率军收复了定海，并疏陈了定海善后事宜十六条，其内容为建复衙署兵房、添拔炮位、新筑土城等。

当魏源由絜园再次在吴淞口面见裕谦时，不料裕谦出示的定海修城图，竟“与源所拟初稿全不相符”。魏源认为“从古但有四面之城，未闻有一面之城，乃竟以土塘为土城，可怪也”。且他是不主张新建土城，也不主张守定海，而应该将兵力用于加强定海和沿海岸的防守，乃诤言力谏，但未被裕谦采纳。失望之余，魏源自知在军营人微言轻，御敌谋略也无从施展，逗留数月后，便辞归扬州。即便七月黄冕“再招同往”，他也“力辞”了。结果当年八月英舰驶来，清军拼死迎战，也挡不住敌舰的炮火，定海再次失守。魏源闻信，欲哭无泪，只能再次面向寒涛朔风痛苦地凭吊了。

这年六月的一天黄昏，机缘巧合，魏源在镇江京口遇见了即将发配新疆伊犁的林则徐。此时的林则徐，先是因“办理禁烟不善”被撤去了两广总督之职，后又被道光皇帝以“废弛营务”的罪名与邓廷桢一起从重发往新疆伊犁充军。两位忧国忧民、力主抗英的爱国志士相见，不由百感交集，慨叹不已。他们的眼光都同样远大，都看到了世界的变化和中国在此种变化前的麻木，都看到了此种麻木有可能导致的巨大危险。在京口的月色下，闷热异常，他们举杯浇愁，对榻叙怀，共同为国家和民族的命运忧虑，披肝沥胆交谈到天明。依依惜别之际，林则徐郑重地将自己在广州时主持翻译的部分外国资料及《四洲志》一书的手稿交给了魏源，嘱托他在此基础上进一步搜集、研究外国资料，编撰出

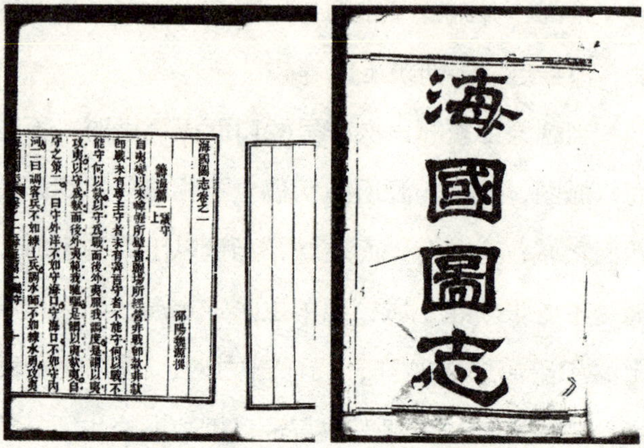

一部能让中国人直面世界的著作。魏源从林则徐手里接过沉甸甸的布包，会意地点了点头，满眼悲怆与热切。

之后，他在《四洲志》、《澳门月报》、《粤东奏稿》等基础上，又查阅历代史志、明代以来的岛志及100多种中外书籍图文资料，夜以继日地奋笔疾书，鸦片战争的失败更是刺激了他的创作热望。道光二十二年（1842年）7月至12月，他分别完成了《圣武记》和《海国图志》。《圣武记》回顾清朝开国以来的主要战役，期待寻求繁荣与衰落的原因。《海国图志》则是中国第一部试图全貌地认识世界的著作，是鸦片战后中国人自编的一部最为详备的世界史地参考书。全书洋洋洒洒50多万字，自是贯注了魏源满腔的爱国热情，在书里他不时忘情地呐喊“师夷长技以制夷”。

《海国图志》50卷，全书分六个部分，每一部分侧重各有不同。全书涵盖了当时西方国家的政治、经济、军事、历史、地理、文化等方方面面的内容。在书中，魏源明确提出，“为以夷攻夷而作，为以夷款夷而作，为师夷长技以制夷而作。”他认识到，西方列强的优势不仅是船坚炮利，还因为有一整套先进的制度，这在当时是超于世人的独到清醒的见识。就在《世界各国史地》篇中，他通过征引《地球图说》、《外国史略》和《瀛环志略》等书中的材料，详细地介绍了美国的民主政治，涉及到美国的联邦制度、选举制度、议会制度等。

到道光二十七年（1847年）春，魏源趁守制时期，抓紧时间进行了《海国图志》的增补修订工作，增补了《万国地理全集》、《夷情备采》上下两卷、《仿造战船诸议》、《火轮船图说》、《铸炮铁模说》等文章15篇。至仲夏五月，古微堂刻本镌板《海国图志》六十卷本竣工，刊于扬州。

此时，魏源便决计南游，看看西方列强掠夺的行径。他从扬州出发，由南京溯江而上，入潇湘，游九嶷，抵桂林，顺西江到达澳门、香港，然后从广州北上，回到江苏，再游苏州、宜兴等地，费时半年有余。而短暂的香港、澳门之行，不光购得地界地图等书籍，更看到了许多前所未见的新鲜事物，在极大程度上震惊了他。《穿鼻条约》将香港岛割让时，不过是个几千人的小渔村，北京与伦敦都以相当鄙夷的态度谈起它。但仅仅七年之后，魏源就看到它“化为雄城如大都会”，乃至“扩我奇怀，醒我尘梦，生平未有也”，而驻港英军则“合围列队肃不喧，但有指麾无号令，招之不语挥不嗔”。

八千里路云与月，令魏源真切地看到，西方列强加强了对中国的侵略，朝廷却一再忍让，签订了一个个丧权辱国的赔款割地条约，白银哗哗地流到了列强的口袋里。众人皆醉我独醒，但百无一用是书生，魏源再痛苦也只能用手中的笔呐喊。于是，到咸丰二年（1852年），他参考徐继畬葡萄牙人玛吉士的《地理备考》和国人《瀛环志略》等新出的著作，将《海国图志》增补成100卷，在南京筹刊，成为一部有88万字的巨著。三次修订增补，可谓字字珠玑字字血，无处不坦露魏源深沉的爱国之心。

还在道光二十五年（1845年）春，魏源为补行殿试而再次北上。四月初，魏源参加了道光帝亲自主持的殿试，中了殿试第三甲，赐同进士出身，以知州用，分发江苏。据传魏源中了进士后，穆彰阿亲自到他住的旅店中拜会，想把他收罗于门下。穆彰阿是道光年间的权臣，官至大学士，他“门生故吏遍于中外，知名之士，多被援引，一时号曰‘穆党’”。当时，不知有多少人削尖了脑袋想成为“穆党”。但魏源很鄙视这位权臣，痛恨他在鸦片战争中力主和议、排斥林则徐、重用投降派的行径，因而对他“漫不为礼”，事后也没有依照惯例去回访，这让穆彰阿耿耿于怀。老穆一生气，后果很严重，魏源向上升的机会基本就被封住了。

尽管魏源在辅佐陶澍、贺长龄时，就因见识超群、胸有韬略，而堪称“超级幕僚”。尽管他致力于研究西方史地，编写出了《海国图志》等巨著，因思想超前，洞烛时弊，而备受有识之士推崇。然而可悲的是，在那个十分注重身份标签的时代，有思想的魏源却没有什么朝野皆知的政治履历可言。于是，幕僚出身的魏源，即使有再伟大的思想，也很难出头。何况等到魏源的

《海国图志》编成刊刻时，贺长龄、陶澍和林则徐三位伯乐，死的死，衰的衰，失去了力挺魏源的影响力和话语权，自然也无法让魏源的名字“上达圣听”。于是，这本原可以打开国人智识的天下奇书，却寂寞地躺在书肆里，不少人还视之为“离经叛道”。

尤为可惜的是，那个时代，魏源式的传统知识分子，总是寄希望于以传统的方式来获得执政者的认可，或是寄希望于以从政的方式来干预社会政治，实在不行就闭门著书，指望将来获得知音。可是，在国危民困的非常时期，如此救国，岂不是刻舟求剑，未免太迂滞了吧?

也因此，魏源虽知道当时救国迫在眉睫，但并没有像洪秀全、康有为、梁启超、孙中山等人一样，使尽十八般武艺来宣扬自己的思想，更没有什么吸引眼球的惊世骇俗之举。纵观魏源的一生，他最大的“离经叛道”，也不过是在扬州兴化当知县时，为了救百姓而趴在河堤上哭诉，恳求掌管河道的官员不要毁堤。这注定了他在当时只能当一个不起眼的草根知识分子，而没有机会成为引领时论的精神领袖。这不仅仅是他个人的悲剧，也是当时国家与民族沉重的悲剧。

再加上，自满清入关以来，统治者从文化精神上压制知识分子，结果弄得举国上下空气沉闷。魏源生活在清朝嘉庆、道光、咸丰三代，正是清王朝由盛转衰之际，先是白莲教起义，再是鸦片战争，紧接着又是太平天国起义。王朝的外忧内患，此起彼伏。然而，那些居庙堂之高的当政者，却并没有因此进行深刻的自省，不管天下大势如何改变，自我优越的“华夏中心论”仍是主流思想。连道光皇帝也只相信“天圆地方”，不知道地球是圆的，老以“天国”自居，以为什么都比别人强，哪里会瞧得起讲“夷情”的书！何况当时社会闭塞，交通不便，信息不通，一般人买书不易。高高在上的统治者又昏庸自大，人微言轻、要地位没地位的幕僚魏源再有思想，又怎么可能进入他们的法眼？

在中国，要让一般见识的知识分子去读《海国图志》很难，要让统治者从上而下地把它作为启蒙读物更不可能。只有到了推翻帝制的社会大变革时期，有识之士才真正发现它的价值，敢于公开翻印。方才知道“欲平海上之倭患，先平人心之积患”，《海国图志序》里的话是那么切中时弊，说透国情。

最具反讽意味的是，《海国图志》第一次舶载到日本时，因为有西方天主教的内容而被收缴，禁止发行。当时的日本和中国差不多，正被西方殖民强盗侵凌，幕府统治者推行的是严格的锁国政策，也和世界处于隔绝状态。当日本上层有识之士审读《海国图志》后，发现这是一部对日本非常有用的书，其中有日本人没见过的外国资料和对付外国人的方略。于是继1850年进口三部、1853年进口一部之后，1854年一次进口15部，7部留作皇家御用，8部允许在市面发售。很快，《海国图志》受到日本人士的欢迎，纷纷为之翻译、训解、刊刻，仅1854—1856年两年间，翻刻的版本竟达20多种，对日本士人扩大视野、了解世界、加强海防、抵抗侵略，以至紧接着的明治维新运动，发挥了巨大的作用。

魏源没能成为近代中国的“思想教父”，或许还有许多理由，尽管这个名分对他来说已经不重要了。但今天的人们，透过这些生疏的历史，仍会扼腕，仍会长叹。倘若反观今天，类似魏源的悲剧，会不会在中国重演呢，暂时不得而知。

曾国藩：一朝孤凤鸣云中

曾国藩曾郑重地书写过其父所作的一副联语："有子孙，有田园，家风半耕半读，但以箕裘承祖泽；无官守，无言责，世事不闻不问，且将艰巨付儿曹。"纵观其一生，曾国藩的确实践了"耕读传家"，却从未在士大夫经世济国的理想面前停下脚步，他的官运随着政绩的卓著日渐亨通，直至位极人臣。他在道光、咸丰、同治三朝获取的一连串功名，如今镌刻在富厚堂花厅里一块厚实的"篤親錫祜"匾额上：赐进士出身、诰授光禄大夫、钦差大臣、太子太保、体仁阁大学士、兵部尚书、两江总督、特赏黄马褂、双眼花翎、一等毅勇侯。

可以说，曾国藩力挽狂澜扶晚清王朝垂而不死，在"同治中兴"时起到中流砥柱的作用，由此被誉为"晚清第一名臣"、"官场楷模"。更为难得的是，他一生勤奋读书，推崇儒家学说，讲求经世致用，学问、文章兼收并蓄，实现了儒家立功、立德、立言“三不朽”的理想境界。

书生带兵

咸丰八年（1858年）10月23日的《纽约时报》刊登过一则新闻专稿，记录了《天津条约》得到咸丰帝批准后，法国公使葛罗及其秘书、卫队12人初探长城，路遇清国骑兵的经历。

这些在首都门户安营扎寨的清国军人们，竟不知道自己的国家一直与英国和法国处于战争状态。什么广州事件、大沽海战、停战协议在天津签订，所有这一切他们一概不知……这些鞑靼骑兵没有弓箭，但每人肩上都背着一杆火枪。他们的火药显得很粗糙，在他们的弹夹里除了子弹还有一些小小的铅块，每个人的长统靴内都插着烟斗和扇子。

只要稍有良知的中国人，看了以上文字，都会痛心疾首，为当时清王朝的腐朽而义愤填膺。事实上，道光二十年（1840年）鸦片战争爆发，大清帝国的空虚羸弱败露无疑，举国民不聊生，已到了腐烂不堪的境地。至咸丰元年（1851年），洪秀全在广西桂平县金田村起事，揭竿而起，一呼百应。洪秀全窃取基督教教义，自称天父耶和华第二子，奉天兄耶稣命诛妖救世，孔、佛、道三教都是妖术。所以他禁读孔孟之书，到处破坏庙宇。太平军于咸丰三年（1853年）二月打进南京，并定都于此，号曰天京，给清王朝以沉重的打击和巨大的威胁。

一时间，朝野震惊，八旗军闻风丧胆，不堪一击。自咸丰二年(1852年)年末起，东南各省陷入战乱之中，咸丰帝颁发奖励团练的命令，力图利用各地地主武装来围剿太平军，并在江南各省任命了43位团练大臣，曾国藩即奉旨在湖南练兵。他将罗泽南、李续宾这些他最亲信的朋友调来，将他们在湘乡的团练调到长沙，编成三个营，日夜操练，是为湘军。曾国藩很清楚，绿营和乡勇都不是太平军的对手，乃采用明朝戚继光发明的兵制，组建了一支体制外的新军，并为其注入捍卫传统、驱逐异端的使命。咸丰四年（1854年）正月二十八日，曾国藩由衡州启程，共有陆军5000余人，编为十三营（500人为大营，不满500人为小营），水师5000人，编为十营，诸战舰二百四十一号，乃水陆并进，浩浩荡荡，沿湘而下。此时，曾国藩发表了慷慨激昂的《讨粤匪檄》，指出太平军烧毁孔庙、焚烧四书五经，是对几千年中国礼义人伦的反动，应是抓住了洪秀全完全背离中国文化，不得人心的要害，一时呼者甚众。

事实上，曾国藩本为一介书生，他的禀性是由家庭环境养成的，但他的学问成就却得力于北京做官的时代。虽说他在翰林院九年七迁，自庶吉士升到侍讲学士，至道光二十七年（1847年）37岁已是内阁学士兼礼部侍郎，但都是一种清闲的职务，得以潜心专注于程朱理学。且书生有血性，书生带起了兵，便有可能将程朱理学带入治军理念。于是，曾国藩首先集聚同乡师友，量才而用为营官——湘军的幕府一度多达88人。之后，再招募“朴实山农”，拒绝市井油滑之徒。他对最早的湘军将士说：大刀长矛，好比四书五经。如果说聚集在洪秀全理想下的农民显示出小农精神世界的一半，那么曾国藩与诸儒生用卫道意识唤醒的，则是小农精神世界的另一半。这场战争，是农民与农民的交战。

京城做官十二年，曾国藩是琉璃厂旧书肆的淘书客。十多年军营生涯，他也一直没有放下经史子集，在奔赴战场的路上，坐在轿子里读杜甫、韩愈的诗文。其任两江总督之时，更是派专人在江南一带不遗余力地搜访遗书，每有所得便欣欣然。至道光年间，他得邓显鹤、唐鉴、欧阳兆熊的引导，醉心研读王夫之的著作，后来在南京金陵书局和长沙传忠书局大规模刊刻《船山遗书》，使得这部藏于民间和四库馆一百三十年的文稿，终在世间传播，并深深影响了整个湘军。由于曾氏本人的文化修养以及他所推行的书生带兵的用人制度，长期以来只为士人所信奉和追求的价值观，通过军事管理的效应，得到一次最好的普及。胡林翼请老儒在军中讲授《四书》、《五经》，王鑫的营地入夜则刁斗声与诵书声相混合。左宗棠“出山十余年，跃马横戈，气扬心粗，恐善源日涸，得暇即亲六籍”。也因此，湘军横空出世之时，便如此与众不同。

之后，他率领这支军队，一路北上，于咸丰十四年（1854年）八月将武汉打下来了。在出师不到一年的工夫，湘军就把湖南湖北平定了，太平军的北伐由此转入失败。朝廷自是喜出望外，就把“讨贼”的重任交给他了。可他已先后历经兵败投水自杀、湘军四散溃逃、湖南军政两界讥讽、长沙城闭门不纳的羞辱，自是一波几折。直到武汉打下，才一洗前辱。

当曾国藩来到江西，战事又处于胶着状态。从咸丰五年到咸丰十年的五六年里，曾国藩在江西、安徽一带的军事行动一直在低迷中徘徊。在此期间，他遭受到江西官场的排斥，湖南官场的指责，朝廷的不信任，友军的不配合，自是灰心丧气。他再一次投水自杀未遂，又被朝廷冷落了一年多，以致得了严重的神经官能症。曾国藩曾对同乡知交刘蓉说过：我浴血奋战，受此猜忌，令人心寒。若被谋害，墓志铭里一定要替我鸣冤，否则死不瞑目。

咸丰十八年（1860年）八月，克复安庆后，曾国藩便把大本营移到安庆，而以江西、湖北为后路。不料胡林翼因积劳成疾病死，又失掉了一只膀臂，曾国藩万分伤痛之余，不由忧心忡忡。好在清廷授予他两江总督，军政权总算专一了，而他已没有实权地征战了八年，自是漫长而又艰辛。此时，曾国藩不由振作起来，处心积虑，步步为营，命曾国荃由安庆向南京，又荐左宗棠巡抚浙江，沈葆桢巡抚江西，李续宜巡抚安徽，李鸿

章巡抚江苏，用四面合围的办法，向太平天国渐逼渐紧。同治元年（1862年），曾国荃带陆军会合彭玉麟、杨载福的水师进攻南京，适逢江南病疫大行，军士染疾而死的很多，一时险象环生。曾国荃硬是孤军奋斗，战守46天，伤亡5000人，曾国葆亦以病后遇劳而致死。此时，曾国荃殊死战，打了大胜仗，李秀成始解围去。至同治二年（1863年）四月，洪秀全眼见大势已去，乃吞金自杀。曾国荃围攻益力，掘地轰城，至六月攻破南京城，李秀成被擒，只幼主洪福真逸去。而曾国藩兵至南京，红旗报捷，大功告成，朝野动色相庆。时年曾国藩年54岁，太平天国建国15年。

曾氏所领导的这支部队，前前后后有过30万人次的进出，历时十多年，转战十余省，在湖南堪称全民动员，全境参与。杨度在《湖南少年歌》中对此有过生动的叙述："水师喷起长江波，陆军踏过阴山雪。东西南北十余省，何方不睹湘军帜。一自前人血战归，后人不叹无家别。城中一下招兵令，乡间共道从军乐。万幕连屯数日齐，一村传唤千夫诺。农夫释耒只操戈，独子辞亲去流血。父死无尸儿更往，弟魂未返兄逾烈。"可当湘军终于打下南京，朝廷给予曾氏封侯之赏的同时，也对他手下的十余万虎狼之师——湘军，心存高度警惕。

曾国藩面对此种局面，异常清醒，再次运筹帷幄，有条不紊地行动起来：一是把功劳归之于先帝、太后和朝廷，归之于协同作战的友军。曾国藩于同治三年（1864年）6月23日奏报攻下南京，生俘李秀成和洪仁达。他将报功隐于平实叙事，不作夸饰，将成就归于皇家，为朝廷歌功颂德，却不露讨好的痕迹。二是攻下天京一个月后，便开始裁军。一年后，90%的湘军裁掉，他能调遣的兵力只剩6000人。远在紫禁城的慈禧终于松了一口气。本来朝廷要求湘军将攻打南京时得到的金银财宝交公，但这些钱都已入私人腰包。他最后与朝廷达成一个协议：军队撤退，朝廷也不要钱了。 三是动员九弟曾国荃辞职回家养病。当时，曾国荃和他手下的一批人沉醉于大胜之中，放火烧南京城，大肆抢劫金银财宝，同时又埋怨朝廷赏赐太薄。曾国藩赶紧动员其回乡下老家，以求太平。四是立即裁撤厘金局。厘金局就是收买路钱的卡哨，现在打败了太平军，也就没有存在的必要了。五是在百废待举之时，便开科取士。他派人修复了江南贡院，停顿12年之久的江南甲子科乡试也很快举行。18000多个考生来参考，中国科举史上前所未有。很多父亲带着儿子、爷爷带着孙子来参加考试，人们都歌颂曾国藩圣明。

终于，曾氏及其代表的湘军，较为平稳地度过了表面风光、内里危机四伏的政治险滩。

洋务之痛

曾国藩与太平军血战于长江中下游的同时，还得面对挟《天津条约》北上的西方人。当他接到清廷同英、法、美三国签订的和约条款时，“阅之不觉呜咽”，以“五胡乱华”相比拟。他内心一直鄙夷、憎恶“奉洋若神”。

早在1842年魏源编成了《海国图志》五十卷，向国人呐喊睁眼看世界。但直到二十年后圆明园一把大火燃尽，大清国人才重新思考这个话题。咸丰十年（1860年）岁末，曾国藩在一道奏折中说“将来师夷智以造船制炮，尤可期永远之利”。“不怕柴狗子，只怕洋鬼子”，他在家书中道出了他认为真正的威胁是西方列强。当他在书札中写下“海国环伺”四字时，应该已经意识到这是二十四史里从未出现过的大危机。

想当初曾国藩拼命将满清王朝命运挽救了，中国的旧文化也算是保住了。但满清并不能挽救中国。作为湘军的领袖，战争逼迫曾氏成为那个时代最先深刻思索、最先寻找对策的官员，他以为“大局糜烂至此，能尽一分力，必须拼命效此一分，成败利钝，付之不问”。也因此，他在维持满清作为政治中心的大前提之下，仍旧努力不懈，虽然他确乎有些“灰心”了。

曾国藩对道、咸以来外交内治的批评固属痛切，对同治中兴方案的设计则尤具建设性。一是治标，“以后仍当坚持一心，曲全邻好，惟万不得已而设备，乃取义善全和局”。简言之，就是在洋务事业未成前，不轻易言战。尽管这仍是在不平等条约下的“和局”，但国力未充实以前，只能暂且忍耐，不至于使积铢累寸、惨淡经营的洋务事业毁于一旦。二是治本，他主张部分地接受西洋文化，也即以“炮”、“船”的科学机械来建设新事，同时应平息各种无谓的内讧，以求实精神，励精图治，积极改良内政。

革新和守旧同时进行，这是经世学的必然道理，也是曾国藩对我国近代史的大贡献。不过，时事的危难一再刺激他，使他越发感觉到，“自强”是刻不容缓的使命。他在养心殿被召对时说得十分明白：“兵是必要练的，哪怕一百年不开仗，必须练兵防备。兵虽练得好，却断不能开衅。讲和也要认真，练兵也要认真，事不可偏废，都要细心去办。”他洞察到了外交和内政这种“不可偏废”互为牵制的密切关系，归根到底，外交是由内政决定的。道、咸以来，外人的每一次战争都有相当的军事、政治、经济和外交的准备，清廷却一味地仓促地被迫地应战。所以，消除外患的根本办法在于自强，与其孤注一掷，不如切实整顿内政，羽毛丰满后再相机反击。

正当湘军与太平军惨烈激战时，曾国藩上奏咸丰帝，建议借外国力量助剿、运粮。他在咸丰十一年（1861年）十一月初八在《复陈购买外洋船炮折》写道：“目前资夷力以助剿济运，得纾一时之忧。将来师夷智以造炮制船，尤可期永远之利。”“购买外洋船炮，则为今日救时之第一要务。”此项建议很快形成国策。

是年九月五日，湘军攻陷安庆。到十二月，曾国藩便在安庆创办内军械所，主要制造子弹、火药、炸炮等。虽然内军械所更像是政府军队的武器制造机构，但其意义却大大超越了武器制造。可以说，内军械所的建立是洋务运动在实践上的开端，是中国最早的官办新式兵工厂。

咸丰十二年（1862年）二月十九日，安庆城下停泊了一艘待售的洋船。曾国藩带着李鸿章登上洋轮，仔细察看，一时感慨良多，盛赞其“无一物不工致”。此时，曾国藩乃决心制造中国第一艘轮船，马上委托内军械所徐寿、华蘅芳等人试造轮船。不久，他们就造出了轮船发动机。整整两年后，中国第一艘火轮船制造完毕，尽管长不过3丈、时速不过30华里。曾国藩不由喜形于色，为之取名“黄鹄号”，并在日记中写道，“窃喜洋人之智巧，我中国人亦能为之，彼不能傲我有其所不知矣！”

或者是实践的触动，曾国藩意识到内军械所其实只是一个军工作坊，虽集合了一批当时国内最著名的科技人员，如徐寿、华蘅芳、龚芸棠、徐建寅、张斯桂、李善兰等，但所造炮、船全用土法，产品低劣。基于此，咸丰十三年（1863年），曾国藩又在安庆召集了有关算学、天文、机器等专家百余人，探讨兴办洋务，毕业于耶鲁大学、精通西学的容闳就在这时脱颖而出。曾国藩问容闳：“今日欲为中国谋最有益、最重要之事业，当从何处着手？”容闳认为应该先建设一座西式机器母厂，“此厂当有制造机器之机器，以立一切制造厂之基础”。

事实上，太平天国失败后，民族矛盾已逐步上升为当时中国社会的主要矛盾。这时，捻军在长江以北对清王朝构成了新的威胁，但在曾国藩看来，外国列强仍是当时最主要的敌人。他清醒地说道：“目下中外之患自以洋务为最巨；其次则甘肃、新疆之回；其次则中原之捻。”为了对付外国列强，曾国藩等人思虑再三，将洋务运动推向了新的发展时期。这一时期，他经手办的一件最突出的洋务事业，就是与李鸿章在上海创办了近代中国第一个大型的机器企业——江南制造局。

正是容闳的建议启发了曾国藩，使他认识到发展机器制造工业的重要性。咸丰十三年（1863年）十二月三日，容闳奉曾国藩之命出洋采办机器，从美国购得百余种机器，江南制造总局渐渐有了规模，洋务运动因此进入正轨。

很快，曾国藩又在城南高昌庙购地70多亩，建造了汽炉厂、机器厂、熟铁厂、洋枪厂、铸铜铁厂、火箭厂等，江南制造总局迅速成为中国最大规模的近代化工业基地。开办之初，因要制造枪炮供淮军北上镇压捻军，也因经费困难，不得不将制造轮船的计划暂时耽搁下来。曾国藩对此十分焦急，他说："枪炮固属目前急需之物，而轮船亦不可不赶紧试造，造成此物则显以定中国之心，即隐以折彼族之异谋。"为了使制造轮船的计划能尽快地实现，他特奏留二成洋税，其中一成专供制造轮船之用。在他的大力经营下，咸丰十八年（1868年）八月，江南制造总局终于造出了中国第一艘真正意义上的现代化火轮，船体长18.5丈，顺水时速120华里。曾国藩以"恬吉"为之命名，向慈禧汇报说，"恬吉"号"坚致灵便，可以远涉重洋"，"中国自强之道，或基于此"。

"师夷智"从议论转化为实践，曾国藩当为最早的领袖和开创者。他创办江南制造局时还有一个用意，就是要把它办成一个实验工厂和示范工厂，"俾各处仿而行之，渐推渐广，以为中国自强之本"。随后，军用工业如山东机器局和四川机器局，民用工业如大冶的煤铁矿、徐州和开平煤矿、漠河金矿等企业，纷纷兴建起来了，构成了中国近代工业最初的基础。

清政府购买轮船之议始于咸丰十一年（1861年），其原因是太平军于这年攻占了宁波海口，特别担心他们北上天津攻打它的老巢。为此，清政府下令“江苏巡抚迅速筹款，雇觅外国火轮船只，选派将弁，驶出外洋堵截宁波口外，以防贼匪逃逸，并令广东、福建各督抚一体购觅轮船，会同堵剿，勿令该逆一名窜出，致滋扰害”。随之，清廷不惜花费140万两银子的巨款，从英国买来了七只轮船（史称“阿思本舰队”）。

此刻，曾国藩把眼光放得更远一些，在同治元年的奏折中说：“购买外国船炮近以剿办发逆，远以巡哨重洋，实为长驾远驭第一要务。”看来，他是把镇压农民起义与抵御外侮相提并论的。但清政府委托赫德购买的由阿思本率领的舰队开来中国后，受到曾国藩等人的极力反对，只得将阿思本舰队解散了事。在曾国藩看来，一支由外国人指挥和操纵的舰队长期停留在中国的海洋和江河上，将会成尾大不掉之势，恐非国家和民族之福。他在给陈作梅的一封信中说：“李泰国七船近日果否到沪？江阴克复，苏常均有可图，恐彼族攘臂其间，必欲掠为己功。即金陵合围以后，彼亦必驾肩而来，喧宾夺主，我将士之功尚不足惜，所最惜者目前则大掠资财，割剥遗黎，日后则百端要挟，损我国威耳。”

但是，尽管做出种种努力，曾国藩们都无法冲出自身的困境，既不能达到“求强”，更达不到“求富”。洋务运动，对中国的近代工业大力着手，但是却如同泥沼里的战车，一筹莫展。

可以说，曾国藩是一个识时务者，也是清廷最忠诚的大臣，但又背负着几千年历史的沉积。为着大清帝国，他这个最为传统的官员，竟能突破谨小慎微于他的制约，来倡导来实践来推行种种洋务举措。可以说，在统称“洋务派”的人中，他是第一个师法西洋新文化的人，可又眷恋着旧文化，且这种矛盾一直延续到他生命的最后一年。

曾国藩习惯于把各种条件及可能发生的情况反复斟酌，多方思量，这不是出于悲观怯懦，而是由于白刃相加的严酷现实的逼迫。为此，全面地了解他的思想之后，人们所感到的他不是畏缩与颓丧，而是振奋与进取。其思想已越出了内心世界而见诸行动，从举办安庆内军械所和江南制造局，主张在湘淮军中使用洋枪洋炮，以及“用人礼而非鬼礼”来待洋人几件事上都可看得出来。也正由于他身体力行的感染，同时代与他主张相似、形迹相近的郭嵩焘、薛福成、曾纪泽、丁日昌等人都能步其后尘，不顾怨谤交集，为国家办事出力，竭尽全力将大清国推出泥坑，摆脱被动挨打的困境。

天津教案

从鸦片战争之后的八十多年间，中国境内发生大小“教案”600多起。以法国为代表的天主教主要在下层民众中传教，他们修教堂，做弥撒，开医院，收留孤儿等等，深深地卷入了民众的日常生活，也不可避免地跟地方绅士、宗族和传统文化产生冲突。同治九年（1870年）六月间，天津法国天主教育婴堂收养的婴儿因流行病传染而死亡三四十名，尸体溃烂，惨不忍睹，民间却哄传天主教堂迷拐儿童并用其眼珠制药，酿成了“天津教案”。

六月二十日，炎炎烈日下，天津百姓几千人聚集在法国天主教堂前，声讨外国传教士拐婴、害婴。次日，法国领事丰大业在混乱中向天津知县刘杰开了枪，击伤随从高升。愤怒的中国人当场将丰大业殴打至死，至此一发不可收，随后又烧了教堂，直至捣毁法、英、美等国的教堂和领事署，打死了16名外国人。案发后，中外震惊。法、英、美、俄、意诸国随即提出联合抗议，他们又找到了出动军舰的理由。清朝官员在应对时分成两派，一派以醇亲王奕譞为代表，反对抑民奉外；另一派以曾国藩、丁日昌为代表，主张妥协议和。最后，清政府一面从陕西调李鸿章的淮军备战，一面诏谕59岁、右眼已失明、正在养病的曾国藩赶往天津。曾国藩在保定驻地接到两道催办上谕后，于七月八日到津。出发前，他备好了棺材，写好了遗书。

曾国藩一到天津，定下查办方针：只求迅速达成妥协，保住“和局”，顾不上处置是否得当。于是，他上任后的第一件事，是先议结俄、英、美三国误伤之人和误毁之堂，不与法国一并办理，缩小对立面。关于法国领事、神父和教堂被杀被毁的原因，曾国藩则紧紧扣住武兰珍原供虚实入手。早在保定动身时，他便致信崇厚说：“欲推求激变之由，自须由此根究武兰珍是否实系王三所使，王三是否系教堂所养，挖眼剖心之说是否凭空谣传。”他在审讯人犯和亲自调查后，对原供提出三点质疑：一是武氏供词时供时翻，原籍在天津，与所供晋宁不符，且无教堂指使的确据；二是教堂中有男女150余名，由各自家庭送来养育，非迷拐而来；三是亲自询问拦舆递禀的数百名百姓，所谓挖眼剖心之事，均无实据。这三点质疑，是曾国藩推定所谓“挖眼剖心，全系谣言”的根据，也是据此结案的关键。以后的情势虽曲折复杂，他本人外受胁迫，内受攻讦，仍不为所动，所依据的依然是这个判断，且在办案自始至终持妥协的态度。

尽管他与崇厚的表现也曾有微妙的不同——那就是当外人提出要将天津府知府张光藻、知县刘杰和将军陈国端三人抵命时，他力不准允，并顶着很大的压力拖延时间进行交涉，最后改判为流放。他在6月24及29日给曾纪泽的信中表白了其内心世界：“不得已从地山（崇厚）之举，竟将府县参奏革职，交部治罪，二人俱无大过，张守尤洽民望。”“以前为崇公所误，失之太柔，以后当自主也。”可见他与崇厚确有不同之处，不过这种懊悔不足以说明其妥协立场有所改变，曾氏毫不讳言：“办理过柔，寸心抱疚”，以至“内疚于神明，外得罪于清议”。

津案于九月间正式议结，时曾国藩因清议的指责而调离直隶总督，回两江总督原任。但议结方案是由他定下的，主要内容如下：一、天津知府张光藻、知县刘杰革职，发往黑龙江效力。二、判处所谓“凶犯”20名死刑，充军流放者29名。三、赔偿及抚恤共计497000余银两。四、派崇厚为特使，前往法国“道歉”，并表示中国愿与法国“实心和好”。

事后，李鸿章急赴天津，通过几道奏折保下死刑犯中田二、张帼顺、段大、项五4条人命。曾国藩事后也对发配黑龙江的张光藻、刘杰多有关照，他在家书中表达了这样的意思：这两个人是好官，没有错，但我没有别的办法。

曾国藩的处理方式，引得朝野哗然，他在京的湖南同乡，把他在湖广会馆所题的匾额砸碎烧毁。可曾国藩怕洋人再开战、火烧圆明园的事件再上演，以声名败裂的代价，为大清国扛下一个“软弱、媚外、有失国体”的污名。

天津教案是曾国藩政治命运的转折点。他的主张和行为与时人冀望大相抵牾，引起中外舆情的激烈攻讦。他最后一年多的时间，是在訾议和病疾中捱过的。迟暮之感，生死之虑，每况愈下的国事，无时不在其心头盘旋，以至“心胆俱裂”。在此一年之前，他还以“中兴名将、旷代功臣”入京陛见，接受直隶总督关防，并赐予在紫禁城里骑马的殊荣旷典，气势之煊赫，足以使百官生羡。然而一年之后，竟谤怨交集，成为众矢之的，几落得身败名裂的境地。如此大起大落，荣枯无常，具有何等的戏剧性！

曾国藩是如此顾惜声名，在家书中他常怀着如履薄冰的心情谈论到名誉对于士人的重要。于天津教案，也没有任何事实可证明曾国藩昧于事理，不顾是非曲直，相反，对于其突发的政治背景，他有入情入理的分析：“教堂近年到处滋事，教民好欺不信教的百姓，教士好庇护教民，领事官好庇护教士，明年法国换约，须将传教一节加意整顿。”这段议论表示出其要加以抑止传教运动的意向，其见解绝不低于清流党的认识水平。但最终他仍坚定地执行了弭战谋和的方针。正如曾纪泽所说：“当时事势，舍曾国藩之所办，更无办法。”郭嵩焘也说曾氏已“尽天理人情之至矣”。

“曾国藩救了满清，但满清并不能救中国。”可反对他的，正是那个旧制度以及和他同属于一个阶级的广大官僚和士大夫。他所面对着的，是整个矫饰的社会。他的思想一定程度上超越了时代，而他的行为却被同一时代所遏止。最后，他带着“名已裂矣，亦不复深问”的复杂心情，孤独落寞地走向历史为他安排好的结局。知其不可为而为之，也许是世上最可悲的事情。

正是在办理津案的过程中，曾国藩对于鸦片战争以来全盘中外关系作了系统反省，在他看来，中国的外交道、咸以来，还处在被动阶段，不能适应日益严峻的外力压迫，全无整盘筹划。当局者对中外大局既属茫然，更常因举措荒谬而贻误大局，既不能取胜于疆场之上，又不能拒辱于樽俎之间。一旦国难临头，即扼腕无从措手。他虽最终在一片狂热的主战声中，保持了冷静务实的头脑，而西洋的坚船利炮和国政有度，又使得他觉得再以犬羊夷狄视之未免太不合时宜。他曾经准备牺牲性命，不想却牺牲了他最为看重的名声。

遣派留学生

清同治十一年（1872年）七月初九，三十名赴美留学的幼童自上海起航。这是近代中国派出的第一批留学生，堪称“中华创始之举，抑亦古来未有之事”。为派遣这批出国留学生，曾国藩曾竭力主持，多方运筹，做了许多开创性的事情。他向清廷建议派遣留学生，始于同治九年（1870年）。就在处理天津教案期间，丁日昌多次同他商议，拟选派聪颖幼童，送到泰西各国书院学习军政、船政、步算、制造诸学，约计十余年业成而归，使西人擅长之技，中国皆能谙悉，然后可以渐图自强。至于携带幼童出洋肄业的任务，可由陈兰彬和容闳担任。曾国藩深韪其言。从此时起到同治十一年（1872年）三月病逝为止，为派遣留学生一事，他先后五次不遗余力地上书清政府，发挥了最关键、最重要的作用。

是年九月十六日，曾国藩特上书清廷，论证了派留学生出国肄业的必要性。他还奏调原在直隶“襄助一切”的四品衔刑部主事陈兰彬随他到江南，暂操练轮船，悉心规划肄业西洋各事。可见，他此时已开始为派遣留学生作舆论和组织准备了。同治十年（1871年）正月，他又一次上折奏请派遣留学生。当时有人对派留学生的必要性提出怀疑，认为京师设同文馆选满汉子弟延西人教授，又上海广方言馆选文童肄业，似无须远涉重洋。曾国藩不为所动，与李鸿章乃于五月初九联名致书总理衙门，详论派幼童出洋留学之益：“设局制造开馆教习，所以图振兴之基也；远适肄业，集思广益，所以收远大之效也。”“西人学求实济，新理新器月异而岁不同，中国欲师其长技，非遍览久习则本原无由洞澈。”鉴于选材与筹费的困难，他们提请总理衙门主持大计，还饬令陈兰彬、容闳悉心酌议，并制定章程十二条附呈总理衙门审核。

在得到总理衙门“以为可行”的函复之后，曾国藩与李鸿章于七月初三日会衔具奏，说明派聪颖子弟出洋留学的缘由，强调其重大意义，附呈章程12条，主要有：1、商知美国政府，中国派员每年选送幼童30名前往留学，费用由中国自备；2、在上海设局经理挑选幼童派送出洋事宜，应选条件为年龄13—20岁，曾经读中国书数年，亲属情愿送往并取其甘结，择选地点在上海、宁波、福建、广东等沿海一带；3、选送幼童每年30名，4年120名，留学15年，回国以其所长听候派用，不准在国外入籍谋职；4、对留学幼童加强管理和考核；5、规定驻洋办公费、正副委员、翻译、教习的工资、幼童川资及衣食住宿等每年约计库平银6万两，以20年约计需120万两。奏折请求朝廷饬下江海关於洋税项下按年指拨，以保证留学费用。

至七月底，奉旨依议。选派幼童赴美留学一事至此才算大局已定。李鸿章就首批幼童赴美留学事宜与美国驻华公使镂斐迪函商，美使欣然允诺持其执照搭乘美国船前往，“船票银可以减少一半”。这样，中国幼童留学美国的道路便畅通无阻了。

同治十一年（1872年）正月十九日，曾国藩与李鸿章又联衔上了《幼童出洋肄业事宜折》，将挑选幼童及驻洋应办事宜六条开列，重申挑选幼童的标准、程序及出洋后的管理原则，留学经费的拨付及开支办法。同时，奏折请旨饬派陈兰彬为正委员，容闳为副委员常驻美国经理一切，派遣五品衔监生曾恒忠为翻译，光禄寺典薄附监生叶源浚为中文教习随同出洋。幼童的挑选及出国留学的训练则由总理幼童出洋肄业沪局负责，由盐运使衔分发后补知府刘翰清主持，对出洋委员及驻沪洋局刊给关防以资信守。

八月十二日，首批幼童30人在陈兰彬等人的带领下乘风破浪出发了。然而，令人遗憾的是，为之呕心沥血、主持擘画的曾国藩，却没能亲眼目睹这一创举。他在首批留美幼童开航之前的五个月，即当年三月十二日，就因积劳成疾而与世长辞了。容闳后来曾伤感地写道："曾之逝世，国家不啻坏其栋梁，无论若何，无此损失巨也。时预备学校开学才数月，设天假以年，使文正更增一龄者，则第一批学生已出洋，犹得见其手植桃李，欣欣向荣。"

考察曾国藩、李鸿章、丁日昌商请派送幼童赴美留学的全过程，可以看到曾、李、丁三人都是中国近代留学教育的积极倡导者。容闳后来把他们三人的肖像都挂在美国哈特福德留学事务所的墙上，并"教育学童们把这三人敬奉为他们的恩师"。美国友人当时曾真诚地指出："他们是值得尊敬的，他们的姓名应该铭记，也将被铭记，而且不仅是在中国。"三人之中，提议最早的是丁日昌，主持最久的是李鸿章，而在初创阶段主持最力的当属曾国藩，他无疑是派遣留学生的主要决策者。容闳后来说过："文正公虽未获睹其结果，而中国教育之前途，实已永远蒙其嘉惠。今日中华学子，得受文明教育，当知是文正之遗泽，勿忘所自来矣。文正一生之政绩、忠心、人格，皆远过于侪辈。"

曾国藩在生命的最后时刻没有操练湘军，也没有立功立德

立言，也未曾回到他念念不忘的故乡，而是为中国学生留学事宜领衔亲奏，上下奔走，至死念叨。虽然30名学童日后没能改变积贫积弱的中国，但是第一批赴美留学是个极具象征意义的事件！曾国藩至死不忘留学一事，在他看来留学的意义不仅于此。为拯救摇摇欲坠的大清帝国，曾国藩及同僚试图通过一个庞大的复兴计划力挽狂澜，而留学只是其中的一部分，这个复兴计划就是“洋务运动”。

倘在深冬时节，行于那偏于一隅的双峰荷叶堂八本堂，便知此堂乃由曾国藩亲自命名。何谓八本呢？读读刻在匾额之上的文字便豁然明白，并不由为之震撼：读书以训诂为本，诗文以声调为本，事亲以得欢心为本，养生以少恼怒为本，立身以不妄语为本，居家以不晏起为本，居官以不要钱为本，行军以不扰民为本。

此八本，曾国藩终生奉行。直到自己兄弟成了地方大吏，仍旧要求曾氏子弟媳侄勤俭持家，不许脱离生产劳动。曾国藩在日记、家书中时常记述祖父组织的“耕织家庭”，认为那时家里虽贫苦些，但却充满了生气，充满了喜悦，充满了家庭成员间的友谊和敬爱。也因此，他虽然有穿不尽的官服朝靴，但仍要求女儿、媳妇为他做衣、做鞋，以此考查她们的女红。到他做了两江总督时，曾国荃也成了浙江巡抚，他给家里去信，说曾氏“极盛”之时，更不能忘祖宗家法，牢记不能靠做官吃饭的家教，不能丢“八字家诀”，要在“作田上用功夫”。

郭嵩焘：流芳百代千龄后

关于郭嵩焘，可说的实在太多。他是中国晚清史乃至中国近代文化思想史与改革史上被严重低估的人。作为正式走出国门就任驻外大使的第一人，作为传统士大夫中改革求变的思想家和先驱者，其思想的深远与敏锐令人惊叹。他最可宝贵的品格在于，作为一个清醒地了解世界发展大势和中国现实国情的思想者，他在思考中国何去何从时，是一个真正的先知先觉者和清醒的现实主义者。

一

郭嵩焘，清嘉庆二十三年（1818年）生于湖南湘阴县，字伯琛，号筠仙，晚号玉池老人。因其书斋名“养知书屋”，人又称其为“养知先生”。他于道光十六年（1836年）入岳麓书院就读，就与曾国藩、刘蓉换帖订交。后多次赴京赶考落第，曾以教书及当幕僚谋生，直至道光二十七年（1847年）才考中进士，任翰林院庶吉士。同科进士有李鸿章、沈葆桢、冯桂芬等，日后都成为重臣，与他的仕途发生了重要的关联。而此时，清朝的内部危机，已迫在眉睫。

道光三十年（1850年）七月，郭嵩焘母亲病故，半年后父亲也不幸逝世，他满心悲伤地在乡居丧。就在这年十月，洪秀全在广西金田大举起事，至咸丰二年（1852年）从广西进入湖南，地方会党群起响应。此时清廷命在籍侍郎曾国藩在湘组织团练镇压太平军，可他却不愿措手，收到寄谕后便草就奏章，恳请终制。郭嵩焘乃赴曾家吊丧，趁机说服其父曾麟书一同劝说曾国藩办团练以抵拒太平军。曾国藩终于决定出山，于咸丰三年（1853年）年初往长沙练兵，便为“湘军”。

此时，时任湖北按察使江忠源来信要郭嵩焘出山，郭嵩焘功名之心原本淡泊，但对于“经营国计，保卫地方”的使命，却并不回避，竟有“投笔从戎”的兴奋与慷慨。尽管他知道，事情其实很糟糕，也很难办。其时太平军已攻占南京，改名天京，立为都城，江忠源率楚勇正艰难地守御南昌。郭嵩焘与夏廷樾、罗泽南等统率1400多人，向江西进发，赶去与江忠源一起守围城。就在督战时，郭嵩焘发现太平军竟有10余万船只，士兵们并不住在营垒，而是住在船上，便马上意识到“非急治水师，不足以应对”。此一建议，为江忠源所赞同，令他立即代写奏章，这便是著名的《请置战舰练水师疏》。疏上仅半月，即有诏命，朝廷令四川、湖北、湖南等地督抚，尽快制造战舰。郭嵩焘乃受命在樟树督造巨筏，曾国藩则在衡州创办水师。

等到郭嵩焘在樟树镇造成八巨筏，太平军却已撤围北去，占领九江，攻打湖北田家镇。湖广总督张亮基求援，江忠源立即驰援。郭嵩焘跟随行军，山路崎岖，食更难觅，士卒饥乏，屡战不利，呜呼哀哉。目睹伤亡，惨不忍睹，更兼千里乡愁，郭嵩焘此时才真正体会到，对于“战士”来说，故乡就是天堂。咸丰三年（1853年）十月下旬，郭嵩焘乃辞别江忠源，于十一月十日回到湘阴。虽没有参加晋升考试，清廷依然特授他为翰林院编修。没多久，当曾国藩以办理捐输、经营水师相招时，郭嵩焘又前往衡州，帮助他建立水师营制，编练水师。

曾国藩的军队是自创的军队，朝廷似乎只给政策，不给经济上的投入，朝廷财政也未必有能力来维持。就在湘军出战湖北江西后，已用去粮款100余万两。适逢战败，士气低迷，军需更加紧迫。有人向曾国藩建议，除在江西设卡抽税外，还可奏请经营浙盐，却没有所需本钱。郭嵩焘受命前往富庶的浙江，张罗此事。咸丰五年（1855年）十一月二十日，他从南昌出发，由内陆小河道前往杭州，到达三清山所在的玉山县时，正好是除夕。长路漫漫，天气严寒，直至正月十二日方才到达杭州，且不说旅途艰辛，竟费时两月，费纹银十一二两。

过常山以后的江浙，市面上都用洋钱，称为“花边”。这使郭嵩焘感受到一种陌生的支配性力量的存在，有点不寒而栗，也有点愤怒。在杭州，拜见官员，衙门走动，湖上招饮，酒馆应酬，同年同乡络绎造访，郭嵩焘席不暇暖，忙得团团转。此行为筹款而来，但款却如此不易筹得，四处落空，郭嵩焘甚是无奈心酸。有人向他建议，何不打打上海厘金的主意？于是，郭嵩焘写信给曾国藩和浙江巡抚，希望他们会同向朝廷上折，奏明办理此事，并决定赴上海探探形势。

上海是《南京条约》规定的通商口岸之一，以前寂寂无闻，仅为一个建制历史并不悠久的县，而到郭嵩焘光临时，其繁盛的程度，已让他感叹“殆罕伦比”。他曾在十多年前的战争中见识过洋人船炮的厉害，在此则见识了船炮之外更加让他耸动的“文明”，并在日记中详细记述了他所看到的“洋泾浜”。“洋泾浜”原是上海县城北的一条小河，道光二十三年（1843年）上海正式开埠，划定洋泾浜以北，李家庄以南之地，为英国人的居住地，即后来的租界。尽管才十多年，洋人已经在此圈地立足，安营扎寨，黄浦江上则停泊着许多外国“货船、兵船”。令郭嵩焘深有感触的是那些洋房、洋楼、洋设施：“极明爽，四面皆离立，环以窗棂，玻璃嵌之，高或三层，皆楼居。而下设议事厅，或曲折作三四间、五六间，置诸玩器，精耀夺目。”洋人的活动场所更是“穷奢极靡”、“靡不精洁”。他登门拜访过的法国领事公馆，厅堂陈设“细致精妙，非中国所能为也”。

二月初九，春寒料峭，郭嵩焘由人陪同参观了英国的火轮船。他们从船旁的悬梯上船，先看了船头，又看船后舱的机器，看得特别细心。之后，又看舱房，看大餐厅。主人在餐厅设了宴席，置酒款待，郭嵩焘如浴春风，第一次喝到洋人的葡萄酒，还有牛油做的蛋糕。当走出舱房，猎猎寒风汹涌而来，郭嵩焘恍若掉入了冰窖，道不尽其间的万千感慨。

郭嵩焘离开上海之时，还特地不顾“索价极昂”，替曾国藩买了一个“风雨表”（寒暑表）和一只“双眼千里镜”（望远镜）。然后他经由苏州，再返回杭州，继续协调筹款。直到五月初一，他才回到南昌，向曾国藩复命。只有故乡故土才能抚慰他酸涩的内心，他紧赶慢赶于咸丰六年（1856年）八月二十三日半夜，在大风大雨中“狼狈万状”地回到家中。奔波吴楚之间近四年，郭嵩焘作为“湘军”幕后英雄的使命，便告一段落。

二

自第一次鸦片战争后，英、法、俄、美诸国依然不满足，力求再扩张其势力，加上互相觊觎攀比，更显得欲壑难填，得寸进尺。而清廷依然以“蛮夷”视之，对付一天，就是一天。咸丰六年（1856年），列强迫清廷修约，并要求进京换约，没有得到清廷的积极响应。地方与各部衙门，原本习惯于推诿，何况朝廷处理“夷务”的政策一直不明朗，举棋不定，“剿”“抚”两难。

乃至咸丰八年（1858年）四月，英国人突击大沽，进入天津郊外。清廷慌乱中一面派僧格林沁视师通州，一面遣大学士桂良议和。至六月，被迫先后签订中俄、中英、中法《天津条约》，英、法、俄三国兵船始退。

此时参赞僧格林沁的郭嵩焘经历了上海“洋泾浜”的见识，也考查过历史上中外关系，包括对“夷情”、“夷务”的持久关注和了解，对当时主流士大夫习气的洞悉，已拥有一种相对独立的“夷务”观。“洋务一办便了，必与方战，终无了期”，这是郭嵩焘作为翰林时就已形成的观点。他意识到此番“夷人”东来，挟着某种不可阻挡的大势，不可简单处置，更不可能一举荡平，天下从此不得安宁。为此，郭嵩焘以为，唯有尽量了解洋人，了解他们的需要和目标，才可能对对方有所把握，然后以“理”与“诚”相折冲，求得安全。此种论调在激昂的讨论中，显然极其异端和极其少数，容易视为可耻的怯懦，甚至是投降主义。

可湖湘水土滋养出来的蛮性、认真和耿耿忠诚，似乎在郭嵩焘身上占了上风，乃至拥有某种官场上尤其罕见的孩子般的真诚、质朴和正直，说话很少拐弯，也不太喜欢察言观色，而是奔着自己认为正确的方向走去。他要毫不避忌地谏言了。在即将前往天津前，郭嵩焘草拟了奏折和附片，虽有好友陈孚恩“力嘱”他不要具折言事，依然于咸丰九年（1859年）正月二十四日上奏了。不仅仅如此，就在他参赞僧格林沁军务期间，总共上说帖十七次，其基本观点为，假如要攻击对方，必先循理，循理而胜，保无后患，循理而败，也不至于后悔。但是，这样的意见显然“终不能用”。

而僧王以为，外夷与捻匪一样可以剿平，乃至于有轻视之意，谓：“洋兵伎俩，我所深知，彼何足惧哉！”乃至英舰炮击时，便开炮还击，使得英舰四沉六伤，仅一舰逃出。登岸的英兵数百人，亦被他所率领的马队击杀，并活捉二人。一战而胜，清廷大事奖赏，赐僧格林沁御用珍服，郭嵩焘也得赏花翎。自此，僧格林沁不光长了信心，也长了脾气，他原本不把郭嵩焘的书生之见放在心上，此时郭氏“战无了局”的说法，自然更难入其耳。结果却是“始料未及”，战并无把握，以屈和也不可得。日后，夷人确实以清廷不讲信义为由，拒绝再谈，而是长驱直入京师。而且，在战事中还俘获清廷一边议和一边密令剿灭他们的确切证据，让清廷无可抵赖。但这些都与郭嵩焘无关了，他五月回京，七八月才回到天津，不久就奉诏命离开天津，前往山东诸港口，查办厘税了。

但郭嵩焘的山东之行，也是狼狈而归。虽说咸丰皇帝没有过多追究他，他回到京师的生活也恢复正常，但他自谓“自粤寇起，不敢复存利禄之志。自山东之役，即办事之心亦隳”。咸丰十年（1860年）三月十七日，他毅然具折请病假，要求回籍。就在六月二十四日下午，他终于抵达家门。他在家还没过几天安宁日子，八月初四这天得知天津塘沽失陷，僧格林沁大败于通州，咸丰皇帝逃往热河。一周后，僧又败于东直门外，京城失陷。大清帝国自是狼狈之至，郭嵩焘自是辗转反侧，“痛悼不已”！

三

咸丰十一年（1861年）底，湘军与太平天国的战事，仍处在胶着状态。曾国藩保奏李鸿章任江苏巡抚。李鸿章有任事之才，也有任事的野心与性格。任巡抚之前，已奉命招募湘勇，乘西洋轮船，穿过太平军占领区，到达上海，组织淮军，试图有所作为。他在上海常与洋人周旋，需要懂得洋务的人。他要练兵购器打仗，需要善于筹饷的人。郭嵩焘既懂洋务且能理财筹饷，又与曾国藩及湘军有很深的关系，自然是李鸿章非常想用的人，且他与郭嵩焘是丁未会试同年，早就认识并且倾慕。

于是，同治元年（1862年）四月十八日，李鸿章署任江苏巡抚之后第三天，便向朝廷奏请启用郭嵩焘。五月一日，诏任郭嵩焘为苏松粮道。七月间，当李鸿章再次请曾国藩兄弟促驾时，郭嵩焘才出发，先到安庆——曾国藩驻节的大营，李鸿章竟派西洋兵船前来安庆迎接。如此盛情，郭嵩焘想有所顾盼犹豫，也是来不及了。于是闰八月十二日，郭嵩焘抵达上海洋泾浜，离他第一次来这里已六年多了。此时的上海，华洋杂处，堪称繁盛，见闻之多和信息之快，远非内地可比。当时，李鸿章正借洋兵洋将与太平军作战，郭嵩焘得以陪伴检阅英兵操练，步武之整齐，设计之严密，严肃可观，西路之利使之印象更深，感触良多。

他还结识了李鸿章左右的有识之士冯桂芬和丁日昌等。当郭嵩焘与冯桂芬到沙利洋行参观机器生产，不由大感神奇，深感学习夷情的紧迫。不久他便与冯桂芬合力建议在上海设立“同文书院”，招收近郡文童，学外语学科技。后经李鸿章奏请，于同治二年（1863年）春奉旨，获准于上海、广州设馆，设在上海的名为“广方言馆”，算是开风气之先。

就在第二年年初，浙江巡抚左宗棠奏请郭嵩焘兼督松浙盐务，不到一个月，朝廷又任命他为“两淮盐运使”。由“苏松粮道”到“两淮盐运使”，算是升官，一时贺客纷集，郭嵩焘却因“终日应酬，颇觉无谓”。上任不到两月，于七月十二日便收到曾国藩转来的上谕：“郭嵩焘着以三品顶戴署理广东巡抚，并着迅速前赴置任，无庸来京请训。”随之，朝廷又连下谕旨，要郭嵩焘火速赴粤，既不必赴京请训，且令他径取海路赴任，不得延缓，到广东后即迅速体察地方事宜，认真整顿。

显然广东事大了。事实上，广东“吏治不修，武备不饬”，风俗“流极败坏，非一朝一夕之故”，他所面对的问题实在是纷繁复杂。更令他头痛的是，广东素有富裕之名，从京师到地方都习惯向广东伸手，到任之后，他便发现广东财政其实支绌得很，多年来已有算不过来的亏欠。广东厘务也厘金难抽，可因士绅包揽，反而关卡林立，各自为政。郭嵩焘接任后，便淘汰各卡，归并一局管理，同时不得不以捐输（向有钱人摊派）应急。因捐输往往触及富商巨贾的利益，导致言官参奏，朝野议论。好在他得心应手的，还在洋务。广东是最早给清廷的长治久安带来“洋麻烦”的地方，“夷情”“夷务”复杂，弄不好就会出现危机。郭嵩焘给自己立下的办事原则是，有约必遵，有令必行，不以“虚文相蒙”，对于洋人同样如此。到任不久，他就见到英国领事为英商被骗发来的照会，便严檄香山县限期查办，结果十余天事情便水落石出。随后，他协调各方，清还了由广东某绅士替政府筹借美国旗昌洋行的几十万两捐输银。太平天国森王侯玉山逃入香港后，众人束手无措，他却引经据法让英国人将之交了出来。如此一路打拼，广东渐渐清明。

早在咸丰八年（1858年），清廷允许潮州开埠，作为通商口岸，自然也是被逼迫的结果。但开埠归开埠，条约归条约，潮州人拒不开放。咸丰十年（1860年），汕头的英国领事拟进潮州城会晤地方官，两次为"士""民"所阻。英国人进不了城，英国两任公使布鲁士、威妥玛曾先后向总理衙门抗议，朝廷也因此屡次下诏，命令广东督抚按约办理。但为"士""民"所阻的事，依然接连发生。郭嵩焘出任巡抚后，试图设法开导，曾派道员张某（跣）打探隐情。之后，道员张某就与英国领事商量，英国领事一口答应潮民的担忧，不开店，不建教堂。洋人有此保证，潮民应该没有再拒绝人家的理由。谁知，九月某日，当张陪同英国领事入城后，潮州府县居然将栅门封闭，依旧拒不相见。张见事情闹大了，便略施小计，带着英国人狂奔逃出潮州城。英国领事为此恼羞成怒，向总理衙门要挟。清廷担心事态恶化，就在同治五年（1866年）三月十五日期寄总督瑞麟一道密诠，说是李鸿章推荐，派潮州人丁日昌由沪来粤，协助处理潮州交涉事宜。但在此风口浪尖，瑞麟与丁日昌都不敢亲赴潮州。此事本来已经与卸任在即的郭嵩焘不相关，但他仍然挺身而出，传令集合潮州为首的有头有脸的士绅10余人前来省城，亲自加以晓谕。他先令手下印制通商条约，人手分发一份，然后与他们剖析情理，示以利害。随之，他反复强调，条约既然已经由皇上下旨允行，再违抗就是违背皇上的旨意。且条约所没有的，可以以理拒之，条约上已经明确规定的，则不得不遵循，否则就会重蹈当年叶名琛的覆辙！洋人既然能够攻陷广州，难道还攻不下一个小小的潮州城？如此分解，果然奏效，潮州士绅“唯唯而退”，不再有异议。

郭嵩焘在粤抚任上不到三年，“独抱深忧”，“忧勤惕励”，自问无愧于心。在《玉池老人自叙》中提到，丁日昌在广东时，曾认真抄录郭嵩焘在巡抚任上的文札告示条规一共“两巨册”，不由深深感叹：郭大人就这样离开了，这是大人的不幸，也是我广东的不幸！

问题还在于，郭嵩焘没有像曾国藩那样，甚至也不像左宗棠那样，真正建立自己的行政团队和奥援，并以足够的耐心驾驭属于自己的团队和奥援。左宗棠就曾讥笑他在广东开府两年多，没有发现人才，更没有造就人才，所以办事不力，这是后话。事实上，郭嵩焘办事时，其洞察力和创造性的想象力，远远大于他所具有的执行力。如此这般，遇事掣肘，焦头烂额、义愤填膺时，便在所难免。尤其“受抑于总督，难以施展”，常常让他灰心，让他意兴索然。

同治五年（1866年）五月初四，郭嵩焘接到前来广东赴任的蒋益澧，于当日办理了公务交接，财务尤其一清二楚。之后，他只管急急地往家乡赶，于七月初二早晨抵达长沙。

四

郭嵩焘在上海和广东为官时接触西学与西方人士，他主张办洋务必先“通其情，达其理”，还提倡循习西洋“政教”和扶植“商贾”。他被清廷视为“精透洋务”之人，同治十三年（1874年）受召见后被任命为福建按察使。

就在这年，郭焘嵩又完成了一次重大的外交交涉，为“马嘉理案”画上了句号。这年英国人布朗、马嘉理经清廷批准率领一支探险队到云南探险，按国际惯例，他们理应受到云南官府的保护。可云南巡抚岑毓英表面热情接待，并派兵护送，暗地里却指使部将李珍国在途中设伏将马嘉理等人杀害，事后对外谎称他们是被当地野人杀害。英国公使威玛妥不肯善罢甘休，派人进行了一年的深入调查，弄清了事实真相，并向清廷进行抗议、交涉。清廷北洋大臣李鸿章被迫与威玛妥签订了十六款《烟台条约》，答应借路让其从缅甸出入云南，从印度出入西藏，开放多处内地口岸，还有派一位一、二品大员到英国赔礼道歉等。

但谁去英国赔罪？这是个苦差，又担着骂名，重臣们纷纷后退，唯恐避之不及。时名流李慈铭在日记中谈到派驻外使节时愤愤地说道：“我之使彼，形同寄生，情类质子，供其监策，随其嘲笑，徒重辱国而已。”李慈铭的话，足以代表当年士大夫的舆论之一斑。时任兵部侍郎的郭焘嵩便挺身而出，慷慨地说道：“以为时艰方剧，无忍坐视之理。”他还表示，出使英国是为“能知详情，而后知所以控御之法”，见识之高，胆量之雄，一时无二。

同治十四年（1875年）八月二十八日，清廷任命郭嵩焘为出使英国钦差大臣，同时还命其“署兵部侍郎，并在总理各国事务衙门内行走”，参与外交事务。当时，封建士大夫们仍将“华夏而外皆夷狄”传统观念奉为信条，停留在“闻洋人之长便怒、闻洋人之短则喜”的认识水平，自然将出使看作有损清名的差使，更何况郭嵩焘出使是为“马嘉理案”向英国道歉。友人们多劝郭嵩焘谢辞使命，湖南籍在京官员更是群起反对，劝他辞职，不要辱了湘人的名声。更有甚者，有人写了一副对联嘲讽他：“出乎其类，拔乎其萃，不见容尧舜之世；未能事人，焉能事鬼，何必去父母之邦。”湖南乡试诸生也在玉泉山聚会，商议捣毁郭家宅第。而他不为所动，在受命之时神色凝重地说道：“数万里路程，避而不任；更有艰巨，谁与任之！”

出使之前，郭嵩焘向朝廷上书《条议海防事宜》，对总理衙门把“船坚炮利”当作富国强兵的要务进行了批驳，主张“循行西洋政教”，指出“西洋立国，有本有末。其本在朝廷政教，其末在商贾”。由此看来，郭嵩焘已经成为了“洋务派”内部的超越者，对于“洋务派”所主张的仿效西洋器物文明不以为意，主张要学习西方的政治经济制度。这种主张已相当接近于“戊戌变法”的内容，他完全可称为维新变法先驱。

正是郭嵩焘认定时局正艰，名誉固然重要，但实在不忍坐视。他总结鸦片战争以来的经验教训，认为单纯靠义愤填膺和空洞议论无补于艰危。如果能多一两个了解洋人情伪、谙习其利病的人，自然可以多一重应变之术。他决心做这样的明白人，到西方去学习他们的“强兵富国之术”、“尚学兴艺之方”，特别是探究“其所以通民俗而立国本者”。取西方之长，补中国之短，由器而学而政教，他的认识的确比当时人要高一筹。

其时，郭嵩焘外受英国驻华公使威妥玛的胁迫，内遭封建士大夫的非难，身心疲惫，苦不堪言。同治十五年（1876年）九月六日，慈禧太后亲自召见郭嵩焘，对他说：“此事万不可辞，国家艰难，须是一力任之。”“此事实亦无人任得，汝须为国家任此艰苦。”她还安慰他，“你一味替国家办事，不要顾别人闲话，横直皇上总知道你的心事。”郭嵩焘只得忍辱负重抱病出行，率首届驻英使团于这年十二月从上海乘船出发，第二年 一月二十一日安然抵英国伦敦。

可他的外交生涯却充满了曲折和悲剧色彩。他在出使途中五十一天的日记中，记述了所见所闻的西方文明及自己的感想。之后，他把日记按要求寄呈总理衙门，总理衙门则以《使西纪程》的书名交同文馆刊行。不料该书出版后竟引起轩然大波，书中对西方文明的描述和肯定，遭到思想保守的士大夫们的抨击。李慈铭斥其为“不知是何肺腑”，翰林院编修何金寿更是上疏弹劾郭嵩焘“有二心于英国，欲中国臣事之”，给他扣上了“卖国”的大帽子。以至清廷虽未能将他召回，但下令将此书毁版，禁其流传。他只是奉旨编写出使日记，所记也是他对西方文明比较清醒准确的认识。他希望通过对西方世界的介绍，使那些清廷的顽固派开阔眼界，对世界重新认识。不过那些顽固守旧之人哪里懂他的良苦用心，反而认为他是罪人而排挤他。

郭嵩焘抵英后觐见了英国女王，递交了国书，并在伦敦建立了中国第一个驻外使馆，揭开了中国外交史的新篇章。同治十七年（1878年）二月，他又受命兼任出使法国钦差大臣。郭嵩焘担任首任驻英法公使虽不过两年时间，但一直在认真考察和分析西方国情和现状。他曾参观了英国牛津大学和各类学校、图书馆、博物院、实验室，认为“西洋政教、制造，无不出于学”，并建议中国向西方学习，开办学校，多派留学生。他还考察了英法的邮局、工厂、炮台和科技设施，认为西方科学技术的发达在于“实事求是，西洋之本也”。

当然，最为可贵的还在他已逐渐摆脱君权至上的束缚，不仅敢于考究西方民主政体，而且敢于肯定其优长之处。他说，西洋的国政一概公之于民，而中国自秦汉以来二千余年的国政，正好与此相反。他曾列席旁听英国下议院的辩论，也曾认真研究英国议会政治发展的历史，由此他认为上要议会政治，下要地方自治。这

清末立宪派在20世纪之初的政治纲领，而他在30年前就有此初认识。

就在他刚到英国不久，《泰晤士报》抨击政府近年授波斯国王勋章一事，认为“半文明国家不足以授勋”。他感慨地叹息：西洋人将国家分为文明的、半文明的、野蛮的，而中国被称为半文明的。但汉代以前，只有中国有教化，其余地方中国人都称之为“夷狄”。现在却翻了个，如按文明发展程度区分文野，轮到欧洲人视中国为“夷狄”了。一个年逾花甲的人，读了大半辈子儒学经典，头脑里塞满了“吾闻用夏变夷者，未闻变于夷者也”等之类的旧观念，现在却敢于承认西方的先进与中国的落后，而且承认得这样彻底，需要何等的勇气啊！

也正因为如此，他便为这个社会所不能容忍。就他所从属的那个群体而言，他已经走得太远。攻击郭嵩焘的人很多，说他中了“洋毒”，叫嚷“大清无此臣子”，最激烈的偏偏是他的乡党。而最值得注意的，在不满郭嵩焘的湘籍文人中，其中又以著名诗人王闿运为突出。王氏对郭嵩焘的讥诮，《湘绮楼日记》中颇多记载。光绪三年（1877年）六月十八日记：“阅《使西纪程》，记道里所见极夸饰，大率颂其富强，为中国所不及。嵩焘自前年被召，即大为清议所贱，去年夷人至长沙，将建天主堂，其乡人以嵩焘主之也，群欲焚其家。值湖南乡试，几至罢考，迨此书出，而通商衙门为之刊行，凡有血气者，无不切齿。”当年王闿运嘲笑郭嵩焘，自然信心满满，自以为真理在握。他哪里料到，在这个问题上受到历史嘲笑的，倒是他自己？

很自然地，郭嵩焘在当时已难安其位，不断受到保守派的攻击，而最为恶毒的攻击便来自他的副手刘锡鸿。刘锡鸿经常向总理衙门打小报告，并罗织各种罪名诬告郭嵩焘。日记事件发生后，刘锡鸿认为时机已到，立即指责郭嵩焘有“三大罪”，其实都十分荒谬可笑。其一说郭嵩焘在参观英国甲敦炮台时，披上了洋人提供的大衣。他认为这是有失体统，“即令冻死，亦不当披”。其二说郭嵩焘在伦敦宴会上，见到巴西国王，“擅自起立”。他认为“堂堂天朝，何至为小国主致敬”？其三说郭嵩焘在英国白金汉宫听音乐会时取阅节目单。他认为这是“刻意模仿洋人，趋媚忘本”。这些本来是社交场合的正常礼节和行为，却被刘锡鸿大做文章，诬蔑为“崇洋媚外”，实在可鄙。

更有甚者，刘锡鸿还公然在使馆中扬言：“此京师所同指目为汉奸之人，我必不能容。”后来，他又密劾郭嵩焘“十大罪状”，加以“藐视朝廷”、“诋毁时政”、“出语狂谬”、“违悖程朱”、“有失国体”、“有私通洋人之嫌”等罪名。他甚至以英国国会蓝皮书中赞扬郭嵩焘的一段话，作为郭“私通洋人之实证”，欲将郭嵩焘“诬以逆谋”，置之死地而后快。事实上，刘锡鸿的衣食用品也喜用洋货，他对郭嵩焘的百般诬陷，只能说明此人品质卑劣，“蓄意倾轧”。总理衙门对两人的矛盾表面上各打五十大板，都加训斥，并将刘锡鸿调任驻德国公使。实际上还是打击积极主张向西方学习的郭嵩焘，斥责他“固执任性”、“所见殊属偏狭”。郭嵩焘苦闷彷徨，萌生退意，被迫奏请因病销差。光绪四年（1878年）八月二十五日，郭嵩焘任期未满，清廷即命曾纪泽接替其驻英法公使职务。光绪五年（1879年）一月三十一日，郭嵩焘满怀愤懑，黯然离英。

作为中国第一任驻外公使，郭嵩焘在外交上也不无建树。他建议清政府纂写《通商则例》一书，以便“办理洋案有所依据”。为挫败英国以修约为名攫取更多权益的企图，他据理同英国驻华公使威妥玛力争，“直言抵之”。他试图利用英俄之间的矛盾，借英国的先进技术，将新疆作为求富的试点。他在外交事务上从没忘记自己是个中国人，给英国公众留下了良好的印象，伦敦勒色尔妇女会的克里曾经这样评价：“中国钦差到此前后情形绝异，钦差未到之前，英国人民无不訾毁中国者。钦差到后，人人悦服！”可见，郭嵩焘没有给中国人丢脸。

可他在唾骂声中出使，又在唾骂声中回国。出使之日，他满怀壮志，期望引进西方治国之道，使中华振兴并臻于富强。铩羽而归之后，无奈之余他乃称病乞休，归隐乡里。其时，湘阴正好发生守旧排外风潮，连他用小火轮拖带木船都受到长沙、善化两县的阻止，大骂他“勾通洋人”的标语贴在大街之上。尽管他钦差使臣的官衔暂时尚未解除，而自巡抚以下的地方官员都“傲不为礼”。他内心的愤懑和孤寂自是不言而喻。

五

思想界的先驱，在其初始阶段总是处于少数地位，而他们的孤独感又总是相通的。郭嵩焘黯然归国后，晚景甚为凄凉。尽管英国《泰晤士报》、上海《字林西报》载文称誉他，并盼朝廷起用郭氏，洋务派官员刘坤一等也一再上奏请召用他，但直至终老，他再未得朝廷起用。回乡后，虽然不再担任官职，但作为在籍官员——乡绅，他仍然关注洋务。出入公共场所，别人与他相约“不讲洋务”，可是他依然故我，总想唤醒几个较为清醒的人。晚年郭嵩焘依然豪气不减当年，总是振作精神做他想做的事：一是开展禁烟活动，他结合湖南当地的具体情况，宣传抽鸦片的恶劣后果，并制药丸，为病人免费提供。他还和当地士绅成立一个组织，相约不抽鸦片，以示模范作用。二是著述讲学，主讲思贤讲舍，并创立船山祠，授徒讲学。他并不是只讲传统的四书五经和船山学说，还讲述他的洋务观念。即使不被周围的人理解，他“知其不可而为之”，对打开湖南守旧风气的藩篱，对以后湖南的维新变法运动无疑起着先导作用。

尽管在嬉笑怒骂中度过了一生，郭嵩焘却从未屈服。他始终坚持向西方学习的主张，认为“虽使尧舜生于今日，必急取泰西之法推而行之，不能一日缓也”。他晚年还三次申请开办轮船公司，第三次直接得到权倾一时的李鸿章的支持，但终归化为泡影。本想经由考察西方强盛之道而报国，在“公论”大潮面前，他无可奈何地成为观潮者。在他临终前两年的《戏书小像》一诗中写道：“傲慢疏慵不失真，尽留老态待传神。流传百代千龄后，定识人间有此人。世人欲杀定位才，迂拙频遭反噬来。学问半通官半显，一生怀抱几曾开。”即使不被当世的人所理解，但他相信后人总会发现他的价值。这就是郭嵩焘，一个有着超然自信的晚清士大夫。

郭嵩焘一直保持着大年初一赋诗一首以纪年的习惯。光绪九年（1883年）正月初一，他已65岁了，看着镜中容颜苍老，心绪甚为寥落，乃挥笔写下：眼前万事随云变，镜里衰颜借酒温。身世苍茫成感喟，盛衰反复与谁论？此时距离他卸任大清国驻英、法公使已有4个年头了。

光绪十七年（1891年）七月十八日，这位孤独的先行者在长沙逝世，享年73岁。

郭嵩焘死后，虽有李鸿章、王先谦等请旨按惯例赐谥、立传，朝廷颁旨却说："郭嵩焘出使西洋，所著书籍颇滋物议，所请着不准行。"与朝廷的无知无情相反，当时的学者王先谦为郭嵩焘撰写的墓志铭对其一生功绩作出了高度评价："利在国家，岂图自私！皦而风节，百世之师。文章满家，鸾凤其仪。谤与身灭，积久弥辉！"

谭嗣同：孤傲的呐喊

一个民族有一些关注天空的人，他们才有希望；一个民族只是关心脚下的事情，那是没有未来的……

——黑格尔

“各国变法无不从流血而成，吾中国数千年未闻有因变法而流血者，此国之所以不昌者，有之，请自嗣同始！”这慷慨而孤傲的呐喊，刺破晚清坚固的黑暗，如石破惊天而来，曾令多少人涕泪淋漓。当年，年轻的谭嗣同呐喊着，凛然正气地走向断头台，用他年轻的鲜血浇灌了近代改革灿烂之花。

因了一个谭嗣同，小城浏阳名扬天下，也应该名扬天下。虽然，谭嗣同已然远去，但他的精神气韵却依然浸润着小城的山山水水，嗣同故居、嗣同纪念馆、嗣同陵墓皆屹立于小城，于静默中透着隐隐的威严。

一

已是初春，时值正午，街头一片繁华，面街而立的嗣同故居却沉静地伫立于清澈的阳光里。走过故居时，我猛地被它的肃穆所吸引。一进门，一眼就瞧见了谭嗣同的铜像，他皱着眉头，在冥思苦想什么呢？为了国家与民族，他曾想过许多许多，此刻，他仍用一种深燧的目光望着大街及街上来来往往的红男绿女。

同治四年（1865年）3月，谭嗣同生于北京宣武门外嬾眠胡同，五岁时得重病，昏死三日，竟又奇迹般复活，故名“复生”。他年幼丧母，不见容于继母，备尝艰辛与孤独，自是养成了“倔强自力”之性格。直到13岁，才与父亲一道回到了祖居地浏阳为母亲扫墓，才踏进这座古朴的“大夫第”内。

回到家乡，便有贴心的温暖萦绕而来，何况又见到了欧阳中鹄老师。还在北京时，嗣同就师从这位浏阳籍著名的学者。就在大夫第安静的书房里，欧阳老师给他讲授《四书》等儒家经典，还侃侃而谈明清之际进步的思想家王船山的学术观点，如涓涓细流滋润了嗣同干枯的心田。更令嗣同欣喜的是，他与唐才常同为欧阳中鹄的学生，自是一见如故。这位健壮而腼腆的知音，成了他人生旅途上不可多得的知己。

自此，嗣同对家乡血浓于水的深情一发不可收。

光绪五年（1879年）夏，15岁的谭嗣同再次奉父之命回家乡师从涂启先，涂亦是浏阳有名的学者。涂讲授儒家经典、八股文和古文，还将文字学、考据学，特别是自已擅长的史学知识传授给嗣同，使之接触了魏晋文。这一学就是两年，嗣同知识面更为广阔，看人看事更为清醒。而当他师从刘人熙后，更是对物理、天文、地质学、数学产生了浓厚兴趣，乃至如痴如醉。

大夫第内光线略为暗淡，每间屋子都显得空旷而高远。虽然这里没有多少物品陈列，但却让人感觉到每一个空间都飘扬着一个孤傲而伟大的灵魂——谭嗣同的灵魂。就在大夫第第三进，有嗣同典雅的书舍——“石菊影庐”，正对着明亮而沉静的天井。因嗣同酷爱家乡菊花石，曾赞其“温而德，野而文”，便借其清白无瑕、坚不可摧的品性，以喻自己纯洁坚贞之情操。当我走进嗣同的书舍，一种悠长的寂静扑面而来。书舍有些空荡，布置倒颇具性格：书案置有斗大的由菊花石雕镂而成的山石菊，之后便是一排装满书的书柜。穿越历史的云烟，我仿佛看到，夜深人静之时，石菊影庐的灯光熠熠，兰草的清香自天井里幽幽而来，嗣同正端坐在书案前，紧锁着双眉，或用心阅读，或奋笔疾书。

从一开始，谭嗣同就不是一个书呆子，曾跟从当时名扬幽燕的“义侠”王五习武，故他不光博古通今，酷爱琴棋书画，且好任侠，善剑术，性格豪放开朗，玉树临风的儒雅里透着英雄气概。唐才常曾想试试他的功夫，便故意对他说："嗣同兄，听说你的辫子功非常厉害，玩玩给我看看！"嗣同也不多言，让才常紧紧抓住自己的辫子。猛然间，嗣同辫子一甩，才常被抛到了空中，尔后又快速地往下坠。旁人看得胆战心惊，嗣同却轻松地将才常接住了。而每至清风月明之时，读书习作之余，嗣同就在兰香浮动的庭院里弹弹"崩霆"琴，或舞舞"风矩"剑。

之后，谭继洵在甘肃做官十二年间（1877–1889年），自19岁起，整整十年，嗣同纵游过西北、东南诸省，最远到过新疆，行程8万余里。他敏锐的目光总是投向沿途的山山水水，沿途辛苦劳作的黎民百姓，由此深悉民间疾苦，痛感社会之积弊，忧国忧民之情灼热似火。于是自号"壮飞"，立志趁年轻力壮之际，干一番事业报效国家。此时，他对民族英雄文天祥的浩然正气倍加钦佩，一直珍藏文天祥的"蕉雨琴"，并为文天祥用过的"日月星辰砚"作歌以励志。

独特的经历造就了谭嗣同旷远的思想，认清了"道德文章困士人"，对辞章和经世致用之学兴趣浓厚，对应试的八股始终不感兴趣，乃至几次科举考试不中。光绪十五年（1889年）之后，借着父亲升任湖北巡抚，谭嗣同来到洋务运动之都武汉，结交新人，学习西学，已然站在时代的前沿。甲午中日战之时，年三十的谭嗣同满怀忧愤："世间无物抵春愁，合向苍冥一哭休。四万万人齐下泪，天涯何处是神州！"正是残酷的现实使他痛感国家民族危亡日迫，"非守文因旧所能挽回者"，于是他决然抛弃旧学，探求新学，追寻变法活动之路径。

他急切地赶到两湖书院，与正在此读书的唐才常、刘善涵商量，决定写信给欧阳中鹄，请求他在浏阳县设立算学格致馆。在信中，谭嗣同力主变法："不变今之法，虽周、孔复起，必不能以今之法治今之天下。"而"育贤才"是变法的关键，应竭力创办算学格致馆。欧阳中鹄深受触动，当即将嗣同的信删去十分之一，再略作修改后，用"活字版刷出"，称之为《兴算学议》，在县里广为散发。如一石激起千层浪，一时间，众说纷纭。涂启先致信赞成，并承诺每年拔二百缗钱为算学馆经费。

可反对派者也不少，当以"名士"自居的陈长僵最为突出。此人进士出身，时任湖北宜都县知县，发疯似的对兴办算学馆进行阻挠、破坏。甚至率一批人跑到浏阳孔庙，要将谭嗣同等驱出儒门，闹得不可开交。谭嗣同知道此事后，于10月3日赶回浏阳，将浏阳南台书院改为算学馆的禀递交给湖南学政江标。江标看到"禀"后，完全同意，遂饬会浏阳知县照办。可知县唐步瀛心存顾虑，不敢立即遵办。谭嗣同则不顾反对，迫切要求兴办算学馆，他一腔热忱地拟订章程，奔走办学事宜。欧阳中鹄不愿得罪守旧派，便采取折中的办法，坚持在算学馆未设立之前，先办一个规模小的"算学社"，每人出制钱五十缗。事已至此，嗣同等只得勉强同意。消息传出，便有十数名青年学士报名就学，嗣同才略为宽慰。

就在这一年，湖南遭受旱灾，浏阳也灾情严重。欧阳中鹄受湖南巡抚陈宝箴的委托在浏阳主持赈灾。当是时，浏阳南台书院肄业员生请求将翌年全部经费提归筹赈局，停课一年。嗣同担忧办学之事又成泡影，自湖北赶回浏阳，积极为算学社改为算学馆而奔走。当他看到了家乡同胞惨遭饥饿，流离失所，便决意留下来协助欧阳中鹄赈灾。他用心制订了具体的办赈章程，四处奔走，极力推行“以工代赈”。他食不甘味，与唐才常一道爬山越岭去问题最多的南乡各煤井所在地勘查，成立“官煤局”，安排收购煤之事宜。于是乎，浏阳河码头上一片繁忙，一船船煤及木材运往武汉码口，一船船白花花的大米又源源不断地运回了浏阳城，灾情由此缓和。

在父亲的催促下，嗣同无奈地回到了武汉，只管拿着“功牌实收”向湖北各界劝捐。可湖北也于是年遭受了水灾，嗣同多方奔波无效之后，又央求父亲在湖北藩库“借款二万”，寄回浏阳。他仍坐卧不宁，继续发动各地浏阳籍的官员捐款救灾，所得之款则悉数寄回家乡，甚赞李兴锐父子捐达一万两。赈灾最后阶段，即1896年10月底，嗣同再次回到了浏阳，与欧阳中鹄商好算学馆。终于，光绪二十三年（1897）二月，“算学馆”设立于浏阳文庙之后奎文阁，那一刻，嗣同才舒心地笑了。

一个多世纪过去了，走在寂寥的院落里，我仿佛走在时间的隧道里，依然强烈地感受到了嗣同于父老乡亲的拳拳之心。当我迈出大夫第时，朗朗的阳光倾泻而来，一阵春风吹过，街道两旁斑斓的香樟树叶如纷纭的蝴蝶飘飘落下。于是，我站着一动不动，任彩叶落在肩头：从来英雄多寂寥，在熙熙攘攘的人群里又有多少人忆起嗣同？

二

谭嗣同祠在僻静的才常路，面临而立，深灰的墙面有些沉郁。走进祠内，色调却明快单纯，满眼的深红色令人心绪高扬起来。中华民国成立后，时任湖南省民政司长刘人熙，呈请北洋政府褒扬嗣同，并兴建纪念祠。当时，中华民国临时大总统袁世凯和内阁总理熊希龄颁布了褒扬令，浏阳县知事公署立即划拨了当时县典史署空地，用于建祠。嗣同夫人李闰变卖了些地产、首饰，再加上谭氏家族筹集的款项，于1913年秋即告竣工。

我默默地走着，轻轻地走着，惟恐惊动英雄的灵魂。走进中门时，抬头一看，“民国先觉”四个大字兀自庄重。字是黑色的，匾额是棕色的，渐次震动着我的灵魂，梁启超的称赞是如此契合嗣同的精神。

光绪二十二年（1896年）春，嗣同奉父命陪侄儿去北京赴考。为了寻求一条救国之路，他便趁机遍访“世间硕德多闻之士，虚心求教”。在京城，他拜见了梁启超，与梁一见如故，接触了康有为变法维新思想。他还特地访问了翁同龢，翁在日记中写道：“谭嗣同……通洋务，高视阔步，世家弟子中杰出者也。”他甚至在上海向英国传教士傅兰雅、在北京向佛学者和基督教传教士求教，为佛学的空寂博大与大无畏的精神所吸引。他如此孜孜以求新知识，自是眼界大开，睿智的目光更为深沉。

这年秋，谭继洵花重金为嗣同捐了一个候补知府的官衔，分发江苏南京，等待委任。虽深恶官场黑暗，但嗣同难违父命，怀着一腔悲愤前赴南京。南京无处不在的轻视，令嗣同感到苦闷孤寂，对现实更加失望。就在此时，韩无首将在香港办《民报》，希望嗣同从佛学的角度，联系中国的历史和现实情况，撰写论文。嗣同怀着一腔改革的激情，1897年正月即全身心地投入撰写《仁学》，至二月底《仁学》即已写完。在其间，嗣同阐述了他“仁一通一平等”的学说，大胆地号召民众冲决封建“网罗”，投身改革，发展资本主义经济，实现平等与民主政治。如此骇人听闻的言论，就如黑夜的声声呐喊，震撼了当时中国思想界。

此时，因了湖南巡抚陈宝箴，湖南维新事业方兴未艾，时务学堂于1897年8月开始招生，11月29日正式开学，由熊希龄任校长。嗣同当时正穿梭于湘赣宁沪从事各种变法实务，闻知时务学堂筹办事宜，即在南京杨文会处代购了一批教学仪器。同时，受黄遵宪和熊希龄的委托，出面延请时为上海《时务报》主撰的梁启超、翻译李维格分任学堂中西文总教习。嗣同还写信给家乡的老师欧阳中鹄，动员他选派浏阳优秀青年入学。

光绪二十四年（1898年）正月，嗣同接受了陈宝箴的邀请，决心以“冲决网罗”的精神在湖南大干一场。当他回到长沙时，受到了唐才常、樊锥、毕永年等的热烈欢迎。嗣同更是踌躇满志，办学堂（时务学堂）、设学报（《湘报》）、创学会（南学会）为他设想的三步棋，三步走好之后，还规划着把学会引向议会的方向，试图以南学会为总会，各州县设立分会，主要担议政之职，借此为变法维新拓展发展空间。为此，兴学是嗣同无变法之名而有变法之实的关键性举措，他出任时务学堂的学监及九名总理绅士之一，并担任分教习。他亲手撰写“揽湖海英豪力维时局，勖沅湘子弟共赞中兴”的楹联悬于时务学堂内，以鼓舞师生们发愤图强。

2月21日，天气出奇的好，这一天，嗣同前往“孝廉”参加南学会第一次开讲大会。他以慷慨的语调，畅谈了当时中国遭受帝国主义侵略的危险处境。学生的心随他一起跳动，一起激动。嗣同从学生们身上看到了希望，他是如此热切地希望湖南风气大开。为了鼓励入会者积极求学，他将自己多年购置的500多种书籍都捐给了南学会。讲了两次学之后，他转而创办《湘报》，于3月7日正式刊行。3月23日，嗣同把康有为的《上清帝第五书》分两次在《湘报》上发表，并写下按语，揭露了反变法者的丑态。接着，他干脆以《湘报》作为主要据点，接连发表了易鼐的《中国宜以弱为强说》、梁启超的《论湖南应办之事》、罗棠的《论拘禁周汉事》等宣扬平等民主思想的文章。

自此，长沙一时成为维新变法的中心，湖南成为“全国最富朝气的一省”。但时务学堂的创办者王先谦与叶德辉、张祖同等守旧士绅坐不住了，联合向湖南巡抚衙门递交了《湘绅公启》，状告梁启超、谭嗣同等妖言惑众，并疯狂地诽谤和攻击维新派。他们还草定《湘省学约》，要求驱逐熊希龄、唐才常等，甚至对陈宝箴也大加诽谤，御状告到了京城。为此，陈宝箴只得于5月20日强制《湘报》不再发表宣扬民权、平等思想的文章。两天后，他又下令调阅时务学堂学生的“札记”，至1898年11月中旬被迫撤销了时务学堂。

时务学堂前后虽存在不过一年，但如一道闪电撕开了暗夜的一角，旋即被黑暗吞噬。但是，沸腾的热血没有白流，谭嗣同等用高贵不屈的精神及灵魂堆砌起了时代的墓碑，感召着一批又一批前赴后继的掘墓人。

就在谭烈士祠内后厅墙上，挂着时务学堂教习们的合影，从左至右依次是叶觉迈、谭嗣同、王史、欧榘甲、熊希龄、韩文举、唐才常、李维格，独缺梁启超。这一整幅照片苍白得没有一点血色，几位教习都是一色的青光额头、一袭的粗布长袍，大家都形容严肃，眼神炯然，平静如水。可正是他们，心中充溢着迎风招展的思想，仰望星空，勇往直前——这是百多年前多灾多难的中华民族最智慧最担当的精英！

光绪二十四年（1898年）6月11日，光绪帝颁发《明定国是诏》，开始了变法维新。侍读学士徐致靖上疏光绪，称谭嗣同“天才卓荦，学识绝伦，忠于爱国，勇于任事，不避艰险，不畏谤疑”，极力推荐。6月30日，光绪帝诏命谭嗣同进京，嗣同此时正患病在浏阳休养。之后，光绪帝再次电谕即日进京，嗣同即抱病从浏阳启程。此时，嗣同正为湖南的形势而苦闷焦急，极力想力挽狂澜，忽然得到光绪皇帝谕令，真让他有“绝处逢生”之感。但嗣同深知前途未卜，还在北上途中就写信叮咛妻子李闰，“要视荣华如梦幻，视死辱为常事，无喜无悲，听其自然”。

8月21日，经过一路舟车劳顿，嗣同来到了北京浏阳会馆。三十三年前他生于附近长于此地，一个多月后他还会壮逝于斯。这里是他生命的起点和终点，他将用生命和鲜血画下最后的句号和惊叹号。

9月5日，光绪帝召见嗣同，赐谭四品卿衔，“在军机章京上行走，参与新政”，与杨锐、林旭、刘光第共称军机四章京，帮助阅看奏折，起草上谕，成为了变法的中枢，也走进了最危险的政治地带。

新政的推行实施，激怒了以慈禧太后为首的顽固派的激烈反对，企图发动政变。9月18日晚上，嗣同携带着光绪皇帝的“密谕”，忧心忡忡地赶到了袁世凯寓居的法华寺。一进内室，嗣同就焦急地对袁世凯说：“皇上现在有大难，只有您才能救他……”袁世凯当即信誓旦旦地说：“此事只要能对皇上和国家有益，我一定不顾生死，尽力去做。”可第二天，袁世凯转头就将此事向慈禧太后和盘托出。到9月21日，慈禧即宣布“训政”，光绪帝被囚于瀛台，并下令逮捕康有为及其弟康广仁，百日维新宣告失败。

此时，危险已悄然逼近，但嗣同没有坐以待毙。9月22日一大早，他就将王五、胡七等义士招来，策划了营救光绪的行动，决心作垂死一搏。可眼见着义士们奔出门外，他顿时陷入莫名的茫然。转眼之间，变法说败就败了，他该何去何从？倘自己逃走，势必连累在官的老父！何况自己的肺病已越来越严重，自是不久于人世，还不如用自己的命来成全变法来唤醒人们！想到这，他安定下来了，埋头清理文件，将朋友来信尽行烧毁，模仿父亲谭继洵之笔迹写了几封责骂自己维新变法的书信，并将《仁学》等重要文稿及家信装在一只小木箱里。之后，嗣同跑到日本使馆劝梁启超“东游”，并将小木箱交给梁保存，真诚地说道：“不有行者，无以图将来；不有死者，无以酬圣主。今南海之生死未可卜，程婴、杵臼，月照、西乡，吾与足下分任之。”之后，与梁相拥而别，大步而去。此时，日本友人劝嗣同到日本避难，嗣同摇摇头，朗朗而言：“各

国变法无不流血而成，吾中国数千年未闻有因变法而流血者，此国之所以不昌也。有之，请自嗣同始。”

此时，眼看营救光绪无望，王五力劝嗣同出逃，嗣同谢绝了，还将自己的“凤矩”宝剑赠给他。之后，嗣同便坐等在浏阳会馆“怀旧雨轩”，其坦然的神情令人无不为之动容。当抓捕他的兵勇破门而入时，嗣同站起来，平静地说道：“吾知之矣！”

被捕后，嗣同被关押在刑部大狱，挥笔写下了气壮山河的《狱中题壁》：“望门投止思张俭，忍死须臾待杜根。我自横刀向天笑，去留肝胆两昆仑。”他还给梁启超写绝笔书：“嗣同不

恨先众人而死，而恨后嗣同死者虚生也。啮血书此，告我中国臣民，同兴义举，翦除国贼，保全圣上。嗣同生不能报国，死亦为厉鬼为海内义师之助。”

我在厅堂里徘徊又徘徊，心潮起伏。此时，几个小学生背着书包走进了谭祠，打破了亘古的沉静。我便走出了大门，回头再望一眼这座庄严的建筑，竟有一束金黄色的光芒，如一道犀利的闪电，投射在门厅的红色门壁上，金光闪闪的字灼痛我的双眸：殷干酷刑，宋岳枉戮，臣本无恨，君亦何尤，当效正学先生，奋舌问成王安在？汉庭党锢，晋代清流，振古如斯，于今为烈，好似子胥相国，悬眸看越冠飞来。

三

天沉沉的，冷风嗖嗖，满眼初春寂寥的景色，苍茫的田野自山前展铺而去。站在嗣同墓前，但见古墓靠山而建，前有青石栏杆围护，小圆扁石铺盖着冢顶，斑驳的墓碑上字迹清晰可辨：“清故中宪大夫谭公复生府君之墓。”墓两侧各立着一对石虎和石马，风雨和时光已将它们磨蚀得十分粗糙。再往前，还立着一对华表，如火炬如巨椽直指苍天。我默默地站在寒风里，墓、墓碑、石虎、石马及华表，也静静地站在寒风里，相看两无言。

这是最让人悲愤扼腕、痛心疾首的历史镜头：

光绪二十四年（1898年）9月28日下午4点，天色阴晦，宣武门外菜市口，人山人海，气氛凝重，清兵戒备森严。六辆囚车徐徐驶来，谭嗣同、刘光第、杨锐、林旭、杨深秀、康广仁六君子披枷带锁，被押上刑场。

断头台上，嗣同脸色平静，无所畏惧地面对刑场四周的人群。眼看着同志轰然倒下，嗣同戴着脚镣手铐，目光如电，昂首挺胸地站在血淋淋的鬼头刀侧边，浑身洋溢着傲视死神的凛然正气。终于轮到他了，他往前跨了一步，睁大双眼，大声喊道："有心杀贼，无力回天，死得其所，快哉快哉！"他的呐喊如隆隆的春雷滚过刑场，炸响在人群上空，刽子手却冷漠地挥刀向前，一刀，一刀，又一刀，接连三刀，头颅断裂，肩胛断裂了，血光如炬，直冲九天，在历史的天空划过一道霓虹般的曙光……

无端过去生中事，兜上朦胧业眼来。

灯下髑髅谁一剑，尊前尸冢梦三槐。

金裘喷血和天斗，云竹闻歌匝地哀。

徐甲傥容心忏悔，愿身成骨骨成灰！

从前的诗作竟成了他杀身成仁的最好写照！就这样，嗣同倒下了，他纵然躺着也躺成了一座高山，纵然身成骨也是铁骨呀。

当天午夜，街上几无行人，刑场上一片寂静，寂静里弥漫着哀伤。含着热泪，浏阳会馆老长班刘凤池和儿子摸黑来了。眼见嗣同满身鲜血淋漓地躺在地上，禁不住长跪不起，小心地用芦席将嗣同的遗体卷好。一路上担惊受怕，父子俩终于将嗣同的遗体扛回了浏阳会馆，放在会馆谭家后院的老槐树下，又花纹银六十两购买棺材将嗣同遗体收殓。直至一年之后，历尽了千辛万苦，嗣同的遗体才被家人运回了浏阳，暂厝南乡南流桥待葬。遥想

1900年迁葬那天，山河呜咽，灵旗飘飘，两条龙杠，50条汉子，抬着嗣同的灵柩，缓缓地沿南流桥、傅家坝、谭家坝的大路至墓地。据谭氏后人记载，“开吊之日，一切从略，吊者亦寥寥，仅挚友唐才常与时务学堂共十余人而已”。

还在戊戌变法前夕，唐才常应谭嗣同电召，欲赴北京参与新政。行抵武汉，闻六君子遇难，才常悲愤满腔，撰挽联一副：

与我公别几许时，忽警电飞来，忍不携二十年刎颈交，同赴泉台，漫引起将去楚孤臣，潇声呜咽；

近至尊刚十余日，被群阴构死，甘永抛四百兆为奴种，长埋地狱，只留得扶桑三杰，剑飞摩空！

之后，才常辗转各地，成立自立军，图谋起义。但事泄失败，才常被捕，义正词严地拒绝了张之洞的劝降。时光绪二十六年（1900年）7月28日夜，才常便被杀于武昌大朝街滋阳湖畔，随嗣同而去，临刑前慷慨而言：“七尺微躯酬故友，一腔热血溅荒丘。”

自此，青山有幸埋忠骨，青山与嗣同相伴相依。四周十分宁静，也无比寂寞。我走近了默默的华表，吃了一惊，镌刻的对联冲击着我的双眸：“亘古不灭，片石苍茫立天地；一峦挺秀，群山奔赴若波涛。”

光绪二十四（1898年）年，33岁的谭嗣同，从大夫第走出，踏上云谲波诡的变法之路，从此再也没有回来。作为戊戌变法中的参与者，他起初的声名比不上康、梁，最后却光芒四射。他是一名变法的勇士，在黑夜里竭力地呐喊。更是一座孤独壮美的精神高峰，让后人至今都在仰视与叹服。

对于浏阳，对于湖南，对于历史而言，从那天那时起，谭嗣同的身影已渐行渐远。但作为湖湘文化“敢为天下先”的精神化身，随着时间的推移，谭嗣同却离人们越来越近……

第三章

斯人寂寞

怀素：字成只畏盘龙走

“老僧在长沙食鱼，及来长安城中，多食肉，又为常流所笑，深为不便。故久病不能多书异疏还报。诸君欲报善之会，当得扶羸也。”读过唐代草书大家怀素《食鱼帖》之人，对这几行文字应是再熟悉不过了。

自古僧界出狂人。从《食鱼帖》这幅狂草手札，可以清楚地看到，这个怀素真是了不得。酒肉穿肠过，佛祖心中留。一个旷达襟怀和极具个性的“狂僧”跃然纸上，栩栩如生，超凡脱俗。

怀素做和尚确实出了格，坏了佛家许多清规戒律，食鱼又吃肉，还喜欢饮酒作乐。且兴致一来，他挥笔就写，遇到墙壁写墙壁，遇到衣物写衣物……人人见而避之，却又心怀崇敬。由此看来，他真实可爱，不受世俗羁绊，也不受佛家所囿，自然少了非议而被认同。

一

一个初春的早晨，天有些阴凉，我走进了永州城东门的怀素公园，找寻怀素而来。一抬头，但见一方人工湖，水浅见底，有些丑陋，也有些荒芜。沿着简陋的湖边小道，来到一座小山前，便是传说中的绿天庵所在地，一千多年前怀素修行的地方。沿着石阶拾级而上，山坡之上有些萧瑟，想必此处曾经应是古树环列，芭蕉树遮天盖地，一方墨池香气四溢。可此时，虽有春风扑面而来，疏疏落落的大树上，已绽放新绿，芭蕉树却已枯萎破败。

怀素，俗姓钱，湖南零陵人，生于唐开元二十五年(737年)，祖籍浙江吴江。曾祖父钱岳在唐高宗时做过纬州曲沃县令，祖父钱徽任延州广武县令，父亲钱强做过左卫长史，已是家境艰难。据说怀素十岁时“忽发出家之意”，父母力阻不成，硬是跑到零陵县城河西20里外的书堂寺为僧。长老给他起法号为怀素，字藏真，希望他能清心寡欲，静心修佛，不为尘世俗欲所染。

唐代是佛教的大盛时期，许多寺院往往是文化繁盛之所，其中不乏高僧大师，投靠他们，无异于拜师名门。据说怀素的伯祖父释惠融，就是个远离尘嚣的和尚，喜欢书法，尤其爱临摹欧阳询的书法，水平之高，几乎达到以假乱真的地步。也因此，年少的怀素虽读书不多，却特爱书法，且钟情于草书。在诵经念佛之余，他便勤奋练字。

书堂寺虽小，竟然有个很有能耐的长老。他除了诗词歌赋，还识梵文，不管怀素是否感兴趣，都要督促他学习。久而久之，本来只爱草书的怀素，不光略通诗词歌赋，梵文也有了可喜的成绩，到了可以翻译佛经的水平。

怀素在书堂寺只呆了三年，就跑到县城东门外的正阳庵。开元年间，零陵城内及近郊共有大小寺庙17座，其中以法华寺、龙兴寺、诸葛庙最为出名。正阳庵隔着城墙紧邻法华寺，方向相反，一个在城内，一个在城外。正阳庵坐西朝东，迎旭日接朝霞。它规模小，只有一个长老和两个小沙弥，加上怀素，总共才四个人，也就香客不多。

怀素练书法很痴迷，常常废寝忘食。可其时纸张极贵，初入法门的小和尚自然无钱买纸，庵内的墙壁、屏风、门窗，乃至供桌、地板，都成了他挥毫练字之处。在这些地方练字，最损毛笔，怀素对此很是无奈。传说正阳庵自长老圆寂后就断了香火，没有香客施舍和捐助，怀素也就断了生活来源，只好进城去帮别人干活，以求讨口饭吃。一天，他在酒楼饮酒时偶然听说近邻有人习惯用针在蕉叶上记事，便联想到以蕉叶代纸练字，内心不由窃喜。正阳庵内原本植有不少芭蕉树，他又在寺院旁的荒地上栽种了大片芭蕉树。几年后竟有四五千株芭蕉了，庵内外芭蕉成林，越长越茂，他便将正阳庵改名绿天庵。

他在《自叙帖》写道：“怀素家长沙，幼而事佛，经禅之暇，颇好笔翰。”事实上，他对笔翰之好，却不是一个“颇”字了得，他简直沉迷其中，欲罢不能。于是，一待芭蕉长成，便取其叶片铺于龛桌，临遍当时他认可的所有书帖。传说由于他练字入魔，不分昼夜，芭蕉叶生长竟赶不及他的书写速度。后来，他干脆揣上笔墨立于芭蕉树前，长成一片书写一片。浓浓的墨汁，在翠绿的芭蕉叶上流光溢彩，而那些肆意挥洒的笔墨，如苍劲的梅的虬枝，枝巅的小花是如此精致优雅，通体上下泛着灵性的光芒——这便是狂草，这便是怀素。就在等候芭蕉长新叶的日子里，他找来几块纹理不粗也不细的木板，试着在上面写，没想到感觉不错。他练的是狂草，运笔速度快，毛笔饱蘸浓墨落将下去，竟不走墨也不聚墨，书之再三，木板皆穿。庵内还有一小池，是怀素洗砚的地方，墨经常把池水染黑。

如此勤奋十数年，废笔成冢、洗墨成池之时，也是他功成名就之日。他的书法，是天地间最浪漫最自由的书法，法而有度，狂而有涯，“如壮士拔剑，神采动人”。按说楷书是当时的主流，初唐四大家，后来的颜平原、柳诚悬，皆一代楷法宗师。怀素却抛开潮流，沉迷于狂草。他虽身在佛门，但内心却像火一样激越，执着地探寻着精神上忽有忽无的顿悟，佛经就成了他书法艺术生命中的明灯。

公园内游人稀少，那些石阶都有些破败了，我站在醉仙楼前，一时四顾茫然。来了一位老先生，指引我再往前走，便有一块刻有怀素书法的石碑。走到山顶上一家精神病院的门口，立有一碑，说是绿天庵旧址。问起石碑，门口小贩朝门内指了指，就在院内亭子里。我将信将疑地走进院内，向左而去，果见一座旧旧的亭顶。沿着石阶而下，但见小亭夹于一座破旧的楼房与石阶之间。简陋的亭子内，立有一块字迹模糊的灰黑色石碑，便是怀素的《小草千字文碑》，大多数字迹已经漫漶泯灭，且蒙满了厚厚的灰尘。心里有些悲怆，也无意再寻绿天庵了。

而在遥远的唐代，怀素生性疏放，不拘细行。平生嗜酒，每每喝得酩酊大醉时，则狂放不羁，手舞足蹈，书兴大发。他取过醮满浓墨的笔，心中翻腾不已的冲动，似要冲开生命躯体的束缚，一泻而出——于是，不论寺壁舍墙、衣裳器皿，均奋笔狂书，如痴如迷，物我两忘。挥毫刚劲有力，又婉转自如，如骤雨疾风纵横恣肆，似电击长空气势磅礴。心情舒畅，笔头流利，则一气呵成；受了挫折，虬曲苍劲，则抑扬顿挫；心绪平和，则清秀俏丽，如江南丝竹，行云流水……于是乎，怀素的狂草，风驰电掣，恣意的淋漓笔墨，不正是最能放飞思绪的疯狂舞蹈么？据说怀素醉中所书更为出色，因此人们呼他为“醉僧”。当时的御史李舟说：“昔张旭之作也，时人谓之张颠。今怀素之为也，余实谓之狂僧。以狂继颠，谁曰不可。”于是，“颠张狂素”的称呼便一直流传下来。

遥望岁月深处，万株芭蕉，半边破庙，几颗苍松，肃然兀立。怀素一袭袈裟，立于窗前，在秋风萧瑟中时而沉思，时而奋笔。生活的感悟流泻于笔端，如神来之笔，如夜珠之光，狂若惊龙，美若栖凤。

二

天宝十二年（753年），吏部尚书韦陟受杨国忠诬陷，被贬为桂州桂岭尉。韦陟是当时的书法名家，他的行书如虫穿古木，鸟踏花枝，尤其他所写的“陟”字若五朵彩云，故时人称之为“五云体”。一个是贫寒的佛门小和尚，另一个虽贵为尚书却被贬岭南，心中满是孤苦，欲借书法排遣心中怨愤。赴贬所平乐时，途径零陵，并在此歇憩时，听说年仅十七岁的怀素书法了得，遂下帖拜访。一老一小，相见如故，惺惺相惜，便有聊不完的话题。据陆羽《僧怀素传》记载：“吏部尚书韦陟见而赏之曰：此沙门札翰，当振宇宙大名。”少年怀素能获得如此高的赞誉，一定是给了京城来的尚书兼大书法家一个大大的震撼。其实，韦陟带给怀素的绝不仅仅是勉励和鼓舞，而是对其书法成就的肯定和推介。通过与韦陟的交流，怀素也深深体会到“山外有山，人外有人”，更加激发了他的上进心。

五年之后，唐乾元二年（759年）秋，李白在流放夜郎的路上，至巫峡遇赦归来，游历九嶷，途经零陵时偶遇怀素。当时怀素22岁，已名声远播江岭之间。乍见这个“少年上人”的书法，李白渐已老花的眼睛顿时一亮。白发萧瑟名满天下的诗坛巨子，与刚刚出道、酷爱书法的年轻和尚怀素，把酒言欢之际，半醉半醒之间，怀素离席往绳床上一躺，闭目思索。忽然，他一跃而起，抓起笔饱蘸浓墨，在事先准备好的纸上开始挥毫，但见他笔势快捷，似狂风暴雨，来势威猛；又似大雪纷飞，茫茫一片。李白激动地对他嚷道：你应当到长安去。之后，他放下酒杯，为其走笔赋诗一首《草书歌行》，道出了由衷的赞誉：

少年上人号怀素，草书天下称独步。

墨池飞出北溟鱼，笔锋杀尽山中兔。

八月九月天气凉，酒徒词客满高堂。

笺麻素绢排数厢，宣州石砚墨色光。

吾师醉后倚绳床，须臾扫尽数千张。

飘风骤雨惊飒飒，落花飞雪何茫茫。

起来向壁不停手，一行数字大如斗。

怳怳如闻神鬼惊，时时只见龙蛇走。

左盘右蹙如惊电，状同楚汉相攻战。

湖南七郡凡几家，家家屏障书题遍。

王逸少、张伯英，古来几许浪得名。

张颠老死不足数，我师此义不师古。

古来万事贵天生，何必要公孙大娘浑脱舞！

李白爱其才，知道怀素需要一个更合适的舞台，长安有大书家徐浩，有平原太守颜真卿，有诗人卢象、张谓、李逵，有还在做着和尚的贾岛，更有风吹柳絮满店香的酒肆，更有为奇妙书法拈须微笑，哗然叫好的店家、食客和路人。

事实上，零陵偏僻狭小，永远也满足不了怀素力求书法精进的需要。于是，为了寻师访友，怀素经常离开零陵，辗转于永州、衡阳、长沙之间。在大历二年（767年），他南下广州，拜谒当时“工草隶，又工楷隶”、“名噪一时”的广州刺史徐浩。徐浩与怀素一见如故，十分欣喜，甚至闭门谢客，专门切磋书法。两人心有灵犀，终日晤言一堂，或肆意书写，如切如磋，如琢如磨。徐浩还为怀素举行过盛大的宴会、笔会，让怀素在广州的名公卿仕间闪亮登场。怀素自是如鱼得水，“兴来索笔纵横扫，满望词人皆道好”。他不仅学到了笔法，还凭借徐浩的官位和影响力，凭借自己的书法实力，大大提高了知名度。

大历三年（768年）春，31岁的怀素又开始新的漫游，由零陵出发，跋山涉水，经衡阳，过潭洲，看山川名胜，阅风物人情，辗转向当代名家探求笔法。一路上，向其求书者络绎不绝，他成了名震江南的书法家。《自叙帖》上说得很清楚：“恨未能远睹前人之奇迹，所见甚浅。遂担笈杖锡，西游上国，谒见当代名公，错综其事。遗编绝简，往往遇之，豁然心胸，略无凝滞。鱼笺绢素，多所尘点，士大夫不以为怪焉。”

之后，他干脆来到南昌。这里有他的表叔邬彤，而邬彤是张旭的学生、颜真卿的同学。怀素便拜表叔为老师，邬彤让他留在家中，将张芝临池之妙，张旭草书的神鬼莫测，王献之如寒冬枯树的书法，皆一一给他讲解，又将自己作字之法的一个“悟”字教给他。怀素在邬彤处居住了将近一年，苦练不止，书艺自是大进。俩人也经常饮酒聊天，一天半夜，邬彤说起从张旭那里听来的“孤蓬自振，惊沙坐飞”时，不由大为感慨。不想怀素听了便跳起来，连叫十多声：“得之矣，得之矣……”怀素辞去时，邬彤对他说：“万里之别，我无一物相赠，很感抱歉，我想有件宝物赠送您。”当时传说邬彤藏有王羲之的《恶溪》、《小王》、《骚劳》三帖，都是无价之宝，怀素以为表叔将以此物相赠。可邬彤却对他说道：“草书竖牵似古钗脚，勉旃！”原来竟是这么一句宝贵的临别赠言，怀素自是心领神会。

当时的长安是世界文明的中心，最繁华的国际化大都市，最博大绚丽的大舞台。它像一块巨大的磁石吸引着世界各地的人们，自然更吸引着怀素。机会很快便有了。大历四年（769年）春，时任潭州刺史张谓上调京城，为礼部侍郎，择日晋京。张谓十分欣赏怀素的草书和他无拘无束毫不掩饰的个性，便邀怀素随行到长安城。

怀素到长安来了。马蹄声渐近，一路风霜的怀素看起来依然神采奕奕。走在朱雀街上，怀素的双眼有些迷乱。街上行人熙熙攘攘，时有白马璧车碌碌穿过。临街的店铺鳞次栉比，店匾大都是名人大家所题，风格各异，美不胜收。酒旗斜竖的地方，大红灯笼高高挂，隐隐有喧哗者、吟诗咏赋者、倚弦而歌者。此时，想到酒，一日九醉的怀素不由心头微醺。迎接他的张谓告诉他，接风宴将于日落时分开始。

该怎样形容如此场面呢？高朋满座，歌管繁堆，佳肴杂陈。

觥筹交错之时，主客皆有醉意。诗人李逵和窦冀分别敬了怀素一杯，怀素却斜睨双眼，看着人称茶圣的陆羽。陆羽正路过长安，也来参加宴席，可他酒量不大，醉得要侍酒的女子搀扶了。此时，张谓挥了挥手，绮丽的乐曲停了下来，店主人立即捧来笔墨，命人在桌上铺上一卷素白的宣纸。所有的视线都投向怀素：只见他扶醉立起，脚步虚浮，眼神却如此清明。立定，举笔，醮墨，闭眼，所有的神思似乎全凝聚在丹田，又游走至心头，至腕底。他蓦地睁开双眼，闪烁着灼灼的光芒，笔尖已在纸上游走飞动。写的人已是得意忘形，看的人时而惊诧，时而孤疑，时而点头，时而莫解。写毕，掌声雷动，醉僧却犹未解瘾。抬头一瞧，眼前分明有明晃晃的白壁，乃舍开众人，奔而趋之。这时的笔墨已不计工拙，线条挥洒着他的激情，疾涩、润燥、扁圆、质感、力度、气势与神韵交相辉映，笔下如风至雨旋，气势磅礴。

写到粉墙尽处，怀素掷笔而去。围观者一时还未回过神来，酒座上他已又喝了三杯。诗人窦冀最先清醒过来，为怀素的狂草拍案叫绝："粉壁长廊数十间，兴来小豁胸中气。忽然绝叫三五声，满壁纵横千万字。"张谓却有些惊奇，他算是见识了怀素的神奇，真所谓"奔蛇走虺势入座，骤雨狂风声满堂"。正是怀素此次在京城长安的恣意狂书，才有了时校书郎任华的《怀素上人草书歌》，歌曰："张老颠，殊不颠于怀素。怀素颠，乃是颠。人谓尔从江南来，我谓尔从天上来。负颠狂之墨妙，有墨狂之逸才。朝骑王公大人马，暮宿王公大人家。谁不造素屏？谁不涂粉壁？粉壁摇晴光，素屏凝晓霜，待师挥洒兮不可弭忘！"

既是为艺术而来，就在长安，怀素读了大量的《遗编绝简》，观赏了历代书法名迹，结交了很多书画家、诗人、学者、著名文臣武将。由于他身怀绝艺，又得到张谓等人的推崇和引荐，尤其是与时司勋员外郎钱起攀上了本家叔侄，一时名动京城。事实上，钱起是“大历十才子”之一，浙江吴兴（今浙江湖州市）人，与怀素是祖辈的同乡。

怀素在长安自是闲不住，且不说饮酒聚会，谈诗论书，那四处的新鲜事就令他眼界大见，时常在大街上逛荡。据《乐府杂录》记载：“开元中有公孙大娘善舞剑器，僧怀素见之，草书遂长，盖准其顿挫之势也。”正是怀素看了公孙大娘舞剑后，大受启发。自此，他的狂草在画形分布、笔势往复中增强了高昂回翔之态；在结体上也加强轻重曲折、顺逆顿挫的节奏感。他的名气也因此越来越大。 怀素在京城长安一呆就是几年，书技日趋成熟，但也很有遗憾，未见到徐浩和颜真卿。长安总归也不能久呆，怀素还是牵挂他的绿天庵。临别之时，钱起与怀素依依不舍，特地写了首《送外甥怀素上人归乡侍奉》：“释子吾家宝，神清慧有馀。能翻梵王字，妙尽伯英书。远鹤无前侣，孤云寄太虚。狂来轻世界，醉里得真如。飞锡离乡久，宁亲喜腊初。故池残雪满，寒柳霁烟疏。寿酒还尝药，晨餐不荐鱼。遥知禅诵外，健笔赋闲居。”

大历七年(772年)九月左右，颜真卿告假，将母亲殷夫人的灵柩从洛阳迁到京兆万年凤栖县(今西安)。而这时，怀素也恰好从长安回南方，路过洛阳。或许是命运的有意安排，二人竟得以相遇。颜真卿，这位在书法史上可以与王羲之相抗衡的书家，当然是为众人所仰慕的人物。见到他，并能聆听他的教诲，可以说是机会难得，尤其是怀素，视书法为自己一生追求的目标，对名家的指点看重的程度也就不言而喻了。颜真卿为人敦厚，信奉佛教，喜欢与僧人往来，又与邬彤一同向张旭学过书法，自是注定了怀素与颜真卿相逢，一定会碰撞出美丽的火花。因为钟爱的书法，颜真卿与怀素之间，自是时常进行过切磋与交流。一天，颜真卿对他说："草书一道，必须在师授之外，自己有所领悟，不知你表兄有否？"怀素答道，"古钗脚"便是我的体会。颜真卿笑而不言。

自此，他很久没有和怀素谈论书法。怀素怅然，欲辞颜真卿而去。颜真卿没有挽留，却冷不丁地冒了一句："古钗脚何如屋漏痕？"怀素一听，激动地抱住颜真卿。颜真卿又问道："你自己有什么体会呢？"怀素随口而答："贫道观夏云多奇峰，因风变化，奇峰迭起。又见墙壁圻裂之痕，无不自然。"

颜真卿听后，大加赞赏："哎！草圣的奥妙，历代不乏高人点拨。只是你的高见，我确实是闻所未闻啊!"之后，应怀素之邀，颜真卿热情洋溢地为他写了《怀素上人草书歌序》，对他奖掖有加。在洛阳逗留一年多，怀素南下，回归故里。自此，怀素胸中豁然，深得草书三味，所书均为上品。

有唐一代历来重书，初唐有虞世南、欧阳询以书法而入弘文馆，离世二十余年的"草圣"张旭，依然令人津津乐道。怀素是来自遥远的绿天庵里的穷和尚，却用他痛快淋漓、一派飞扬的书法，在纸上擦亮了人们的眼神。人们都知道，除了“颠张”之外，还有一个“狂素”，怀素从此名驰天下，书重朝野，豪商巨贾、文人雅士皆以得其一书而引为殊荣。比如《自叙帖》，怀素书于唐大历十二年（777年），凡一百二十六行，首六行早损，由宋代苏舜钦补成。这一被人们奉为稀世珍宝的草书巨制，活泼飞动，笔下生风。其“西游上国”拜谒“当代名公”，得到诸公赞赏与高度评价的兴奋与豪迈之情跃然纸上，富于激情却始终不离法度的线条节奏，极度夸张却又前后浑然一体的章法构成，实在是以狂继颠、融篆入草的典范，更是无佛无祖、心里独运的“泼墨大写意”之杰作奇篇。

怀素是有幸的，他所逢的李唐时代，是令人向往的盛世时代，人们无不洋溢着青春活力的热情与想象力，尽情享受着创造的愉悦和崭新的理念。而唐代书法以法度为尚，且达到空前并令后世望其项背而无法超越的境界。但也正是在唐代，居然产生了完全打破楷书法度，无视书法日用功能的另一个极端——怀素的狂草。事实上，怀素将中国文人心胸和骨子里对自由的向往和精神放逸意趣挥洒到了极致。于怀素而言，写出来的具体字义为何，已经不再重要。书法线条本身的美，笔画趣味的美，结构韵律的美，及这一切美的律动，都成为精神自由的象征，成为自由精神的载体，同时成为精神审美的对象。笔墨线条就是精神本身。

艺术与时代有关，只有那个无比开明、自信、宽容的时代，才能接纳怀素，并热烈地回应他。自宋而后，专制越来越严重，艺术的心灵一旦被禁锢，怎能期待再有无拘无束、痛快淋漓、天才极致的艺术出现？怀素的墨打芭蕉曲也就成为了千古绝唱！

三

怀素又是不幸的。

他不反对“摧眉折腰事权贵”，也不反对“结庐在人境，而无车马喧”。他亦朝亦野，不愿跻身上层，也不甘落魄底层，他按照自己的方式在生活中固执地行走。于是，怀素是如此与众不同，便有了大不幸。

他穿行于市井，闲步于山野，俯仰于朝廷官府，随之而来的是各种议论漫天飞舞。或谓之“不伦不类”，或谓之旁门左道，或谓之“群小从之如是”。更因其“嚣张放肆”，被县知事勒令还俗，他索性留起了长发，做了个非僧非道的“落拓野人”。

怀素，难矣。天下之大，竟无其立足之地。清贫不羁的狂僧怀素，草书世里的圣徒，在长安找到了他所需要的，也在长安付出了很多、担待了很多。长安的富贵与他无关，他是零陵的儿子，他只为书法而生。大历八年（773年）怀素回到了南方。他回到了年少时节孤寂生活过的绿天庵，过着闲云野鹤、应酬求书的漫游生活，与笔墨为伴，度过了他生命的最后日子。

僻处陋室，一个旷世奇才，一身独为己有的傲骨，一个亦正亦邪的文人，一个亦雅亦俗的佛中异类。他融于世俗，却从不屈服于世俗，而超出世俗。他以别人从未有过的非常手段，保全了自己的个性。

于是，斜靠佛龛，手握酒杯，他看到窗外肥嫩的蕉叶在春日午后的轻风中妙曼摇曳，想起昔日晨课写字时的意趣。此时，他已有七八分的酒意，书兴已被挑了起来。于是他出门，走到后园，从洗砚的“墨池”舀上一瓦罐透着墨色的水，牵过一片新绿的蕉叶，以笔醮水，在蕉叶上练起字来，“笔下唯看激电流，字成只畏盘龙走”。

因为时间的距离，后人已很难真正解读怀素的内心世界。有人说他“狂僧不为酒，狂笔自通天”，酒只是他艺术追求的动力而已。当时的御史戴叔伦用戏谑的笔法写道：“醉来得意三两行，醒后却书书不得，人人来问此中妙，怀素自云初不知。”事实上，优秀的艺术品从来都是不可复制，怀素凭着奇妙的灵感去表达，所有的至理都隐藏在大自然的变化运转之中。当然，佛学给他清寂的心灵，在他的作品里，狂风骤雨的背后，骨子里是一份孤守，一种寂落，如听梵音。

其时，云游浙江东南后，怀素于唐德宗贞元元年（785年），再回到零陵。此时，怀素书艺已是誉满大江南北，社会名望大增，城内各寺庙也争相延请怀素。此年八月二十三日，他在零陵城南开元寺书写了《清静经》，为颜真卿被藩镇头子李希烈十天前缢杀于蔡州龙兴寺，而提出的劝诫和控诉。

怀素在长期流浪江湖之后，垂暮之年又回到了家乡，这次再也不走了，也算是叶落归根。他所书的《小草千字文》疏散平淡，已没有一丝火燥之气，已达通会之际、人书俱老的境界。其文末行款："贞元十五年六月十七日于零陵，书时六十有三。"而《小草千字文》成了人们所见到的他自署末款最晚的作品。虽自此以后，人们再没见到比这更晚的作品，但这也绝不是怀素的绝笔之作。可怀素此后到哪里去了？抑或是不久之后就在零陵仙逝了？不得而知。

据传怀素晚年曾在四川成都宝园寺度过。相州日光寺有个叫法砺的法师研究《四分律》，著有《四分律疏》。有一天，他听了怀素对《四分律》的解释，大为吃惊，感叹道："我研习此书三年了，古人的文章错误实在太多，解释的任务要落在你的肩上！"事实上，怀素先习钞宗(指法砺的《四分律疏》与道宣的《四分律钞》)，后委弃宣、砺之学，而自成一家之说。其所撰述，多宗"一切有部"，认为"法密部缘化地部出，化地从有部生，故出受体以无表色"。怀素的新疏，时称新章，一时与法砺、道宣并称律之"三宗"。新疏一出，反响很大，引起很大的震动。他生前讲新疏五十余遍，所写著作，除了《四分律开宗记》，还有《四分僧羯磨》、《四分尼羯磨》存世。

自此，新旧两家并立，各有所传。唐代宗时，宰相元载笃重怀素，曾奏请他于成都宝园寺置戒壇，传新疏。大历十三年(778年)，元载已获罪致死，唐代宗敕令召集"三宗律匠"，签订一本律疏流行，参加签订律疏者有圆照、如净等14人。至唐建中元年(780年)，成《新签订疏》10卷，圆照、如净等又奏请"新旧两疏，许以并行，从学者所好"，得到应允。至唐元和年间，新旧疏之争又趋激烈，时阆州龙兴寺义嵩讲怀素新疏，"杰出辈流”，衡岳寺昙清则起而质难。这一争端由阆州一直闹到尚书礼部，以至于再次组织“两街新旧章南山三宗共定夺”，最后判断则以昙清义为正。此后，奉道宣义者益众，而奉怀素新章者渐寡。

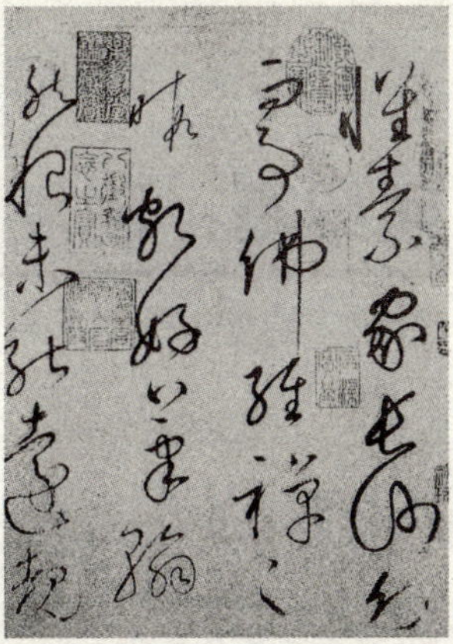

怀素晚年患风痹病，卒于唐德宗贞元元年(785年)，一代草圣去矣。怀素去世时十分悲凉，既无人为他立碑建塔，墓地在何处亦不可知。怀素生前不可谓不风光，但晚年却是那样凄凉，没有人关心他的行踪。一生中两种鲜明的遭际，说来颇令人思量。

可怀素最终还是有幸的。千百年来，他的狂草书法艺术不知影响和传播了多少徒子徒孙，他的绿天庵不知来过了多少像我一样的朝圣者，他的传世至今的《自叙帖》、《藏真帖》、《论书帖》、《苦笋帖》、《食鱼帖》、《圣母帖》、《小草千字文》、《杜诗秋兴八首》、《论书帖》等早已成为世界书法艺术的瑰宝，令后来者高山仰止。正如黄庭坚赞誉：“怀素草书，暮年乃不减长史，盖张妙于肥，藏真妙于瘦，此两人者，一代草书之冠冕也。”

客观地说，怀素草书之奇，实质在于尚自由、尚气势，最能展露湘人的浪漫气质与飞扬个性。

何绍基：聊复自呼猿臂翁

晚年时，何绍基撰写的一副联语饶有自况的意味：万顷烟波鸥世界，九秋风露鹤精神。“鸥世界”该是自由的世界，“鹤精神”该是洒脱的精神，这无疑是何绍基毕生向往和追求的最高境界。于是，纵观其一生，诗酒、金石、字画、漫游、讲学精彩纷呈，最终，他所有的成就集中于书，书在大江南北，书在奇山秀水间。

失之东隅　得之桑榆

封建时代，对于莘莘学子来说，没有比科考及第、金榜题名更重要了。虽然其父何凌汉位高权重，何绍基要跻身士大夫行列，也只有三条路可行：一是学而优则仕；二是捐钱买功名；三是耐着性子厚着脸皮等着荫封。何绍基一向自尊自强，让他挑选，也只可能挑科举入仕这条最险最黑的荆棘之路。嘉庆二十年（1815年），17岁的何绍基雄心勃勃，首次回湘参加乡试。他家学深厚，又有博学鸿儒的指点，故“少负才名”，历来自视甚高，考完后就回故乡道州等待发榜。让他始料未及的是“榜发未中”，使之情绪跌至低谷，成为他人生中受到的第一次大挫折。

更令何绍基万万没有料到的是，他的求仕之路如此漫长而艰辛，竟整整折腾了二十一年，曾先后10次名落孙山。期间，他的许多同门师兄弟都考取了，甚至他的三弟绍祺也先他而中了举人，他却直到30岁才补了禀膳生，参加完第8次乡试后才选为优贡。对他来说，这种心理上的折磨是极其痛苦的。曾经一段时间，接连不断的落第，差一点摧毁了他的自信心。他于道光二年(1822年)第6次回湘参加乡试前，曾作诗《柬魏默深》：

蕙抱兰怀只自怜，美人遥在碧云边。

东风不救红颜老，恐误青春又一年。

魏默深即魏源，是清代杰出的爱国主义思想家、学者，何绍基与他相交甚厚。魏源在科举的泥泞路上滑跌的时间更长，直到52岁才考中进士。

清末葛虚存在《清代名人逸事》中记载的一则逸事更有意思：“何子贞少年时梦至一处，见案上盘盂盛馒头甚多，即取一食之，又取其一。忽有人攘臂夺之，遂不得食。视其人，不识也。又嘉庆庚辰岁，桂林陈蓬史以己卯解元中式第一名贡士，遂魁天下。子贞见之，则即梦中所见也，怅然曰：“吾其不能与此人争乎！”嘉庆己卯岁，即嘉庆二十四年（1819年），何绍基第4次回湘乡试落第，是年湖南乡试第一名正是桂林陈蓬史（当时桂林属湖南）。何这一年连举人都没考取，根本不存在与陈争锋的事。看来，何所惧已不是一个陈蓬史，而是所有的竞争对手。

然而，怨尤归怨尤，牢骚归牢骚，何绍基在接连不断的挫折面前，还是没有被压垮，也没有止步。正是幼时的家教濡染，名师指教，帮他树立了求仕、习书的双重目标，引导他度过人生低谷。对书学的追求，使得他仕途之所失，在书学之所得中得到补偿。

当然，何绍基终其一生，孜孜以求的应是以科举追求功名，以功名去达济天下。许、郑之学可说是何氏的家学，何凌汉平时就“服膺许、郑”，何绍基在这方面自然很快就登堂入室，几年之后即可以小学与师友相砥砺。但他最大的收获却不在撰有《说文段注驳正》等训释、音韵诸书，而在于通过对汉字创制、发展脉络的梳理，深深体察到篆书的奥妙所在，逐步领悟到了书法美学的实质，从而从汉字本源的意义上理解了乃父教给他的“横平竖直”的书法不传之秘。

学书初期，何绍基特别喜欢凝神悬腕，临摹颜真卿的擘窠大字，每天五百个，行有余力，再旁及篆书和隶书。后来，有人问他：“你为何不取法乎上，以书圣王右军（王羲之）为师，却如此推崇颜鲁公（真卿）？”他回答道：晋代距今一千多年，王右军的神品真迹不容易见到，流传下来的都是些多方辗转的摹本，要想从中找到王右军的不二法门，谈何容易？颜鲁公的天赋和资质虽比王右军稍逊一筹，但他的字真力弥满，浑然天成。何况唐代距今只有几百年时间，他的碑帖完好无损，非常适合临摹。颜鲁公为人刚正不阿，我观赏他的书法就如同亲见他的真容，书如其人，人如其书，人品高尚，书品高华，在他身上达到了高度的统一。听者连连叹服。

何绍基在求仕受挫的20年，除了前几年还从师就学，蛰居京城，其后的十几年，特别是从道光三年（1823年）起，以其自由之身随其父到全国诸多地方视学。自此，他开始有意识有计划地寻碑访帖，搜集金石碑刻拓片。果然颇有收获，在山东得《苏书大字金刚经拓本》，在济南历下得《石门颂》及《张黑女碑》，在浙江汴中得《信行禅师碑》，在吴门得《道因碑》及《麻姑仙坛记》等。就在诸多名碑佳刻、前代大师墨迹的比较对照中，何绍基发现当时的流行书体“馆阁体”的根本弊端在于扼杀个性、阻碍创新。由此，他萌生了书风创新、自成一家的意识，成为他后来在书艺上从观念的转变到手法创新的强劲动力。

何绍基第11次回湘乡试时，吴荣光正在湖南任巡抚，又兼这次乙未乡试的监试。吴荣光在书法上走的是帖学之路，取法欧、苏，成就不是很高。但他出身盐商家庭，在金石学上倾注了心血，收藏碑版石刻2000通之巨，是清代中期的大收藏家。令何绍基欣喜的是，待考试结束后，吴荣光竟将他留在府中整整七天，将其收藏的全部金石碑版字画，以及诸多珍本、秘本藏书，还有往日所作的诗词，统统拿出来，任其浏览品鉴，临习题跋。一次性在几天之内接触到如此多的金石精品，又与吴荣光交流讨论，这对何绍基来说，是一次心灵的震撼和冲击，促使他不得不对自己以往在书学领域的审美视野、取法范围和视见眼力，加以回溯和反思。由此，何绍基破茧成蝶，开始了他美丽的飞翔！倘没有这段经历，就不会有后来的子贞之学、之书！

世人只知何绍基书名重于世，殊不知他是一个学识渊博的人。他年轻时便被视为“无双国士”，更是遍交天下英才，与林则徐论书，与龚自珍酬唱，与魏源评议国是，与邓显鹤砥砺志节，与曾国藩切磋学问，与左宗棠、胡林翼鸿雁往还，其师友的成色如此之高，他的精神境界又怎会落于下乘？

先天资质上佳，后天精勤不辍，何绍基命中注定要取得常人难以企及的成就——书法艺术上的成就。

进士及第，师法名家

何绍基第11次回湘参加了是年恩科乡试，终于铁树开花——中了解元（乡试第一名）。第二年农历二月，他按规定参加了在京城举行的会考，这次又顺利通过，成了“贡士”，接着又参加了这年四月的丙申恩科殿试。据何庆涵在《先府君墓表》中说，这次考试也考得很成功，“廷对策为张文襄、阮文达两相国所激赏，已置大魁（一甲第一名），因语疵抑落二甲第八名，改庶吉士”。这就意味着已经38岁读了三十二年书的何绍基，终于渡过苦海，登上了滩头。可好事多磨，他还得进国子监求学应考两至三年，等他真正踏上仕途已经40出头了。

进庶吉士馆再当学生，这对何绍基来说，一则以忧，一则以喜。忧的是仕途迟滞，当了三十多年学生，至少还要延迟两年才能踏上仕途。喜的是得从名师，其时庶常馆任教的是阮元。阮是当时名倾朝野的巨儒，且对书法造诣甚深，能成为他的入门弟子，那是众多学子梦寐以求也难以实现的心愿。作为阮元的入门弟子，短短两年的时间，何绍基得到的教益自是极其深刻。他不但透彻地了解了中清书界的时弊，坚定了他崇碑抑帖的信念，更是将“篆分遗意”视为书律和极则。因此，他不仅支持南北分派，而且依据“篆分遗意”的有无和多少这一客观标准来区分两派，从而完善和发展了阮元的碑派思想。

所幸的是，四十而不惑，何绍基于道光十八年（1838年）得授翰林院编修，自是前程似锦。此后，他的步调应是相当稳健：四十一岁出任福建乡试副考官，四十六岁出任贵州乡试副考官，五十一岁出任广东乡试副考官。在封建时代，京官赴各省典试，且不算收取大笔礼金，好处至少有两个：一是可以做房师，门生弟子满天下，既树立了人才，又培植了一股潜在的势力；二是可以借此机会游历名山大川，开阔眼界，涵养精神。有趣的是，何绍基出任考官之时，他的诗兴总是更浓，笔下总有百倍的神韵，诗量也总是更丰。但一直以来，他的诗名为书名所掩，他一生作诗1600余首，始终保持着“温柔敦厚”的特色，有将近五成与山水游历有关。他的山水诗语言平实自然，耿耿胸臆，磊磊落落。

何绍基生性洒脱不羁，胸次旷达浑穆，最喜欢的生活方式是“凉宵命酒，伏案围棋，明窗小楷，击节高歌”。他谈锋极健，闲时与友人聊天，侃侃穷日夜。然而，若非他心悦诚服，即算是著名的公卿，他也不肯随便推许。至于才艺出类拔萃之士，他总是青眼相加，乐意与他们举杯言欢（他能豪饮）。他喜欢宋诗，欣赏苏东坡、黄庭坚更胜过欣赏李白、杜甫，是晚清宋诗派中的一位健将。他终生恪遵黄庭坚反讪谤的诗教，“一切豪诞语、牢骚语、绮艳语、疵贬语，皆所不喜，亦不敢也”。每当新诗集出炉，分赠友人时，他总不忘一再叮嘱：“只许骂，不许赞！”真是憨态可掬。

典黔回京以后，已是道光二十六年（1846年），何绍基供职国史馆，充任提调。他此时雄心勃勃，便四处寻觅探求，终于发现嘉庆皇帝曾经下过一道“命办三品以下列传”的旨，但国史馆因循至今，“照例进书皆一二品大臣传，无三品以下传”。他自是喜出望外，立即与几位同仁商量，着手收集清廷入关以来，三品以下名臣相关资料，编纂纲目，做好了为三品以下官员立传的各种准备。但国史馆总裁穆彰阿坚决不同意，这一瓢冷水，给他泼了个透心凉。一气之下，他便辞去了提调之职，退居慈仁寺校订、刊刻《宋元儒学案》达3年之久，直至出任广东乡试副考官。

可以说，道咸年间的中国政坛，内忧外患，百孔千疮，已是任何医国圣手都回天乏力了。何绍基自是看到了时局艰危，期盼能用尽平生所学，匡扶时艰。但他又意识到他不一定能在这条路上顺利走到底，一旦碰壁，便把自己的聪明才智转移到诗、文、字、画等。于是，他更坚定了寄情书学的决心，无论忙闲，不分寒暑，继续坚持访碑不倦，临池不辍。

在这段时间，他用功最深的是二欧和北海，特别是对欧阳通的《道因法师碑》和李北海的《麓山寺碑》的研磨临习。此时再来临欧，则是按照阮论，来挖掘欧书中他所追求的“篆分遗意”，也正是他突破早年书风形貌的一个重要转折时期，即其书体风格于圆浑饱满的唐风中显现峻逸苍古的魏晋之韵。他曾在《猿叟自评》中自述：“余学书四十余年，溯源篆分，楷法则由北朝求篆分入真楷之绪。”“余学书从篆分入手，故于北碑无不习，而南人简札一派不甚留意。”

据考，何绍基始临欧阳通《道因法师碑》是在道光二十七年（1847年）冬天，此时他已49岁了。他在《致李仲云函》中写道：“从未临《道因碑》，冬间忽发此兴，每日晨起临十纸，得百八十字，汗流肱背矣，真消寒妙法也！”

早在道光五年（1825年），何凌汉为山东学政兼通政司副史，何绍基与二弟随侍济南，侍父视学蓬莱、诸城等地。是年春，何绍基于济南厂肆得奚林和尚所藏天下孤本北魏《张黑女墓志》及《汉石门颂》拓本。在魏碑中，《张黑女墓志》鲜有匹敌者，雄健含蓄厚重，又潇洒透逸。原拓本久佚，一向只有翻刻本传世。自得此拓本后，他自是欣喜不可名状，屡屡题跋之，成了他诸多收藏中最得意的一件孤品，促使其自我书风特别是楷书变革创新的一件极品。为此，《黑女》几乎陪伴他一生，甚至外出时也带在身边，“往返二万余里，是本无日不在箧中”，寂坐欣赏，屡屡临习研悟。而他对《黑女》的临作，特意着力于“化篆分入楷”，在结体上以横势为主，笔画的弧度被强化，飘逸古雅，气度高远，空灵疏宕，但并不显虚浮，从而变革了何氏的自我书貌。

促使何绍基楷书风格变革的另一件重要碑拓为《瘗鹤铭》，此碑传为南朝梁代的陶弘景所书，刻在江苏镇江焦山西麓的石壁上。宋代因为雷击，碑石碎断为五，崩落在长江中，后打捞上来的部分，仅存30余字。其在中国书法史上的地位很高，历来为书家所推崇，何绍基为了此碑，三十年数度寻觅。他拓得之后，反复临习研磨，直到烂熟于心。可见他在书路变革过程中，从此碑上得益之深。用篆隶笔意写楷书，正是他对碑派的一大贡献。

何绍基临摹古人之书，传世所见甚多。有临王羲之《兰亭序》的，有临欧阳通《道因碑》的，有临李邕《麓山寺碑》的，也有临汉隶《石门颂》的，但没有一碑一帖不是出以己意，或取其神，或取其韵，或取其度，或取其势，或取其用笔，或取其行气，或取其结构分布，贯注于字里行间的却是“我”的至情至性。

其实，不管是烂漫锦秋里，还数九寒天里，何绍基每天都有几个时辰在大汗淋漓地练书法，他一生倾心系之的书法。清画家吴携作《顾祠春禊图》留下了当年难忘的一幕——道光二十七年（1847年）的一个春日，一群文人聚集在北京城西的顾亭林祠，为顾炎武先生作生日祭。这群文人中有何绍基、沈朗亭、罗衍、张穆、叶志诜、翁同龢、徐松、汪廷儒、王茂荫、孙鼎臣……画中，已近知天命之年的何绍基正在屏息运气展纸挥毫。

仿佛身临其境，亲眼看到他站立在那里，挺直了腰杆，含胸拔背，手臂高高悬起，然后弯成半圆，手腕也弯成半圆，虎口成为水平状。接着举笔落纸，逆入平出，随屈就伸，行留自如，好像正在表演

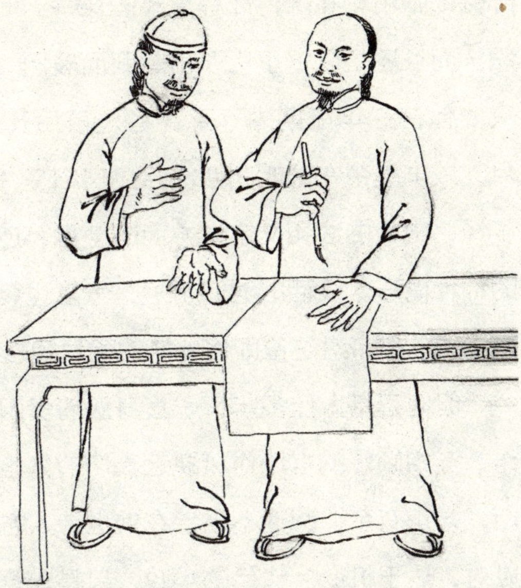

一套连绵不断刚柔相济的太极拳。也因此，何绍基五十六岁时自号为“猿叟”，作《猿臂翁》一诗，叹息道：

笑余惯持五寸管，无力能弯三石弓。

时方用兵何处使？聊复自呼猿臂翁。

私罪降调　移情书学

道光二十九年（1849年）底，何绍基赴广东典试归来，其母廖夫人辞世。他以母忧扶柩归湘，“丁忧” 三年。十余年清贵翰林、史官当下来，何绍基考绩良好，官声清白。且在“丁忧”期间，他通过其父遗留的各种人脉资源，巧妙运作，自是迎来了人生的一大转机。咸丰三年（1852年），经何凌汉的两个老部下户

部侍郎张芾和礼部侍郎程恩泽的保举，何绍基被授以四川学政之职。而且还是以“丁忧”甫除服而破例“未与考”，直接授职。只要他在三年任期内平平稳稳，日后升迁就不用愁了。这年八月，咸丰皇帝在圆明园两次召见何绍基，垂询了他的家世，交流了经、史、书法和文字学方面的意见，还问起湖湘被太平军攻破的种种情形。谈话的时间不短，气氛也算融洽，想必那位素以苛察为能的皇帝对这位即将外任的翰林编修评分不低。

但何绍基入仕多年，一直身居清贵闲散之地，对那套尔虞我诈、互相倾轧的官场作风缺乏真切的体验。他秉性耿直，行事规矩，方正有余，圆通不足，在处世待人方面远不如其父那样长于应对，达于机变。清代的学政，只是专管教育的官员，说得更具体点，是个管科举考试的官员，不能参与地方其他事务，更不能理词讼，涉刑狱。一开始，他只是谨慎地在熟知的领域内，也是他的职权范围之内，选择了几件事情进行整治：一面请旨立规，一面在实践中干出成效，比如整顿考风，力除弊端，比如精简府衙，汰除冗员，比如饬裁陋规，整肃官风等等，都得到了咸丰皇帝的首肯。

何绍基向来自诩为饱读诗书，既有济时之策，又怀决狱之才，加之咸丰皇帝在他的《恭报到任日期折》上加了一句朱批：“知道了，地方一切情形，随时访察具奏。”这原是针对他在奏折中所讲到的“再臣所过直隶、山西、陕西地方，及四川境内，农田均属有秋，民情安谧，堪慰圣怀”这则报喜不报忧的内容而言的，希望他今后多报些此类消息。何对此完全误解，以为皇上需要他到基层去充当耳目。在到任之后的刻意察访中，他发现“蜀中吏治积疲”，积案盈牍，不由忧愤填膺，终是按捺不住了。他把自己当成了真正的钦差大臣，咸丰的“朱批”就是他的“尚方宝剑”。他顾不得“学政不理诉讼”的定规，越权插手了一系列重要案件的处理。其结果必然是有誉有毁，毁之者更甚，谓之心存异志，居心叵测。此时，因贪赃枉法，曾被他参革罢职的汪堃对他怀恨在心，竟然潜入道州，后杜撰了一本《盾鼻随闻录》，把何绍基说得秽陋不堪。首先，他抓住何绍基此时刚启用“猿叟”的名号做文章，丑化他是当年其母梦与狼交所生。接着，又抓住他因丁忧回乡半年，其时太平天国起义军正北上进入湖南说事，说他曾为太平军出谋划策，并且有众多亲属进入太平军等等。显然，这些纯然是无稽之谈，毫无根据，胡编瞎凑，试图以“支持”叛军之名嫁祸于他，借以泄其私愤而已。也由此可见他当时处境的艰难。想当初他越想有所建树，就越觉得孤立无援，越感到苦闷难消。虽他的越权理案，已经得罪了不少人，直接威胁到他的仕途前程，但他总以为自己在维护清王朝的根本利益，因此初衷不改。

事实上，其时面对全国汹涌澎湃的农民起义浪潮，咸丰皇帝需要各级官员忠心耿耿地为之“平乱”保安，他不敢也不愿去触及那些积重难返的老问题，怕的是得罪各路封疆大吏，无人管事，危及政局的稳定。可在短短的两三年时间，何绍基就时务方面的事上14份奏折，屡陈民隐，揭露时弊。如此接二连三的建言，咸丰皇帝由首肯，渐渐地不耐烦了，仅批“留中”二字。倒是典蜀之初，何绍基给咸丰皇帝的折子，最能投其所好的是一再倡导并带头多次“捐输军饷”。他向来以忠君爱国、坚定地维护清政府统治自许，在清政府正国库空虚，更拿不出钱来支撑镇压太平天国的战争时，便亲自带头两次“倡捐军饷”，不仅自己前后共捐白银2500两，而且带动他的亲属、门人、下属都参与“捐输”。虽然用2500两银子买得了名利双收，但他仍想着“纠偏补时弊”、“匡扶社稷”，在后来的奏折中，便不断地戳到咸丰皇帝的痛处。

最后，他对四川地方种种弊政实在忍无可忍了，于是剀切上书，最后整理成《敬陈地方情形折》，以为这样可以引起咸丰皇帝警觉，痛下决心来加以解决。可咸丰皇帝生性阴沉，哪里听得进逆耳的忠谏？他即位以来，太平军在南方闹腾得声势越来越大，祖宗传下来的江山社稷都快缩水一半了。眼下他披阅了四川学政呈来的专门挑刺的奏折，满纸弊政，遍地阴霾，自是看得胆战心惊，气不打一处来。于是，他愤愤提笔，在他的折子上批以“肆意妄言”，并责令交由部议以私罪降调。龙颜震怒了，何绍基的仕途也就走到了尽头。咸丰五年（1855）五月二十四日，何绍基刚刚结束在潼川的科试回到成都，即得到朝廷将其“以私罪降调”的消息，他终于为自己的“肆意妄言”付出了高昂的代价。此时，他只好“清厘解部册卷”，于六月初将其学政印绶等一并交还四川总督黄寿臣，随即搬出学政衙门，移居中协闲署。

其实，何绍基典学四川期间，他的书法成就已经很高了。据时人《蜀海丛谈》记载，他当时在学使内阅卷时，“所加批条，无一不为人窃去，大有常熟老人求张伯英判状之风。公乃改为无论试卷之优劣去取，悉以一字赅括批之，仍窃者如故。且因仅书一字，更觉不苟见者，益爱莫能置”。

可在那个年代，何绍基的洞见深悉、直言无隐，只能招来权贵侧目，谤焰炽腾，最后自然逃脱不了“罢议镌秩”的命运。这对他的打击极为沉重，不仅毁灭了他的人生理想，也根本改变了他的人生轨迹。从此，他毅然移情于专注书学，并得到充分释放而结出丰硕的果实。

归隐书学　专习八分

“读万卷书，行万里路”，何绍基一生行止总离不开八个字。他平日里常常脚著芒鞋，头顶箬笠，一旦遇上好山好水，便徜徉自适，游踪遍海内。暮年时，他曾作《野性》一诗，仍满怀风月。

嵩洛归来狎薜萝，山巢粗构息心窝。

无端野性随春发，万叠奇山入梦多。

在大自然中，何绍基从未有过望而却步的时候。他因直谏丢官，却并没有闭门谢客，独自忧伤，他有自己更好的排遣方式——去游览峨眉山附近人迹罕至的瓦屋峰。在高可蔽日的磐石古木中穿行，听怪鸟的磔磔惨叫，闻老猿的凄凄哀鸣，真可谓惊心动魄。同伴面色仓皇，他却谈笑自若，诗兴酽浓。待他游过瓦屋峰，回到成都，已是秋凉时分。家人得到消息，分别从湘、吴两地赶来看他。暂时借住的中协署原本门可罗雀，冷冷清清，因亲人们来到便温情起来。孩子们打打闹闹，笑语喧哗，增添了几分生气，令他感到了久违的快慰。

此时，成都士民尊崇他的人品学问，苦苦挽留，打算集资创建草堂书院，聘请他为主讲。何绍基乃婉言谢绝。他总算看清，官场的腐败已难有整肃的可能，昏愚的朝政还将继续腐败，万方多难的局面只会更加恶化。深夜扪心，他反复自问：一介儒生，读圣贤书，所为何事？进则兼济天下，退则独善其身，所幸脚下犹可退。当子侄们走后，他便决定九月十九日去蜀入秦。为了避免面别伤感，他独自于头天坐竹兜子先出城门，住到桂湖去了。朱帖航、吴寿恬等好友和部属、门人听说后，追到桂湖为之饯行，令他不胜感慨。此时，他的心境已逐渐平复，又集中精力临碑研书。离蜀后，他经汉中平原，过褒城、凤县、宝鸡，于是年十二月到达西安。过了春节，他又远赴三秦故地，赶在元宵前登览华山。当他站在山巅，眺望茫茫神州，念及国事日非，一如当年因谏迎佛骨而遭唐宪宗斥逐的韩愈，不由怆然而泪下。

早在道光二十二年（1842年）十一月致诸弟书中，曾国藩便对好友何绍基赞不绝口："盖子贞之学长于五事：一曰《仪礼》精，二曰《汉书》熟，三曰《说文》精，四曰各体诗好，五曰字好。此五事者，渠意皆欲有所传于后。以余观之，此三者余不甚精，不知浅深究竟何如。若字，则必传千古无疑矣。诗亦远出时手之上，而能卓然成家。"曾国藩素以知人著称，他的话果然应验如神。何绍基的书法究竟好到了什么程度？他同时代的书法家赵之谦曾感叹：“何道州书有天仙化人之妙，余书不过著衣吃饭凡夫而已。”难得赵之谦如此誉人而不惜自贬，很显然，他对何绍基的书艺十分服气和推崇。何绍基终生揣摩古碑，晚年时，依然变更法度，自出机杼，求意境，求个性发挥，力求独辟门户，大有道州书法老始成的雄心。

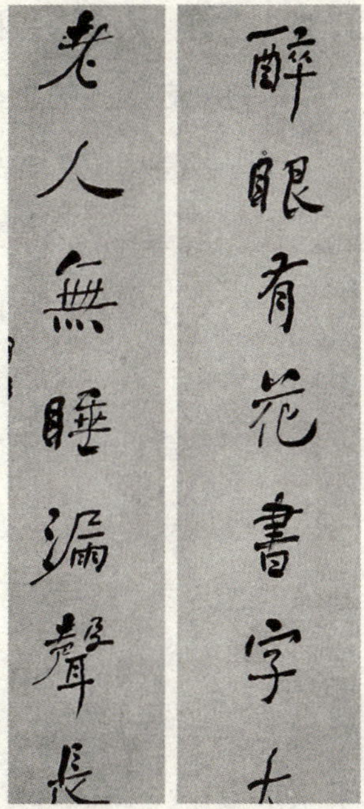

咸丰七年（1857年），何绍基59岁，一切都已定型化了。一年后，即在山东泺源书院开始了他的“晚喜篆分”的又一次书法变革。他60岁时苦练隶书，化隶入楷，扫除积习，不落晋唐窠臼，从此卓然有成，高峰耸峙。书法家曾农髯曾称赞70岁后的何绍基：“下笔时时有犯险之心，所以不稳；愈不稳，则愈妙。”应该说，以其60岁后的具有篆籀意的行草书与其60岁以前的行草书相较，前者多“横奇变化”，有生拙趣味，而后者更显温柔敦厚、灵动遒劲。至于马宗霍说的“晚喜分篆，周金汉石，无不临模，融入行楷，乃自成家”自是事实。

就在春寒料峭的初春，我与友人一同来到了道县。出道州古城门，顺潇水东行约里许，便是何绍基故里——东门村，碧绿的潇水傍着村庄日夜流淌。进得村来，却有些零乱沧桑，一抬眼便是些青砖灰瓦的老房子，偶尔也有几栋崭新的楼房。那些老房子寂然地立着，大多人去楼空，悠深的小巷却延伸着悠深的期盼，一如年暮的老母张望儿女归来的目光。

这里便是何绍基的故土，在他的眼里，走遍大江南北，还是故乡最亲最美。就在那年离乡后，他竟写成了二十首《儿归来篇》，在小序里如此写道："余自丙寅随宦入都，辛巳秋杪初次南旋，抵家一月，复匆匆北上，蒙家中父老钟爱之笃，宛然儿时光景也。别后成诗二十首，非敢言诗，聊以写吾土之思云尔。"二十首诗句，宣泄了他多么浓郁的怀乡之情："开轩纵遐睎，门对东洲山。把钓者谁子，啸傲于其间。吾父居此久，流风有余馥。儿愿对青山，日日抱书读。"这种执著的爱自是无可替代，故乡值得他终生怀恋，也值得他为之奋斗终生。也因此，当他于咸丰十年（1860年）秋，离开山东泺源书院，便决计离鲁归湘。他一路走走停停，于第二年一月二十五日到达永州。途中船行至蔡市小镇，时近正午，离城还有数里，他饥肠辘辘，只好登岸就餐。他在路边一家小店里先对付着吃了点东西，要付钱时，才发现行李放在船上，身上并无分文，便向店主解释，到船上拿了钱来付他。店主怕他走了不回来，没同意。他便提出写几个字抵作饭钱，可万万没想到，店主是个缺心眼少见识的二愣子，更是不同意，嚷嚷道："我一字不识，要了你的字何用？！"无奈之下，何绍基只好脱下外衣抵作餐资，方才脱身。当晚到了永州，与知府杨翰说起此事，二人相视大笑。杨更是忍俊不禁，打趣道："何先生书法，亦有时不博一饱耶？"这个笑话很快就传开了，好在他的书法名气在东门"妇孺皆知"。据徐珂《清稗类钞》记载："自蜀归，再返道州，虽农野妇孺亦踵门求书。僻邑无良纸，悉书之，不拒也。"乡人的认可，令他欣慰不已，他自是大书特书了。

辗转于那些老房子之间寻找，何处才是何绍基出生的地方？终是一无所得。想当初，寒门出探花，何凌汉在嘉庆十年（1805年）高中进士一甲第三。道光十六年（1836年），在父亲高中探花三十年后，何绍基也考中进士。道州的声望，在吴必达南宋淳祐元年（1241年）考中状元（进士第一）近600年后，因为何氏父子又迎来新的高峰。东门村因此有了探花第和进士楼。进士楼已经矗立300多年，原是何氏宗祠，何绍基将之改为进士楼。里面大而空，却摆满了四方高桌，有人家在此办八十大寿。都是些中老年人在忙碌，脸上挂着谦卑的笑。何绍基也曾在某年清明节为他赫赫有名的先祖们做过祭文，大摆过筵席。再往前走，离进士楼没多远，便是更为气派的探花第。探花第横匾由何凌汉手书，门楼高大雄伟，里面纵深开阔。这里曾经供奉着何家历代先祖的神位及一品官员的名位，如今也是辉煌不再，四周围了些新新旧旧的房屋。门前曾经的拴马石，墙上曾经鲜艳的龙凤，还有曾经石雕的菩萨，早已泯灭于逝去的岁月里。

但东门毕竟是何绍基的，道州也毕竟是何绍基的。我想，曾经的东门是高洁美好的，东洲草堂更是卓尔不群。何凌汉步入仕途后，官越做越大，对故乡似乎无暇顾及，故居也送给了族人。何绍基则不同，他念念不忘的还有鹤鸣轩。鹤鸣轩紧挨潇水河边，乃何氏私塾，何凌汉曾在此授徒。何绍基赋闲回老家时，仿照杜甫草堂，于咸丰二年（1852年）改建了鹤鸣轩。因草堂正对潇水河中的东洲，故名东洲草堂。雅爱之下，他将自己的号改称东洲先生，他的著作《东洲草堂文钞》、《东洲草堂诗钞》也以此为名。

再往前走，来到一座青砖楼房跟前，从侧边围墙的豁口，走进一座破败不堪的院落，或为杂草所覆盖，或为零乱的菜地，竟是昔日的东洲草堂所在地。迎风伫立在残存的大书房前，遥想当年此处丹桂飘香，书声琅琅，涌上眼里心上的不仅仅是怅惘，更是心酸心痛。倘何绍基地下有知，当是不忍视之，乃至痛彻肺腑，无语凝噎吧。

许是站得久了，晚风吹来之时，竟有些寒意，匆匆挥手作别时，我竟不敢回望。同治八年（1869年），何绍基辞去了城南书院教席。曾国藩、丁日昌恰于第二年在扬州书局组织人校刊大字《十三经疏注》，遂分头致函，盛邀他到扬州主此事。他自是欣然接受，可在着手校定《三礼时》时，于清同治十三年（1873年）秋，竟溘然长逝于苏州寓所，享年75岁，一代翰苑名人长此陨落。何绍基去世后，俞樾特撰挽联，对其去世的惋惜与哀痛之情溢于言表：

史馆建嘉谟，惜创议未行，三品下庶僚，至今无列传；

讲堂刊定本，奈校雠方半，九经中大义，从此付何人。

齐白石:墨花如锦亦如刀

1956年，大画家张大千到法国巴黎去拜访毕加索。毕加索当即抱出了5大本画稿，翻开一看，竟然全是他临摹齐白石的作品，并已精心装订成册。毕加索疑惑地对张大千说：“我不理解你们中国为什么有那么多年轻人到欧洲来学美术，我就不敢去你们中国，因为中国有个齐白石。”

齐白石，原本只是一个乡下木匠，却成长为享誉世界的艺术巨匠，他走过了怎样由蛹转变为蝴蝶的艰辛历程呢？

一

这一年，阿芝——齐白石19岁了，学雕花木匠出师了。他不仅雕花手艺好，还自出新意地把平日里自己所画的花卉果实，加入到代代相传的传统图案中，创造了许多有意思的新花样。渐渐地，阿芝在白石铺一带有了名气，人们叫他“芝木匠”，也有人当面叫他“芝师傅”。

20岁那年，阿芝出去做活，在姓蔡的主顾家里无意间见到了一部乾隆年间翻刻的《芥子园画谱》。他如获至宝，每天看到很晚，好心的主顾便让他把书借回家。回家当天晚上，他便点着松油灯，迫不及待地从第一页开始，用薄竹纸精心地勾影起来，一直勾到妈妈敲门催他睡为止。第二天晚上，他就依着原样往上填色，但填起来实在难。他便回过头去读关于设色的论述，又用心揣摩了好久，才调好颜色，再对照着原图，一笔笔地填了起来，又忙到子夜时分。就这样，花去了他半年多的业余时间，终于画完了《芥子园画谱》，钉了满满16大本。有了这个画谱，阿芝又创造出了许多使乡邻们叹为观止的佳作，“芝木匠”的名声已经远远地在师傅周之美之上了。

阿芝不满足于只会画花卉果实，便拜了湘潭画像第一名手萧芗陔为师。萧芗陔对阿芝很器重，把拿手本领都教给了他，还介绍他与画像名手文少可认识。自从结识了萧、文二位，阿芝画人“算是摸着门了”。就在1888年冬，阿芝在离星斗塘四十里地的赖家垅做雕花活，晚上就住在赖家。他像平时在家一样，点上松油灯，画上几幅画。赖家的人看到阿芝画的花鸟画，惊奇地说：“芝师傅不光会画神像功对，花鸟也画得很生动啊。”阿芝只是谦虚地笑了笑。

转眼过了年，阿芝仍在赖家垅做活儿。一天，他正在雕花，赖家差人来叫他，说："寿三爷来了，他想见你！"尽管很惊讶，阿芝还是放下手里的活，按规矩恭敬地喊了声"三相公"。寿三爷和蔼地对他说："我常到你们杏子坞去，常听你的邻居夸你聪明，又用功。今天我看了你的画，觉得你很可以造就。"一番交谈后，寿三爷不由打心里喜欢上了聪明勤奋的阿芝，临走时便问他愿不愿意再读书，再学画画。阿芝的脸上却蒙上了薄薄的愁云："读书学画，我是很愿意，只是家里穷，书也读不起，画也学不起。"没等他说完，寿三爷就打断他说："哪怕什么？你只要有志气，可以一面读书学画，一面卖画养家嘛。你要是愿意，等活儿做完了，就来我家谈谈。"

这位寿三爷，名叫胡自倬，号沁园，系宋著名文学家胡安国后裔，光绪监生。他为人慷慨旷达，人品高洁，喜交游，喜收藏，不仅能写汉隶，还长于工笔花鸟草虫，诗词也做得清丽。寿三爷的书房"藕花吟馆"，也是名流云集的地方，当地的文人雅士们常常聚在馆里诵诗作画。见寿三爷如此看重自己，阿芝怀着十分感激的心情，向他深深一躬，真有"相见恨晚"的感觉。但阿芝当时做梦也没有想到，这次意外的会见，对他今后的人生道路、艺术生涯，将产生巨大的决定性意义及深远影响。

在赖家垅完工后，阿芝便精心挑选了几张自己的画，踏上了去竹冲韶塘寿三爷的家。正巧，这天是藕花吟馆诗会的日子，胡家高朋满座，很是热闹。寿三爷见阿芝来了很高兴，留他与诗会的朋友们一起吃午饭，还引他拜见家中的先生湘潭名士陈少蕃。

之后，寿三爷要阿芝画一幅画给大家看看，阿芝便落落大方地走到画案前，看了看宣纸，便在纸的左下边，快速地勾勒了一枝苍老峥嵘的树干，又换了一支笔，蘸着饱满的珠红，轻重不一地在枝枝干干上点画起来。几分钟后，一枝傲霜斗雪的腊梅，卓然于宣纸上。之后，他又在画面的中幅，用淡淡的墨水，勾勒出一带寒江，江畔仅有一只孤舟，岸上无一行人。

寿三爷将画放在案上，笑吟吟地提起了笔，沉思了一下，便在左上面写了起来：

藕池相聚难逢时，丹青挥洒抒胸臆。

寄意腊梅传春汛，定叫画苑古今奇。

齐纯芝作画，胡沁园题。

一时间，大家报以一阵热烈的掌声，阿芝这才释然了。

吃午饭的时候，寿三爷建议阿芝拜陈少蕃为师，学习诗文。阿芝担心自己年纪大了学不进，有些犹豫不决。寿三爷便鼓励他：“你的画日后会卖得钱起的，不必担心！你今年正好二十七，何不学学苏老泉呢？”陈老夫子也在一旁说：“只要你肯学，我免费教！”同席的人也纷纷劝道：“读书拜陈老夫子，学画拜寿三爷，拜了这两位老师，还怕不成名！”吃过午饭，阿芝便按照老规矩，先拜了孔夫子，接着又拜了胡、陈二位，从此开始了他命运的转折点。

拜师之后，阿芝就在胡家住下，两位老师一商量，给他取名齐璜，字濒生。因为画画，还要有个题画用的别号，离阿芝家不远的地方有个驿站叫白石铺，不如就叫“白石山人”吧。后来时间长了，人们常把“山人”二字省略，只叫他齐白石，叫来叫去，他自己也就用这个名字了。

自此，齐白石白天替人画像，以谋生计，晚上则“跟陈师读书，跟胡师学画”。陈少蕃教他学做诗，教他熟读《唐诗三百首》与绘画题诗，他只用了两个月的时间就把诗文一字不差地背了下来。陈老师十分吃惊，一再夸奖他的天分非同一般。接着，他又读了《孟子》、唐宋八大家古文、《聊斋志异》等。齐白石还跟胡沁园学画工笔花鸟画，胡向他传授了许多作画的理论，还把自己收藏的古今名人字画拿出来，让他仔细临摹。

读书学画，让齐白石眼界渐宽，画艺渐长。回到家后，不断有人找他画像、画画，他感到“卖画养家”真有道理。于是，他干脆收拾起斧锯钻凿，改行专做画匠了。自此，他收入渐渐丰厚。

齐白石70岁时做过一首《往事示儿辈》诗，回忆这段难忘的经历：“村书无角宿缘迟，廿七年华始有师。灯盏无油何害事，自烧松火读唐诗。”诗后注解说：“余少苦贫，廿七岁始得胡沁园、陈少蕃二师。王仲言社弟，友兼师也。朝为工，夜则以松火读书。”

齐白石画像的技艺，经过几年的锤炼，已经很有造诣了，但他依然不满足。他揣摩阎立本、吴道子、顾恺之、谢赫，直至赵佶、董其昌、石涛、八大山人的技法，苦苦求索他们的精微，于人物的肖像画作，琢磨出了一种新的表现手法，使人物的纱衣里面，透露出袍褂上的团龙花纹，人物便栩栩如生，呼之欲出。胡沁园见了，也感到惊奇，感到高兴，大大地称赞他不泥古、有开拓精神。于是，他又扩而广之，由肖像，逐步拓展到山水人物、花鸟鱼虫，摆脱了机械式的临摹或写生描画，进入到构思、立意的创作阶段。

转眼之间，齐白石30岁了。这几年，他画像的名声更四处传扬开了，找他画像的人越来越多。他走南闯北，在方圆百里内为乡亲们画像画花样，画一张像，人家就送他一两半两银子。家里靠着他的收入，日子比以前好多了。一天，七十多岁的祖母拉着他的手，笑着对他说："阿芝，你倒没亏了这支笔。从前我说过，哪见文章锅里煮？现在我看见你的画，却在锅里煮了！你爷爷要在世，会多高兴。"说着，她苍老的眼里，溢出了泪水。

白石明白，这不是悲痛的泪，伤心的泪，而是激动的泪，安慰的泪。他只有更加勤奋地画画，给祖母更多的安慰。晚饭后，他伏在画案前，精心地画了一幅耕牛图，一幅兰竹图，挂在自己室内。之后，他写了一幅条幅，上面写着"甑屋"两个大字，意思说：终于可以吃得饱了，不至于像以前那样锅里空空的了。三十年后，也就是白石61岁定居北京时，依然靠卖画为生，也布置了一间书房，也同样取名为"甑屋"，以示纪念。

二

齐白石27岁至39岁拜师学艺这一阶段，是他人生历程中至关重要的转折期，他用了十多年的时间，终于完成了从一个木匠、画匠到乡间文人、乡间画师的过渡。

自从拜师住在胡沁园家后，齐白石认识的人逐渐多了。这年春天，住在长塘的黎松庵请他到家里为父亲画遗像，他就在黎家住了下来。恰好，胡沁园的外甥王仲言也在黎家做家庭教师，好友们便常到黎家相聚。大家聚在一起谈诗论文，说字画评篆刻，兴致盎然。到了夏天，他们便正式成立了一个诗社，因社址选在五龙山的大杰寺内，便取名为“龙山诗社”。诗社成员除齐白石外，还有王仲言、罗真吾、罗醒吾、陈茯根、谭子荃、胡立三，人称“龙山七子”。齐白石在七人中年龄最大，被推举为社长，他推辞不掉，也就答应了。他还特意画了幅《龙山七子图》，刻了一方“龙山社长”印章以为纪念。

这些诗友，都是二三十岁年纪，风流倜傥，诗情洋溢。他们做好了诗，写在纸上，觉得不美观，便要白石为大家绘制诗笺。于是，每至夜阑人静，他就在灯下，把纸裁得八行信笺大小，然后一张张地在左上角或下角，精心作画，有花卉，有山水，有草虫，有鱼虾。画完后，涂上淡淡的颜色，笔调清疏明丽，雅致大方，十分悦目。他用了十几个晚上，画了几百张，分发给诗友们。诗友们见到这些花笺，十分珍爱，作起诗来，也特别认真。“天才颖悟，不学而能，一诗既成，同辈皆惊，以为不可及。”这是王仲言在四十年后回忆“诗社”时对齐白石的评价。

齐白石最初写字学的是馆阁体，自从到胡家读书以后，便跟着两位老师学习何绍基体。在他交往的诗友中有几位能写钟鼎篆隶，会刻印章，他便向他们请教，也想把篆刻学好。说到篆刻，还在他被陈姓人家请去画像时，遇到了一位从长沙来的篆刻家魏先生，他就拿了一方寿山石请他给刻名章。过了几天，他去问刻好了没有，魏先生把石头递给他说："磨磨平，再拿来刻！"他只好把这块原本很光滑的石头磨了一遍，然后再送去。篆刻家看也没看，就放在了一边。又过了几天，他再去问，篆刻家还是傲慢地说："没磨平，拿回去再磨磨！"一气之下，他拿起寿山石，头也不回就走了。到了晚上，他拿出细毫毛笔，写上了"白石山人"四个篆体字。尔后从布袋里取出一把修鞋刀，在微弱的灯光下，聚精会神，一刀一划地刻了起来，一直刻到子夜，总算完成了他平生以来刻制的第一方印章。

这是一方白文的印，布局合理，刀法苍劲，隐隐有一股刚毅之气。也许因为是"愤怒之作"，盖在纸上很有神韵。看到了自己的劳动成果，他兴奋得一夜难以入眠。第二天一大早，他将挂在墙上的那幅山水画取了下来，在右上角上，端端正正地盖上了这方印章。鲜红、明洁的印章同淡淡的墨色，相映生辉，给这幅山水画平添了不少的色彩。

自此，他便从朋友那儿学了些篆刻的初步方法，结合着自己雕花的手艺，开始一刀一刀地刻了起来。1895年，他去茶园铺黎家湾为黎锦缨的夫人胡氏画像，遇上诗友黎鲸庵、黎松庵、黎寿明、黎铁庵等正在一起切磋研究金石篆刻，便提出要向黎鲸庵拜师学艺。黎鲸庵乃进士出身的翰林，对当时的"芝木匠"不屑一顾，不愿教他。黎端起手上刚吸完烟的水烟筒对他说："齐山人啊，你要是能吃了我这只烟袋里的烟水，我就教你刻印。"他稍作迟疑，硬是接过黎手中的水烟筒，将烟水一饮而尽。也是他命大福大，居然毫发无损。黎鲸庵被他的勇气感动了，自是将看家本事都教给了他。

转眼两年过去了，齐白石依然不满足，向精于刻印的好友黎铁安请教：“我总刻不好，有什么好方法呢?”“我看了你的印谱，还是有功力。不过嘛，”铁安拉长了声音，“刻印和你画画一样，主要靠练。皋山南泉冲的楚石有的是，你挑一担回家去，随刻随磨，你能刻到三四个点心盒，都装满了石浆，就刻好了。”

齐白石细细地玩味他的话语，心里一下亮堂了，他下决心多磨多刻，发愤学刻印章。在黎铁安家学习了一段后，他便经常到长塘黎松安家找他切磋，常常一住就是几天。黎家一间洁净、雅致的客房，便成了他刻印的场所。他天天刻了磨，磨了刻，不舍昼夜地操练。日子久了，弄得客房里到处是泥浆，几乎没有让人插足的地方。黎松安对于这些不以为然，倒将自己珍藏多年的丁龙泓、黄小松刻印的拓片，送给他学习。他学着他们两位的刀法，渐渐地，篆刻开始入门了。之后，他一直勤练不止，形成了直率雄健、大刀阔斧、一任自然的强悍风格，最终成为一代印坛巨擘。

后来，齐白石老年时对此有一段非常精彩的描述：“我在光绪十八年(壬辰)三十三岁时，所刻的印章，都是自己的姓名，用在诗画方面的而已。刻的虽不多，收藏的印石，却有三百来方，我遂自命名为‘三百石印斋’。至民国十一年(壬戌)我六十岁时，自刻自用的印章多了，其中十分之二三，都是名贵的佳石。可惜这些印石，留在家乡，在丁卯、戊辰两年兵乱中，完全给兵匪抢走，这是我生平莫大的恨事。民国十六年(丁卯)以后，我没曾回到家乡去过，在北平陆续收购的印石，又积满了三百方，三百石印斋倒也名副其实，只是石质没有先前在家乡失掉的好了。”

齐白石从32岁时用修脚刀刻第一枚印章开始，一生留下篆刻作品2000余方。他对自己制的印章一直格外珍爱，曾多次告诫子孙“不得一印与人”。白石老人97岁去世时，根据他生前的嘱咐，在他的棺材里放了三件随葬物品，一件是他用了将近30年的红漆拐杖，另外两件就是他自己刻的带有他姓名和籍贯的印章。

1899年正月，齐白石经朋友张仲飏介绍，去拜见了湘潭大名士王湘绮。王湘绮，名闿运，字壬秋，晚号湘绮老人，学贯经史，被誉为一代经学宗师，是晚清著名的大文人。他拿了自己满意的诗文字画和印章，毕恭毕敬请他指点。湘绮先生对齐白石的诗文没说什么，但对他的画和篆刻，倒是赞不绝口。事后，张仲飏对他说，王湘绮评他的文还算说得过去，诗却与《红楼梦》里呆霸王薛蟠成一体。

在当时，王湘绮的名气非常大，很多人都想拜其门下。张仲飏也多次劝齐白石拜门，但他迟迟没有答应。王湘绮便对湘潭城里一位文人吴劭之说：“我门下有铜匠曾招吉、铁匠张仲飏，只有同县一个木匠，也是非常好学，却始终不肯做我的门生。”说来也巧，这话竟传到郭葆生、夏午诒那里，俩人一致怂恿齐白石去见王湘绮：“湘绮是当今的大名士，满腹经纶，见多识广，你的诗文画印经他指点，必有长进！”他便不再固执，来到王湘绮家里，正式拜了师。实事求是地讲，王湘绮对他在艺术上并没有什么具体指点，他也从没有以湘绮先生门生的身份在世上招摇，但这次拜师对他后来的发展还是起到了不小的作用：他再次扩大了交往的圈子，提高了交往的层次，使他所处的环境得到了整体提升，包括他后来的远游和定居北京，也都得到了王门弟子的关照与帮助。

齐白石是近现代艺术史上集诗、文、书、画、印于一身的大艺术家，但通常人们只了解作为书画家和篆刻家的齐白石，却不了解作为诗人和文人的齐白石。他自己却认为，在“印”与“诗”方面的功力和造诣，是不逊于画的。他曾多次说：“我的诗第一，印第二，字第三，画第四。”他如此说不是信口无心，也不是用“书与画”抬高“诗与印”，而是发自肺腑，经过深思熟虑的。但在今天看来，他对后世影响最大的，毫无疑问还是他排在最后一位的画。

三

也就在齐白石拜师王湘绮后的第三天，胡沁园派人来请他，说湘潭县城里的一位江西盐商，最近游览了衡山七十二峰，被壮丽的山河景致所折服，决定重金聘请名画家画《南岳全景图》。他让白石去应聘，由黎松安带着他的亲笔信陪白石到盐商那里去。

盐商早就听说齐白石的山水画湘潭闻名，又是名儒胡沁园介绍来的，十分高兴。当下就请他绘制南岳七十二景图，一个半月完工。齐白石问他有什么具体要求，盐商眯起眼睛，想了想，说："我不懂画，你拿主意好了，不过要画出气派来！"他右手在空中比划着，"着色更浓重点，这样显得气派"。

南岳是生他养他的地方，齐白石对之自是感情深厚。于是，他按着盐商的意见，用重色画出了重峦叠嶂，层林沟壑，一眼望去，浓绿欲滴。十二幅画光是石绿一色，他足足用去了两斤。就在胡家那间宽大、明亮的客厅里，盐商把十二幅六尺《南岳全景图》挂了起来，真是气象万千，泼墨淋漓，熠熠生辉。盐商提着烟壶，一幅一幅地端详着，连连叫好，赞不绝口，递给他一方红纸包："这三百二十两银子算是给先生的润笔，望笑纳。先生丹青妙笔，前途无量啊！"

320两银子在当时可是一笔大钱，齐白石由此名声大振，外面纷纷传言："这还了得，画画真可以发财了！"拿到这笔银子后，他便在离白石铺不远的莲花寨租下了梅公祠堂，带着妻子儿女搬过去居住。这里山青水秀，尤其是莲花寨到余霞岭二十来里的区域内，冬末春初，梅花漫山开放，姹紫嫣红，生机盎然，好似置身于诗情画意之中。于是，他把梅公祠取名为"百梅书屋"，并做了首诗：

最兴情是旧移家，屋角寒风香径斜。

二十里中三尺雪，余霞双展到莲花。

梅公祠内有一块空地，他便在其上盖了间书房，取名"借山吟馆"。自此，他在书房里画画刻印，读书写诗，生活很是恬静，过上了早已向往的乡间文人兼画师的日子。后来，他特地画了幅《借山吟馆图》，自是情趣盎然。

公祠的典期满了后，人家要了回去。齐白石太想有安定的家了，便在余霞峰山下茶思寺茹家冲，买了一所房子和二十亩水田。房子很破旧，四壁通风。他花了半个月时间，操起了木工器具，把房子翻盖一新，便是温暖亮堂的家了，取名“寄萍堂”。他又盖了间画室，名“八砚楼”，把他外游时得到的八块砚台，放在了那里。

从1902年到1909年止，整整八年间，齐白石五出五归，走遍了大半个中国，游览了陕西、北京、江西、广西、广东、江苏、河北等处的名山胜川，留下了为数众多的画卷。可以说，他实践着胡沁园的“读万卷书，行万里路”的期望，开阔了艺术的视野，特别地，他临摹了珍藏于朋友之处的历代许多绘画珍品，自是收获颇丰。

光绪二十八年(1902年)，齐白石挚友夏午诒从北京到西安做官，请齐到西安教他的夫人姚无双学画，且先把旅费和报酬都汇寄了过来。齐白石也知道，要开阔眼界，就须远游天下，多识山水，于是告别父母妻儿，前往西安。就在西安，夏午诒介绍齐白石去见樊樊山，他带去了几方印章。樊樊山当时既是陕西臬台，又是诗人名士，非常欣赏齐白石，亲自为他订了一张刻印的润例，亲笔写好交给他，即送五十两银子作为刻印的润资。在西安的湖南同乡们见臬台如此瞧得起齐白石，就劝他走臬台门路，在官场弄一份差事。

樊樊山是真心要帮助才华出众的齐白石，只不过作为官场中人，他的帮助也脱离不开“朝廷”。他对齐白石说：“慈禧皇太后很喜欢绘画，她延请的宫廷画师不少。宫内有一个画师缪素筠，工笔、写意都不错，是云南来的寡妇。她给慈禧代笔，吃的是六品俸，为人不错，肯帮忙，艺术上有追求。我看过她的画，总感到功力上不如你。我在太后面前保举你，这缪素筠也一定会帮忙，问题不大，也许能弄个六、七品的官衔。”

“我原也没有别的奢望，只想卖卖画，刻刻印章，凭着这一双劳苦的手，积上二三千两银子，带回家去，够一生吃喝，也就心满意足了。宦途生涯嘛，”齐白石把声音拉得长长的，“好像不是我这种人走的。午诒了解，我这个人连客也懒得见。”说完，他以求援的目光看了看午诒。

“京城里遍地都是银子。有本领的人，俯拾即是，三二千两银子，算得了什么？濒生，你当了内廷供奉，照常可以在外头卖画刻印。有了供奉头衔，好像把姓名贴上了金，京城里准能轰动一时，还怕不够一生吃喝的吗？”午诒的言语里带着责备的口吻。

白石默默地听着，无言以对。樊樊山见他意志坚定，一时难以说通，也不好勉强了。起身告辞之时，一再叮咛齐白石，有什么事，尽管找他，不必客气。

没多久，齐白石就离开西安，随夏午诒先到北京去了。离开西安前，他特地去大雁塔游玩了一次，想到这几年所经之事，写了一首诗：“长安城外柳丝丝，雁塔曾经春社时，无意姓名题上塔，至今人不识阿芝。”在诗里，他明确地表达了他无意为官、不求名利的态度，这也许是对几位朋友多次奉劝的回答吧！

在北京住到了5月间，齐白石听说樊樊山已经启程来京，立马收拾行囊，要先他一步“逃”回老家。夏午诒大惑不解，他悄悄解释说，我怕他真要推荐我去当什么内廷供奉，少不得要添出许多麻烦。我如果真的到官场里去混，那简直是受罪了！樊樊山随后到了北京，闻知齐白石已经走了，顿时明白了他的心思，对夏午诒说：“齐山人志行很高啊！只是性情有点孤僻。”

回到老家，齐白石内心甚是安宁，便把八年游历得来的山水画稿，重新画了一遍。合起来一共52幅画，他按时间的先后顺序，编成了《借山画图》。这是他八年间人生旅程一段难忘的经历，也是他艺术实践的结晶。

没想到，就在这时，胡沁园过世了，齐白石深感突然，陷入了沉重的悲痛之中。第四天上午，他心情稍稍平静，把历年的画稿，一一翻了出来，从中精选了20多幅旧稿，都是胡沁园生前赞赏过的。在此后五天多时间里，他参酌这些旧稿，画了20多幅，然后亲手裱好，装在一只十分精美的纸箱里。

之后，他赶到胡沁园家里，站在灵堂前，眼里满是泪水，静静地注视着遗像，倒地拜了三拜。然后，他把20多幅裱好了的画，一幅幅展现在灵堂前，要让恩师再次看看他的画。然后，他将画一幅幅地收了起来，装在纸箱里，抬到庭院中，亲自点燃了火，在恩师的灵堂焚化，以悼念恩师。回家的路上，他专程跑到胡沁园的墓地，默默地在那里看了很久很久，然后绕墓地一周，在暮色苍茫之中，缓步下山。

晚饭后，他没有一点倦意，取出素笺，写下了14首七言绝句，将他对胡沁园深深思念、感恩之情，一一倾诉于纸上。第二天，他提笔写了一篇祭文，一副挽联。挽联上写道：

衣钵信真传，三绝不愁知己少。

功名应无分，一生长笑折腰卑。

四

纵观齐白石的艺术生涯，有两个人对齐白石的成长影响最大，第一位就是胡沁园，另一位却是他在北京结识的陈师曾。胡沁园引导他走上了职业画家的道路，而陈师曾恰恰是他艺术走向成熟的关键人物，有力推动了他“衰年变法”。

在他长达百年的人生经历中，他最重要的一段经历也就是——“衰年变法”！因为没有衰年变法，就没有艺术巨匠齐白石；没有了齐白石，也就没有了齐白石的艺术；没有了齐白石的艺术，中国近代美术史必将被改写。

1917年5月，齐白石第二次到北京避匪患，在琉璃厂南纸店卖画刻印。一日，南纸店陈列的齐白石刻的印章，偶然被当时名冠京华的画家、陈寅恪之兄陈师曾见到，大为赞赏。陈师曾学贯中西，是中国近代美术史上一位杰出的画家，时任北京高等师范学校国画教师，竟专程到法源寺拜会他仰慕的奇人齐白石。俩人一见面便十分投机，即成莫逆之交。齐白石拿出自己画的《借山图卷》请陈师曾点评。陈师曾很仔细地看过，认为他的画格调很高，篆刻也是中规中矩。陈师曾特地给他题了一首诗：

曩于刻印知齐君，今复见画如篆文。

束纸丛蚕写行脚，脚底山川生乱云。

齐君印工而画拙，皆有妙处难区分。

但恐世人不识画，能似不能非所闻。

正如论书喜姿媚，无怪退之讥右军。

画吾自画自合古，何必低首求同群？

他告诫齐白石要自创风格，不必迎合世俗，走自己的路，这话正合齐白石意。自此，齐白石成了陈师曾家的座上客。每逢晚上，他都要带上自己的作品，进宣武门，到西单库资胡同陈师曾的书房“槐堂”讨教。两人惺惺相惜，谈画论世，英雄所见相同，交谊愈来愈深。陈师曾不仅极力主张他变法，还多次提携他。陈师曾曾对名画家胡佩衡说：“齐白石思想新奇，他的画不是一般人能画出来的，我们应该帮帮这位乡下老农，为他的画做宣传！”

齐白石在北京住了三个多月，要回家了。离京前，他写了首诗：“槐堂六月爽如秋，四壁嘉陵可卧游。尘世几能逢此地，出京焉得不回头。”可以想见，此时陈师曾的出现对业已55岁独闯京城的齐白石来说是何等重要啊！正是有了他的支持与鼓励，齐白石才有了后来的定居北京与衰年变法。

1919年春天，57岁的齐白石孤身一人又来到北京，与他前两次来京不同的是，这次他是来定居的，仍住到了法源寺内。此时的北京正处在古今转换的大动荡、大变革时期，清王朝的覆灭，辛亥革命和新文化运动的兴起正把古老的中国推向现代。西画的传入，美育的提出，科学与民主的倡导，“美术革命”的发起，使传统的中国美术遭遇到了空前的冲击。

在琉璃厂“荣宝斋南纸店”挂出润格后，齐白石卖画刻印的生意依旧很冷清。他的画沿袭的是八大山人冷逸疏朗、笔墨极简的画风，格调虽高，但迎合者甚少，除了陈师曾等少数几个人外，能看懂他画的人实在很少。他也知道自己的画不易卖出去，就把价格定得很低，一幅扇面仅是银币两元，比其他画家的价格便宜一半。可尽管如此，也是知音难觅。

好在齐白石有着大智慧，他不仅看到了问题所在，而且还在积极寻找解决问题的办法，他决定要变，而且要大变。他自称，“余作画数十年，未称己意，从此决定大变”，“师曾劝我自出新意，变通画法，我听了他话，自创红花墨叶的一派”。而他在为友人作的画上则记道：“余昨在黄镜人处获观黄瘿瓢画册，始知余画过于形似，无超凡之趣，决定从今大变。人欲骂之，余勿听也；人欲誉之，余勿喜也。”

这里提到的黄瘿瓢就是清代“扬州八怪”之一的黄慎，他的绘画创作在雍正年间扬名于世，在当时已是很高的价格。看来，黄慎的画对他触动很大，他下定决心，要动真格的了。不过，齐白石的变法不是脑门一热突然想变就变的，而是在当时特定的时期，由内外双重因素共同促成的。他作画数十年“未称己意”，在主观上已经有了要变的愿望，再加上当时新文化运动对美术界的影响及陈师曾在身边多次劝说，特别是画卖不出去，没有生活来源的残酷现实，更逼迫他这个以卖画为生的职业画家必须脱胎换骨，闯出一条新路。否则的话，别说发展，恐怕连全家人吃饭都会成问题。这时，齐白石听从了陈师曾的建议，他把目标瞄向了画坛上一位极有影响的大画家吴昌硕。

齐白石对吴昌硕原本就佩服得五体投地，他曾写过这样的一首诗："青藤雪个远凡胎，老缶衰年别有才。我欲九泉为走狗，三家门下转轮来。"青藤即是明代中国写意花鸟画的开山鼻祖徐渭——徐文长，雪个是朱耷——八大山人，老缶就是吴昌硕。由此可见，对这三个人崇拜到极点，才能心甘情愿地做他们的"走狗"，那么齐白石在变法时一下子就选择了向吴昌硕靠拢是顺理成章的事。

选定好目标，齐白石开始变法了。这一变就用去了十年时间！

初到北京的一两年里，齐白石深居简出，大部分时间都用在了自己的艺术探索中，但同时也开始与艺术界的一些名流交往。在这段时间他先后结识了林琴南、贺履之、梅兰芳、徐悲鸿等人。其中，他与京剧大师梅兰芳交往的故事广为流传。

1920年9月，齐如山又介绍梅兰芳与齐白石见面。这天，梅兰芳邀请齐白石到前门外北芦草园的梅宅做客，两人一见如故。在梅兰芳的书斋"缀玉轩"里，齐白石精心地画了许多草虫，他还把作画的心得讲给梅兰芳听。梅兰芳则演唱了一段《贵妃醉酒》作为答谢。两人各自被对方的艺术和人格魅力所吸引，从此成了忘年之交。这一年，齐白石58岁，梅兰芳26岁。只是此时的梅兰芳大名鼎鼎，如日中天。而齐白石则是初来乍到，还在为生计奔波。到1924年，梅兰芳举行仪式正式拜齐白石为师，学习绘画。

1922年正是齐白石努力探索新路、积极变法的阶段。这一时期，他的画开始变得宽厚、奔放，已经有了吴昌硕的形迹。作于1922年的山水画《草堂烟雨》尺幅不大，为29.5cm×39cm，他在画上题道："老夫今日不为欢，强欲登高著屐难。自过冬天无日暖，草堂烟雨怯山寒。壬戌三日诗，因作画，白石山人。"这幅画画在当时包东西用的包裹纸上，纸本身是发黄的。整幅画水气扑面，笼罩在水雾烟霭之中，很好地营造了"草堂烟雨怯山寒"的意境。

谈到这幅画还有一段趣事呢：这幅画画完后，就不知被何人拿走了，一直下落不明。可齐白石谈论山水画时，每次都要提到它，可见他对此画很是重视。一直到了1957年，也就是这幅画完成的35年后，一天，他的弟子李可染坐洋车路过宣武门内大街。他一抬头，看见一家画店内挂着一幅老师的画，便下了车，进去仔细观看，挂着的正是老师常说的那张《草堂烟雨》。他毫不迟疑以100元买下，马上打电话告诉老师，白石老人还不相信。当可染先生随之携画赶去他家时，老人一直在门口等候着，他看到后连连说"是"，并愿意拿两张自己的画与之交换。可染先生笑着说："您喜欢就留在您这儿吧。"没多久，李可染出访德国，回来时，白石老人已经去世了。而这幅画，又不知流落到了哪里。过了很长时间，可染先生听人说在一家画店见到了这幅画，他又赶紧跑去以200元买了回来。“文革”时期，这幅画再次被人抄走，直到“文革”后才归还。

1922年春天，陈师曾以政府代表的身份赴日本举办中日绘画联合展览，他带去了吴昌硕、齐白石和自己的画作。当时，吴昌硕和陈师曾在日本已经相当有影响，而齐白石还默默无名。陈师曾却把齐白石的画作价格标得比吴昌硕还高，让日本人大为诧异。精明的日本人很快就了解到齐白石画作在国内的真实价格，准备大量购买。得知情况后，陈师曾立即电告国内的经销商，把齐白石的画作全部提价20倍，这个消息立即引起了轰动。

当年4月底，陈师曾从日本回来，他带去的齐白石的画统统都卖掉了，而且卖得很贵，花鸟画每幅卖到100元银币，山水画更高，二尺的卖到了250元银币。更有法国人买走陈师曾和齐白石两人的作品，拿到巴黎的艺术展览会去展览。自己的画能在日本受到追捧，这是齐白石始料不及的，真可谓墙内开花墙外香。喜出望外之余，他特意写了一首诗作纪念：“曾点胭脂作杏花，百金尺纸众争夸。平生羞杀传名姓，海国却知老画家。”

齐白石一夜成名，从此树立了他在国内外画坛的声誉，成为蜚声国际的艺术家。有齐白石之诗为证：“一身画债终难了，晨起挥毫夜睡迟。晚岁破除年少懒，谁教姓字世都知。”且自注云：“因外客索画，一日未得休息，倦极自嘲。”

1923年8月，发生了一件意想不到的事：陈师曾从大连到南京为继母奔丧，染痢疾故去，年仅48岁。齐白石痛失知己，异常悲痛。他对张次溪说：“师曾提拔我的一番厚意，我是永远忘不了他的……我如没有师曾的提携，我的画名，不会有今天。”

自此，齐白石时来运转，琉璃厂的画商见他的画能卖好价钱，也开始纷纷上门求画，他的画一天比一天好卖了，他手上有了些积蓄。到1926年年底，他便买下了跨车胡同15号的一个套院，此后，他就一直住在这里。有了自己的房产，齐白石才算结束了“北漂”生活，日子才相对稳定下来。他为此刻了一方很大的印章“故乡无此好天恩”，意思是说家乡没有北方这样好的卖画环境。

五

1926年秋天，齐白石应林风眠校长的邀请，到国立北京艺术专科学校教授中国画。同在艺专任教的法国画家克罗多认为齐白石是他最可钦佩的画家，学生中有李可染、刘开渠、冼星海等人。到了6月，北洋政府垮台，北京改为“北平”，齐白石任教的艺术专科学校改称北平大学艺术学院。10月，从欧洲回国不久的徐悲鸿从南京到北平就任艺术学院院长。但徐悲鸿的改革思想却遭到了保守势力的强烈抵制，他孤掌难鸣。此时，他急需树立一个创新的榜样，他注意到了变法成功的齐白石。

齐白石此时正处在保守派的围攻之中，这些人骂他的画是“俗气熏人”，“不能登大雅之堂”。即便是他的好友，也有对他的画存有看法，名画家、京津画派领袖周肇祥与他私交很好，但他私下却对学生说：“千万不要学齐先生，他的画是骗人的。”

徐悲鸿顶着各种压力，三顾茅庐来到齐白石的借山馆，请他继续执教艺术学院，担任教授。同时，他高度评价齐白石的创新精神，为他呐喊，赞扬他的画是“妙造自然”，“致广大，尽精微”。他甚至还对学生们说：“齐白石可以和历史上任何丹青妙手媲美，它不仅可以做你们的老师，也可以做我的老师。”

徐悲鸿的中国画改良在保守派的阻挠下没能进行下去，他上任仅三个月，便辞去了院长职务，离开了北平。但从此以后，两位艺术大师开始了长达25年的交往，直到1953年徐悲鸿去世。

1937年“卢沟桥事变”后北京沦陷，73岁的齐白石毅然辞去北平艺术学院和京华美术专门学校两处教师课程，闭门居家。并在大门上贴出纸条：“白石老人心病复作，停止见客。”这“心病”显然是国耻、沦陷之耻。但敌伪头子、日本军官还是常常来骚扰，不仅求画求字，更求画家出仕。为避免这些麻烦，白石老人干脆贴张告白：“中外官长要白石之画者，用代表人可矣，不必亲驾到门。从来官不入民家，官入民家，主人不利。谨此告之，恕不接见。”他还嫌不够，又画了一幅画来表明自己的心迹。画面很特殊，一般画翡翠鸟时，都让它站在石头或荷径上，窥伺着水面上的鱼儿。齐白石却一反常态，不画水面上的鲟鱼，而画深水中的虾，并在画上题字：“从来画翡翠者必画鱼，余独画虾，虾不浮，翡翠有奈何？”齐白石闭门谢客，自喻为虾，并把作官的汉奸与日本人比作翡翠，意义深远，发人深思。

抗日战争期间，喜欢画画吟诗的齐白石，很少在谁的画作上题诗。偶尔为之，也是“国破山河在，城春草木深”之类的激愤之作，如《题胡冷庵山水卷》之句：“对君斯册感当年，撞破金瓯国可怜。灯下再三挥泪看，中华无此好山川。”

北京的冬季寒冷，南方出生的齐白石拒绝日本人管理的艺术院校的配给煤。凡是与日本侵略者沾边的事，他都一概说“不”。日本人曾威胁他，让他去日本定居，他断然拒绝：“老夫哪儿也不去，除非你让我头颅搬家。”

抗战胜利后，齐白石以手中的笔迎接新的世界，创作激情依然不减当年。新中国成立后，1953年1月新中国文化部授予其荣誉奖状及“人民艺术家”称号，1956年4月世界和平理事会授予他1955年度国际和平奖。至1957年9月16日下午6时40分，齐白石不幸病逝，结束了他将近一个世纪的多彩的生命历程，安详地躺在北京医院病榻上。洁白的墙壁，洁白的天花板，洁白的被褥，一切都是白的。宁静、圣洁、肃穆，如他的一生。

之前，在这年春夏之际，一个风和日丽的早晨。齐白石竟不用人搀扶，从卧床边缓步来到画室，用手摸了摸儿子为他铺好的宣纸，辨别了纸的正反面，然后用笔蘸了洋红，信笔在纸上挥洒了起来。不一会儿，斗大的牡丹花朵艳丽夺目地呈现在纸上。接着，他画叶，色墨文辉，随心所欲地挥洒。一幅多姿多彩的《牡丹图》在他笔下产生了，竟成了他生命历程中创作的最后的一幅画。其时，齐白石老人看了看，满意地笑了。而多姿多彩的牡丹，不正是他彩色的生命的写照吗？

在他生命的最后日子里，远在万里之外，西班牙诗人阿尔贝蒂，以《向齐白石致敬》表达了不同肤色、不同语言的人们共同的心声。

> 我向你致敬，画家，
> 出神入化的老人，
> 色彩的大师。
> 我吻你那象牙之手，
> 它像一朵鲜花，
> 又使得这么多的鲜花为绘画而齐放。
> 有了你，所有的白纸上都出现了光彩夺目的花园，
> 有了你，到处都发出了中国墨汁潺潺细流的水声。
> 水清得看见鱼，水上长满了芦苇。
> 有了你，玫瑰花就呼吸得更畅快，
> 飞翔得更活跃，

蝴蝶翩翩飞舞得更加优美，

水果生长得更加香甜。

画家，春光在你身上，

并不是徒劳地重复了它一百次的歌唱。

画家，你的绘画是登峰造极的花园，

愿你在这个花园里跟你的人民一起

梦想，

你的人民正在和平当中成长，

正如你的花园中最美好的树木一样。

贺绿汀：虽九死犹未悔

湖南邵阳东乡马王塘（今属邵东县），一个离城四十五里，地图上找不到的偏僻的村庄。村后是山，村前也是山。满山是树，大风吹过，满山的涛声惊心动魄。当莫扎特、贝多芬的华美乐章响彻世界已达百年之久，这里的农夫们依然只知日出而作日落而息，自是不知道钢琴、小提琴、交响曲为何物。可就在这个小山村里，1903年7月20日，未来的音乐家——贺绿汀呱呱落地了。

在贫瘠的田野乡间，贺绿汀受到了民间音乐的最初熏陶，由小山村走向省城长沙，走向上海，最终走上革命的道路，用音乐奏响了“没有枪，没有炮，敌人给我们造”的战斗号角。

《牧童短笛》

1930年1月2日，在关押了一年九个多月后，贺绿汀终于获得了自由，从江宁地方法院看守所释放了。他直奔上海，几经曲折，在西门路西门里一所私人“上海小学”，找到了一个教员位子，月薪竟有二十五块大洋。他曾经在岳云中学如饥似渴地学习过和声、作曲，沉醉于钢琴、小提琴、二胡，此时萌生了报考上海国立音专的想法。可毕竟将青春献给了那血与火的革命斗争，又蹲了两年监狱，无论是和声知识还是钢琴弹奏，都已荒疏。好在这时，他与三哥久别重逢，三哥竭力鼓励他去考音专。短期突击，收获不大，他没有被录取。他不甘心放弃，干脆从三哥处搬出，在甘世东路租了一个亭子间，租来钢琴、小提琴苦练。他真是下足了功夫，和声、钢琴双管齐下，终于1931年春考入了上海音考，成为了钢琴与和声两门课的选科生。

那时北国已是烽火连天，但是南方暂时还是一片静谧。贺绿汀进入音专后不久，便与姜瑞芝结婚了，可谓是有情人终成眷属。当年在邵阳老家时，贺绿汀在县城当小学音乐教师，而瑞芝为爱莲女子师范的学生，大革命时期并肩参加了火烧英商煤油库的斗争。他们租住在一家缝纫店的楼上，虽然常常不能按时交房租，但两人相亲相爱，日子自是过得充实。不过，楼下裁缝店老板收下了永远做不完的活计，两架缝纫机轧轧轧地通宵鸣唱。贺绿汀的神经已经被折磨得很坚强了，伴着微黄的灯光，一有时间就不停地弹奏着那架租来的旧钢琴，《离思》、《恋歌》等一首首歌曲源源而出，且广为流传。

1934年5月25日，上海各大报刊刊登着一条醒目的消息：俄国钢琴家齐尔品将在中国举办中国民族民间风格音乐作品比赛会。贺绿汀碰巧在学校的公告栏上看到了这则“征集中国风格钢琴曲”的公告，获优胜者将能得到免费出国求学资格，并有奖金100元。一个外国音乐家，竟能如此热爱中国民族风格音乐，他不由感动万分，思绪便飞到了他魂牵梦萦的故乡。

他家的房子坐东朝西，依山傍水，围墙下有小池塘，池水清澈见底，时有鱼儿游来游去。春天来了，房屋前后的小山坡上，郁郁葱葱，鸟语花香。屋前大片大片庄稼地里，时有农人在辛勤地耕耘，庄稼成熟之时满垄的金黄更是弥漫着丰收的清香。就在这片土地上，依然飘荡着他童年醉人的记忆：男男女女纵情而高亢地对歌，老牛背上清亮而悠扬的短笛，青山脚下潺潺的流水，还有蔚蓝色天空上悠悠的朵朵白云……

于是，故乡的山山水水，令贺绿汀心情激越，他的灵感喷涌而出。他急切地拿起铅笔，在钢琴旁边轻敲着琴键，童年每天在山坡上放牛的场景汇成一幅牧童牛背送夕阳的美好画面：“小牧童，骑牛背，短笛无腔信口吹……”每每想好了一段，他便在钢琴上试弹，接着便疾速地记录下来……他忘却了一切，整天泡在那间酷热的小屋里，夜以继日地创作。为了寻求安静，妻子甚至还陪他在屋顶上作曲，从繁星满天直到晨光破晓，那些充满苦难又充满憧憬的童年往事，故乡的水光山色以及弥漫山野的色彩和音响，都化成了跳动的旋律。他一连写了三首钢琴曲，《牧童短笛》、《摇篮曲》和《往日思》。作品写好后，他郑重地寄了出去，然后就忙自己的事情去了。

1934年11月27日，秋雨绵绵，上海北四川路新亚酒店的礼堂里，传出来一阵清新的与众不同的旋律，将人们带回了可爱的故乡。这是一首动人的抒情诗，一幅迷人的山水画，这就是齐尔品征求的中国风格钢琴奖一等奖作品——《牧童短笛》。当幸福的光环降临时，连贺绿汀自己也没想到，在他的三首作品中，竟然有二部获奖，《牧童短笛》和《摇篮曲》。

这天，音专七周年校庆音乐会和中国风格作品比赛授奖大会一并举行，全校师生济济一堂，还有许多热爱音乐的观众光临。大家心情都很兴奋，急于一睹这个获头奖的幸运儿的风采。当齐尔品宣布《牧童短笛》的作者时，中等身材、脸色黄瘦的年轻的贺绿汀站了起来，那身便宜料子做成的半旧西装，掩不住他身上的泥土气息。他站在那里，看上去平凡、拘谨，甚至有些瑟缩。接着，他穿过人群，慢慢地向主席台走去，脚步沉稳。大家不由为夺魁者是这么一位穷学生而感到意外和惊讶，当贺绿汀从齐尔品手中接过奖金和奖状时，掌声并不太热烈。贺绿汀并没有在意这些，迎着一双双疑惑的眼睛，从容地走向台上那架黑色的钢琴，镇静自若又略带拘谨地弹奏了起来，琴键在他灵巧的手指上跳跃。一阵迷人而又略带伤感的乐曲，将人们带到了山青水秀的江南田野：春日和煦，小河轻波荡漾，两个顽皮的牧童在夕阳的辉映下，牵着自家的牛在田野上放牧。牧童总归是牧童，不时在田野上追逐戏耍。在尽情玩耍之后，牧童骑牛吹笛，怡然自得，让笛声悠悠扬扬地渐渐远去……也许宋人雷震的小诗便是此曲最好的写照，其诗云："草满池塘水满坡，山衔落日浸寒漪。牧童归去横牛背，短笛无腔信口吹。"一曲终毕，台下掌声哗哗响起，如骤然而至的暴风雨。此时，贺绿汀笑了。当时《新晚报》如此赞道：最重要最值得纪念的，是他打通了中国音调与西洋乐器的界限，他那作品的成功是鼓励了我们为复兴改造中国音乐而研究西洋乐理的技术，给予那些绝端保守古乐者和主张完全欧化者以同样的警醒。

自此，贺绿汀这个名字，带着泥土气息闯入了中国乐坛，那年他刚刚31岁。而最先将他的作品带到国外出版和演奏的是车列蒲宁。早在1935年1月，车氏在北平举行音乐会时演奏了《牧童短笛》，他在欧美各大城市作旅行演出时，又频频向各国听众演奏《牧童短笛》。他还将贺绿汀的《牧童短笛》、《思往日》两首钢琴曲和《神女》《怨别离》《离思》《流水》等四首独唱曲带到东京，交龙吟社出版。于是，贺绿汀这个名字就渐渐在国外传开了。

就在贺绿汀获奖后不久，他因一篇《一年来之中国音乐》的文章，与青年音乐家聂耳有了一次关于创作通俗爱国歌曲的畅谈，两人英雄所见略同。之后，聂耳邀请贺绿汀为影片《船家女》配乐，他欣然接受，从此踏进了影视圈。抗战前夕，明星电影公司拍摄《马路天使》，导演袁牧之是个有胆识的青年艺术家，找来两首苏州民谣，一首叫《哭七七》，一首叫《知心客》，并由田汉改好了词，让贺绿汀编曲。贺针对周璇的演唱风格，对两首民谣的旋律和节奏进行了精心的设计和艺术加工，使之更加完整，又别出心裁地让民乐队演奏。周璇没受过专业的音乐训练，演唱有一定的难度。这样，贺绿汀的任务不光是编曲，还当起了周璇的音乐老师。这是一位剪着短短的头发，笑盈盈地低着头，显得有些局促不安的电影明星，贺绿汀对她印象很好。所幸周璇天分很高，聪明又有灵气，经贺绿汀细细指点，她对作曲的意图和民谣的风格一下就把握得很准确，唱得很投入很动情，很有韵味。

很自然地，周璇的歌唱才华，在贺绿汀的启发下迸发出灿烂的火花，《马路天使》中的插曲《四季歌》、《天涯歌女》试录顺利，一遍就成，多也不超过两遍。后来影片上演，唱片发行，周璇一曲走红，登上了电影明星和歌唱家的宝座，并获有金嗓子的殊荣。

《游击队歌》

1937年“七七”卢沟桥畔的枪声响了，日本侵略者接着大举进攻上海。“八一三”沪战爆发，日军轰炸上海，千万同胞家破人亡，流离失所。上海进步文艺工作者纷纷组织抗日救亡演剧队，奔赴祖国各地宣传抗日。

抗战的爆发让贺绿汀奋袂而起，走出“象牙塔”。他是一个爱国者，他的血是热的。一边是敌人飞机的狂轰滥炸，苦难同胞的骨肉离散；一边是租界“孤岛”里的醉生梦死、歌舞升平。他再也不能把音乐当成沙龙、舞会上的奢侈品，要让音乐成为战鼓，成为号角。尽管女儿还在牙牙学语，贺绿汀送妻女回湖南老家后，便于1937年8月21日晚，在隆隆的炮火声中赶到西站，与抗日救亡第一演剧队全体人员在火车上第一次碰面。宋之的、王苹、欧阳山尊、李丽莲、程默、塞克等人原来就认识，丁里、王余杞、聂绀弩、崔嵬等是第一次见面，但共同的救亡目标，使他和这些新交旧识的心紧紧地连在一起了。他们坐上北行列车，奔赴武汉、开封、郑州、洛阳、西安、临汾等地，一路奔波一路演出，进行抗日宣传活动。他们充满真情实感的表演，他们弹奏的激越音乐，令观者强烈共鸣，唤起了同胞们与日本侵略者拼到底的勇气。贺绿汀作曲、指挥唱歌，在台上帮忙搬道具、拉幕布，演员不够时，他甚至还上去充当一个角色，忙得团团转。

平型关、阳明堡战斗胜利的消息，把他和其他队员们的心引向了敌后战场。他们从上海出来三个月，陇海线上来回跑了几趟，他写了《上战场》的歌，但还没有上过战场。他们向八路军驻西安办事处提出上战场的要求，得到了热情支持。全队于十一月底从潼关渡河，北上晋南重镇临汾，不久随丁玲率领的“西北战地服务团”来到山西八路军办事处所在地——临汾城西八里地刘庄。听了彭雪枫讲的游击战术后，贺绿汀激动不已，彻夜未眠，眼前总是浮晃着高山密林、青纱帐和机智英勇的游击健儿……

其实，贺绿汀很早就投身了革命，1926年在邵阳县城当音乐老师时，作为一名热血青年，他参加了当地的农民运动，并加入了中国共产党。1927年12月，他参加了广州起义。在紧张的战斗中，他以自己的亲身经历，写出了我国革命音乐萌芽时期的第一首革命战歌——《暴动歌》：

兵工农，兵工农，起来大暴动！

打土豪，分田地，革命大成功。

当时在刘庄，贺绿汀访问了刚刚成立的八路军总部炮兵团，指战员告诉他，从陕西出发时，八路军还没有炮兵，炮兵团这些炮都是缴获日军的炮和收集阎锡山部队南逃时丢弃的炮。在和八路军朝夕相处的日子里，贺绿汀看到了一队队抗日健儿，穿着单衣，蹬着草鞋，踏雪破冰，在紧急行军。在跟凶残的日寇殊死搏斗的战场上，贺绿汀听到了狂风大作，雷电交加，枪弹呼啸，杀声震天。渐渐地，他再也分不清哪是现实生活中的枪声炮声，哪是音乐世界里的节拍旋律，他脑海里总是闪现八路军将士爬高山、宿密林、夺武器、杀日寇的情景。

于是，在尧都区刘庄村老乡家的煤仓里创作时，他的耳畔依然响着从上海到临汾的路上，在防空洞里听到的高射机枪“哒哒哒……哒哒哒”的声音，如同小鼓点的节奏，由此触发了他的灵

感。他感情的潮水化成了跳荡的音乐，炕上油灯里的油干了，灯草也快烧尽了，但他的激情一泻千里，铿锵的词语、雄壮的曲调自他的笔端呼啸而来，《游击队歌》喷涌而出："我们都是神枪手，每一颗子弹消灭一个敌人。我们都是飞行军，哪怕那山高水又深。""没有吃没有穿，自有那敌人送上前，没有枪没有炮，敌人给我们造。""我们生长在这里，每一寸土地都是我们自己的，无论谁要抢占去，我们就和他拼到底！"

战争很残酷，打仗要死人，可从他笔下奔涌而出的音符却跳跃着英勇机智、乐观欢快的情绪。当然，他不敢过分相信自己的感觉，为临汾刘庄八路军高级干部会议举行首演时，他的心怦怦直跳。没有钢琴，没有乐队，只有欧阳山尊吹着美妙的口哨充当伴奏。他有力地挥动双臂打着拍子，从一张张口腔充满感情的变化上，他听到一颗颗火热的心的跳动。这是激情在歌唱，心儿在歌唱。猛然间，会场上爆发出雷鸣般的掌声。他仿佛如梦醒来，目光落到前排观众席上，朱德老总脸上漾起的笑容，使他心里踏实了，澎湃的激情迅速染红了他的脸。

从此，《游击队歌》如春风荡漾，从敌后根据地唱到了大后方，从黄土高坡唱到了东海之滨："我们生长在这里，每一寸土地都是我们自己的，无论谁要强占去，我们就和他拼到底！"就在当时，从平型关战场打了胜仗来到刘庄休整的685团团长杨得志即将率领部队开往前线，他急切地邀贺绿汀和演剧队员到他们的部队去，一个营一个连地教唱这首歌。杨得志说："唱会了这首歌，就出发。"而部队出发那天，漫天雪花飘舞，战士们高唱着《游击队歌》踏雪前进，贺绿汀和演剧队全体队员高歌为他们送行。

而今在“白石八路军总部纪念馆”的展板上，有由抗战时期的手抄歌本复制而成的《游击队歌》歌谱。在这份74年前的手稿上，这首《游击队歌》由两段组成，第一段是大家熟知的歌词，而第二段则很陌生。这个隐秘的第二段歌词并没有被传唱，其中的歌词为：哪怕日本强盗凶，我们的兄弟打起仗来真英勇，哪怕敌人的枪炮狠，找不到我们的人和影。让敌人横冲撞，我们的阵地建在敌人侧后方，敌人战线越延长，我们的队伍越扩张。不分穷，不分富，四万万同胞齐武装；不论党，不论派，大家都来共抵抗！我们越打越坚强，日本的强盗自己走向灭亡，看那最后的胜利日，世界的和平现曙光！

抗日战争是一场持久战，贺绿汀又陆续创作了《嘉陵江上》、《保家乡》、《垦春泥》等一系列鼓舞人心的音乐作品，用他手中的笔及一腔火热的爱国情怀，忠实地履行着革命音乐家的使命。1943年7月14日，多少个日日夜夜魂思梦萦的圣地——延安，终于出现在贺绿汀眼前。此时，一路上千辛万苦，千难万险，顿时化为乌有，何况妻子与三个女儿早就在等候他。当他一袭长衫的商人模样，出现在桥儿沟鲁艺宿舍前，迎上来的妻子姜瑞芝不禁哑然失笑。

听说他到了延安，刘少奇同志特地把他请到了窑洞里询问旅途情况，还请他吃了顿饭，令他深为感动。之后，他们的家从东山土窑洞搬进山下石窑洞，窑洞依然简陋，他却感到特别温暖。

其时鲁艺整风进入“抢救”高潮，整天学文件，开大会，剩下的就是生产劳动。他学会了将白花花的羊花叠成卷，纺成线，织成又暖又软的衣裳。可他是一个音乐家，音乐家怎么能离开音乐？他不由怅然若失。

就在王家坪八路军总部礼堂的文艺联欢晚会上，周扬将贺绿汀领到了毛泽东跟前。毛泽东带着对老乡的热情，话了一会家常后便高兴地说：“你的《游击队歌》写得很好啊，你为人民做了好事，人民是不会忘记你的。”毛主席的话像一股暖流在他心中流淌，在他看来，活着就是要为人民做事啊。但鲁艺的教学、业务活动已经完全停顿下来，他在新四军作的《新世纪前奏曲》，在这儿受到了讥讽：“有的人懂了点ABC，不知吃了人民多少小米，却贩卖洋教条？！”连鲁艺里多年的老朋友也似乎没有理解他，这使他陷入很大的苦闷。好在不久他便调到了联政宣传队，背着小提琴下部队，和同志们一起跋山涉水，心情舒畅多了。他为战士们倾情演出，还创作了秧歌剧《烧炭英雄张德胜》、《徐海水除奸》、《打松沟》等，赢得了战士们的喜爱。

在延安的日子里，不管在三五九旅，还是联政宣传队，他深感到一个专业音乐工作者，不能只创作这些带有普及意义的作品，还要用心血致力于技术提高。他不时进言要抓专业基本功的训练，甚至把自己翻译的《和声学理论与实用》改编成缩写本，油印后发给大家。1946年3月宣传队行至绥德待命，他的三女儿在行军途中患白喉无药救治死去，他抑制着悲痛，奉召返回延安，组建中央管弦乐团，并担任团长。不久，他的肺病发作，右肺出现了一个小洞，住进中央医院疗养。就在这年冬天，党中央撤离延安的日子，毛泽东、周恩来运筹帷幄，昼夜不息，也没有忘记他："还有个贺绿汀呢！"他肺病在床，便专门给他配了担架。在那样的日子里，有什么东西比一副担架更珍贵呢？令他欣慰的是，乐团在边行军、边演出的长途奔波中，也未放松乐器训练。年纪大的同志，也整天拿着乐器练呀吹呀。

北平解放前夕，中央管乐团住进清华大学。清华大学师生一看来了一帮土八路，黄土布做的破军服，两个胳膊肘都露出棉花，领口、袖口上全是油腻。可晚会上这些土八路竟然搬出许多锃锃亮的铜管乐器，大学生们惊奇不已，再一听他们演奏贺绿汀的《森吉德玛》、《晚会》、《胜利进行曲》、《东方红》以及莫扎特的《小夜曲》，便完全镇住了，由衷地叹服了。

铮铮铁骨

金色的秋阳，笼罩着上海江湾京市路那排西式两层楼建筑，别有一番风味，人们带着欢声笑语和浓烈的新鲜感步入礼堂。这是1949年10月26日，上海音乐学院迎新大会。院长贺绿汀一身灰色军装，一双厚厚的布底鞋，步履矫健，满面笑容，迎着那一张张年轻的兴奋的红喷喷的脸庞，情不自禁地挥舞起自己的手臂。如今他已经是一位久经疆场的战士，久负盛名的音乐家，回到了昔日的母校，肩负着为新中国音乐事业培养人才的重担。

可现实如此严峻，已有二十二年历史的高等音乐学府，家底却可怜得很，只有20多位教员，钢琴不过22架，且教材不全，真是百废待举呀！贺绿汀一派淡定，硬是迎难而上，开设民族民间音乐课，延请那些远在海外的音乐家，将大量时间和精力都耗在行政工作、数不清的会议和走家串户的访问。其实，他此时的心情很矛盾，他知道这些对自己的创作不利，可一旦意识到这个学校关系到新中国音乐文化的发展前途，他就更加全力以赴了。

其时，新中国的成立在师生心中燃起熊熊不熄的火焰，这是青春和热情的火焰，是理想和希望的火焰。贺绿汀敏感地感觉到，青年同学们参加社会政治活动的热情，远远超过了专业学习的热情，不由有些忧心。严峻的事实摆在面前，暑假就要到了，毕业班的同学已经准备奔赴音乐工作岗位，可是他们并未完成专业学习的要求。他急了，他不能眼睁睁地让专业训练不合格的人从学院出去，那是对新中国的音乐不负责任，也是对这些同学的前途不负责任。他召集校委会会议，又跑到市文化领导部门反映实情，又向文化部呈送了专门的报告。这是一个办事效率颇高的年代，文化部很快就来了答复：同意音乐学院提出的要求，全体本科学生延长专业学习一年，把应学的专业课程统统补上。他作的这个决定，使那一代人终生难忘，可受益的决不仅仅是那一代人。到上世纪八十年代，在国内外各种音乐比赛中频频获奖，不断为祖国争得荣誉的这块音乐苗圃上的园丁，就是五十年代这批经受了严格专业训练的学子。事实上，他所做的这一切，是顶着很大的压力和风险，当初“三反”、“五反”、思想改造，运动不断，高潮迭起，斗争的锋芒就是对着资产阶级的“五毒”行为和知识分子的资产阶级思想。

身为院长，贺绿汀总是提倡刻苦钻研技术，重视学习西洋音乐。可后来，他因反对“用一般的政治理论来代替具体的音乐理论与技术”，而被视作“技术至上主义”的代表。1957年夏天，学校有20多位师生被打成右派，他为之鸣不平，结果院长的职务被驾空，还差点被划成右派，但他依然坚持自己的观点。1962年3月，他再度前赴莫斯科，参加苏联第三届作曲家协会代表大会，同时担任在莫斯科举行的第二届柴可夫斯基国际音乐比赛评委。这是一次世界高水平的音乐演奏竞赛，二十岁的殷承宗获得第二奖。目睹各国参赛选手表演，贺绿汀感触颇多，他在家信里写道：“这次参加比赛的特点是苏联的比赛者技巧上特别好。殷承宗、盛中国等在表现上尚好，但技巧上比人家差。”这和那个年代弥漫在学校里的政治气氛多不协调啊！

1962年七千人大会后，全国党员干部轮训，他作为音乐学院的领导干部，进了上海市委党校参加轮训。轮训是要回顾这几年高举三面红旗情况及工作中的缺点和问题，要求参加学习的党员干部，知无不言，言无不尽。可大家都是从运动中走过来，小组讨论会上的发言，气氛还是很不热烈。虽妻子事先再三告诫他，让他谨慎，不能乱说话，但生性耿直的贺绿汀终于忍不住了，一说话就冲决了他为自己筑就的堤防，满脸忧愤倾泄而出：“鼓足干劲，力争上游，多快好省地建设社会主义的总路线本身已经很完整了。有了总路线，大跃进就成为了多余的。因为大跃进本身是一个空洞的名字……”他越说越激动，突然站了起来，像指挥乐队演奏似的比划着手势：“我们还在天天吹大跃进，这是升虚火。大跃进可以进棺材啦。”于是，就在一两星期后的全市党员大会上，市委负责人在讲话中疾言厉色地不点名地申斥了他，申斥他离开党的路线已经很远了！

贺绿汀并没有因此警觉，当他眼见当时具有权威的无产阶级文艺评论家姚文元没有把德彪西书中的核心观点弄懂，就断章取义，凭自己的想象任意发挥时，他又按捺不住了，用山谷的笔名发表文章提醒姚文元，“如果自己对某个问题不是很熟悉的话，最好也要谨慎小心，多下一点研究功夫，实事求是，不能够好读书不求甚解，甚至望文生义”。一时间，自是群起而攻之，将贺绿汀看成一面“崇洋”的大旗，成了自己跳出来的资产阶级代表人物，要将他打倒而后快。贺绿汀赶紧退出这场争论。

其时音乐界的“三化”（革命化民族化大众化）运动搞得热火朝天，甚至学院民族音乐系的学生不打算再上钢琴课。贺绿汀自是寝食不安，昼夜不息地写出了音乐教育的万言书，反对借实现音乐“三化”为名，大搞形式主义。这份万言书，他竟然直送上海市委主管教育的负责人杨西光，又印了一份抄件直寄文化部的负责人。

所有这些，使他难逃那场浩劫，大批判一开始就给他定了性，把揪出他视为正式揭开上海“无产阶级文化大革命”的战幕。1966年6月8日早上7时，天气晴朗，他和夫人姜瑞芝刚端起饭碗，突然，姜瑞芝吃惊地咦了一声，他也跟着撂下了筷子。每天早晨他都要听广播，此时，上海人民广播电台的早新闻节目，广播员的高调异常刺耳：“今天，《解放日报》和《文汇报》同时以整版篇幅，刊登了重要文章——上海音乐学院革命师生在无产阶级文化大革命中揪出反党反社会主义分子贺绿汀……”犹如晴天霹雳，餐桌在他眼前旋转。

就从这天起，对革命事业忠心耿耿的贺绿汀被陷入无休止的批斗、殴打，甚至被关进了监狱。但他面对“四人帮”势力不肯低头弯腰，把一场对他的“审判”变成对审判者的审判。

对贺绿汀的批斗在急剧升级。这已是“文化大革命”的第三个年头。这场把知识、文化视为进攻对象的“革命”，正处于丧失理性的狂热之中。上海批斗会的规模、气势一次比一次厉害，张春桥和他的党羽们，动用现代化的传播工具，搞起批斗大会的现场转播。每当这时，全市大大小小的单位都要组织收看。1968年3月13日下午，看过那天电视斗争大会场面的人，都不会忘记这个日子。一开始，被两个戴“红袖标”的壮汉揪着头颈推出来的，是一个脸孔黑黄干瘦的老头，那跌跌绊绊立不稳脚的样子，表明他拖着病弱之躯。像这种步履蹒跚、弱不禁风的老人，造反派爱怎么摆布都行，他只有弯腰九十度、低头认罪的份儿了。哪知这天的情形出人意料，这个病弱的瘦老头，揪他后领的手刚一松开，他就挺直腰，梗起头颈，横眉冷对着主席台。台后高悬的红色横幅上，一个个斗大的白字：“高举毛泽东思想伟大红旗，揭露批判贺绿汀反党反社会主义罪行电视斗争大会。”

一男一女两个大嗓门，手里捏着上海市革命委员会“打贺指挥部”拟定的大会口号，印满一张纸的口号，一共39条。他们举着臂膀一搭一档，足足喊了三分钟口号：

“打倒音乐界反共老手贺绿汀！”

“贺绿汀攻击湖南农民运动，罪该万死！湖南农民运动就是好！”

……

站在受审席上的瘦老头神情呆板，对排炮般的口号声毫无反应。可排炮的轰击一停，造反派就和瘦老头短兵相接：

问：“贺绿汀，你为什么在1963年就炮打无产阶级司令部？你交代！”

答：“姚文元当时还不是中央文革小组成员，而且他不一定在任何事情上都是对的！姚文元的文章和我的文章都在，到底谁对谁错，大家可以看嘛！”

问：“贺绿汀，你交代，你说过没有——过去我挨日本人打，后来遭到国民党打，现在红卫兵又打我！”

答：“说过！”

问：“你的话，在往自己脸上贴金，往红卫兵小将脸上抹黑！你交代，是不是这样？”

答：“我过去是受过日本人和国民党的打，现在是在受红卫兵的打嘛！在今天开会前，红卫兵还在打我！”

电视前的观众，再也无法抑制自己的内心波澜了，主持人徐景贤赶紧用“贺绿汀不投降就叫他灭亡”的口号掩饰自己的狼狈。

问："贺绿汀，你交代，'我是不会屈服的'这话说过没有？"

答："说过，说过多次！"

问："顽抗到底，死路一条，你知道吗？"

答："我在死之前，有两个要求！"

人们屏声敛气，紧张地注视着电视屏幕："第一，完成我的七首管弦乐小品；第二，我要澄清事实，把加在我身上的一切罪名都驳斥掉！"

人们看到会场乱了，徐景贤和两个大嗓门一齐摇动着臂膀，高喊口号，借着尖耳的音响，压倒了瘦老头的辩驳。可贺绿汀微弱的声音，就像万马齐喑中的一声狮吼，震撼着几十万电视观众的心。半个月后，"上海市政法指挥部"以"现行反革命分子"的罪名，逮捕了贺绿汀，随之将他投到了监狱，一关就是五年。他一直"顽固不化"，直至1973年年初，在他三哥贺培真求见毛泽东之后，才重见天日。

可当知道这场灾难夺去了他心爱的女儿晓秋时，"哇"地一声，贺绿汀晕倒在地。五年的囚徒生活，不计其数的批斗，他没有流过一滴眼泪。然而爱女的被迫自杀，令他再也抑制不住自己的悲痛，他在地上滚着，捶打着胸脯，哗哗流淌的眼泪犹如决堤的潮水。他为爱女被害而痛哭，更为音乐学院一批得力的系主任、教授都已不在人世而痛哭，为音乐事业受到的残酷摧毁而痛哭。

经历了那场炼狱的考验，贺老那颗赤子之心依旧，他全身心地投入到新时代，辛勤地创作了大量音乐作品。他秉性坦诚，他多想发挥自己的余热，创作更多更美的作品呀，但他的目光总是注视着未来，他看到了更多的年轻人才在成长。中国音乐家协会第四次会员代表大会召开时，他病了，不能前往北京，丁善德同志被委托代读他致的开幕词："年轻人上来了，比我们老一辈的人强得多，我们老一辈不能像一块石头压在上面，使年轻人抬不起头来。以后威武雄壮的戏还是要青年人来演，一切希望寄托在青年人身上。党中央号召干部年轻化、知识化、革命化的今天，我认为我们老一辈同志们，已经完成了任务，应该可以光荣地交班了。"当年北京举行"九九敬老音乐会"，请他出席，他托人带去录音发言，请求辞去中国音协名誉主席。他说："我已94岁了，不应该再当下届音协的名誉主席和顾问，在下届音协的章程里，也不要再设名誉主席和顾问。让年轻人放开手脚来干，一定会干得比我们更好。"

但是贺老并不认为音乐学院的格局可以停留在他主持校政的年代。当他得悉香港一家企业集团有意与音乐学院合作建造一座上海艺术城，并为学院建造一座十八层教学大楼时，立即给予热情支持。到教学大楼开工的日子，他兴致勃勃地赶来参加剪彩仪式，他对出席仪式的文化部和上海市的领导同志说，学院不发展，请不来也留不住好的教师。这些年上海音乐学院出去的，都能在美国办一所音乐学院了。

1999年4月27日，贺绿汀在上海逝世。四年后的同一天，是贺绿汀100周年诞辰纪念日，两个女儿根据他生前的遗愿，将他的骨灰从上海送回了家乡。终于叶落归根了，终于回到了他牵系的故园。

王人美，上海滩的野玫瑰

按现代人的眼光来看，王人美并不是很标准的美人，但她修长的黛眉、迷离的眼神、飘着刨花水味道的隐约鬓影，却绝对是上海滩上风情万种、耀眼夺目的女人。有人说，王人美的漂亮只适宜放在旧日的上海滩，像那些泛黄的旧月份牌美女，带着往事已苍老的悠悠韵味，却总是那么打动人心。

脱颖而出

1923年1月23日晚，上海广东路大来洋行屋顶上的奥邦斯电台开始广播了，豁然洞开了一个崭新的世界，令追赶时尚的上海人惊喜异常。之后，串串曼妙的歌声在空中优雅地穿梭往来，一个个美丽的歌星娉娉地走进人们的视野，她们大都是影、歌两栖明星。她们婉转的歌声，曼妙的身姿，如闪烁的星辰擦亮了人们的眼眸。而王人美却如旷野上肆意绽放的野玫瑰，艳丽而多刺，一不留神便会被她划伤。又如逾越房梁的野猫，时刻舞动着轻盈的身姿，那些追随者永远被她抛在身后。

其实王人美并不是地道的上海人，其老家在浏阳美丽的南川河畔，只是祖辈就出外打拼。父亲王正枢博学多识，是湖南第一师范学校的数学教员，桃李满天下，年轻的毛泽东就是他的得意门生。在人美之前，王家已经有了6个儿女，她最小，因此她是家里绝对的中心和父母的宠儿，父亲为她取名庶熙，又得名“细细”。因为父亲的溺爱，细细从小不受管束，养成了自由、活泼而带有点“野”的性格，是个出了名的淘气姑娘，好在她从来没有因此恃宠而骄。

天有不测风云，人美七岁时，因大她两岁的三哥人艺偷偷地去打牌玩，母亲气得突发脑溢血而去世，令全家人陷入巨大的震惊与悲痛之中。之后，在父亲的苦心支撑下，一家人依然过着平静的日子，人美于1926年考入省立第一女子师范学校。没想到就在这年夏天，父亲被黄蜂蜇了一下，化脓成疾，竟离开了人世。悲痛之余，这年冬天，王家兄妹会集武汉，参加了北伐军。之后，汪精卫在武汉叛变，屠杀革命党，王家兄妹在权衡利弊之后，决定一起到上海去避避风头。二哥王人路带了人美、人艺逃到上海，投奔曾经在中华书局的同事黎锦晖。此时黎锦晖在办美美女校，热情地接纳了他们，人艺开始学弹曼德琳，人路经营布景服装，王人美则跟着黎锦晖学习歌舞。

人美爱唱爱跳，也曾对歌舞有过强烈的新奇与羡慕。还在小学二三年级时，在一次“恳亲会”上，她就被一个身穿白色绸裙的小女孩迷住了：小女孩头上扎着大红的纱结，袅袅地走上台，伴着音乐的节奏翩翩起舞。她的动作轻盈活泼，时而如花园里飞舞的蝴蝶，时而如水里游戏的小金鱼。其时，人美第一次意识到世界上还有像舞蹈这样美好的运动，跟她所喜欢的爬山跳高是多么不同。现在她也能学习唱歌跳舞了，不由欣喜万分，自是满怀热情地去学习。当时，美美女校免收学费，又提供食宿，采用“小先生制”，学员们互相教艺。人美学得快，嗓子亮，又能识谱，黎锦晖总是要她先试唱，然后让她当“小先生”教其他人。

人美进美美女校不久，黎先生问她的名字有什么含义，在得知她父亲的一片良苦用心之后，他很感动。之后，黎锦晖便和她商量，她的名字古雅了，是不是再起个通俗的名字？让人们一下就能记住！他在屋子踱来踱去，突然停住在她面前说：“为什么女子不能排辈呢？你就叫王人美吧！”人美，王人美，从此，这个名字一直伴随她近六十年。

两个多月后，黎锦晖宣布美美女校结束，中华歌舞团成立，且紧锣密鼓地赶排出访南洋的节目。此时，歌舞团到上海某学校义演，人美还只是群众演员，却是她第一次登台演出。当看到台下黑压压的人群，心有些发慌，轮到她唱时，偏偏把唱词忘得干干净净，急得她直咽口水。同台的伙伴们瞪眼看着她，台下便哄然大笑。人美看到观众笑她，心里生气，便冲着台下做鬼脸，伸舌头，台下更是笑倒一大片。回到后台时，同伴们都围了过来，纷纷埋怨她，说她损害了集体的荣誉。这些话语深深地刺痛了她，也警醒了她。从此之后，演出之前，她总是将台词、动作练得滚瓜烂熟，生怕再出差错。

1928年5月，黎锦晖带领中华歌舞团登上了南航的轮船。船上的每一个人都欢欣鼓舞，刚刚十四岁的人美，更是处于兴奋与激动之中。她第一次看到了大海，大海的浩渺辽阔撞击着她的心灵，她被深深地迷住了。歌舞团途径新加坡、吉隆坡、槟榔屿、曼谷、马六甲、雅加达、苏门答腊等地，所到之处均受到了当地华侨的热烈欢迎。歌舞团献上了一台又一台极富民族特色的歌舞节目，用浓郁的乡音回应海外赤子的思乡之情。

此次南洋之行，王人美依然是配角，但她渐渐懂事了，除了记熟自己的唱词与动作外，还悄悄地学背别人的唱词。有一天，黎明晖的嗓子突然哑了，一点声音都没有，而《小小画家》的幕前曲已经响起！就在大家急得团团转时，人美便大胆提出，让明晖在台前演，她在台后唱。见黎锦晖先生有些迟疑，她赶紧补充道：我保证不唱错！实在想不出更好的办法，只得如此了。没想到她从头唱到尾，一句也没错，双簧演出大获成功，赢得了满场热烈的掌声！黎先生因此更看重她了，她的场费从两元增加到了四元，人美乐了。而事过五十多年以后，当人美再次忆起这次南洋之行时，依然感慨万分："我从小喜欢唱唱跳跳，进美美女校又学唱歌跳舞，我认为歌舞只是有趣、好玩的事。南洋之行，使我看到了新的天地。原来唱歌跳舞有这么大的力量。它能使华侨扬眉吐气，它能使殖民政府惶恐不安，它能替祖国争来荣光。我不再以玩儿的态度来学习歌舞，而是真心诚意地想学好歌舞，愿意把歌舞作为自己终生的事业。”

次年初春，中华歌舞团解散，王人美回到上海，暂时进南洋招商附属英文专科学校。她完全没有英语基础，别人都会唱英文歌曲了，她还分不清楚ABC，为此她一度哭着喊着要退学。黎明给她租来了一架钢琴，让她能在课余时间弹琴唱歌。这下可把人美乐坏了，她一放学就飞也似的冲回家，水都顾不上喝，便一屁股坐在琴凳上弹琴唱歌。她反复地练习过去唱过的歌，唱得一遍比一遍好。这时，她不仅是因为兴趣而唱，更是为了练就扎实的基本功，为今后能成为一个优秀的歌舞演员而勤奋努力。

这年冬天，黎锦晖从新加坡回国了，乃重整旗鼓，组建明月歌舞团到北平、天津演出。也许是南洋之行的鼓舞吧，人美与伙伴们一起埋头苦练，丁丁东东从早到晚弹钢琴练唱歌，她已成长为团里的台柱演员了！ 1930年春天，歌舞团来到北京，招收了一批新学员，还参加了清华大学的联欢会。上场前，黎锦晖告诉人美将由她饰演《三蝴蝶》中的红蝴蝶，她兴奋极了。原本在南洋时她只演配角白菊花，现在却演领舞的红蝴蝶，这让她又微微有些紧张。演出赢得了清华学子的一致好评，还以锦旗相送。此时，许多高校也慕名而来，歌舞团又在北平真光大戏院搭台公演三天，场场爆满。之后，歌舞团接连在北平、天津的各大戏院一路演了下来，掀起了一股明月狂潮，一时间“明月歌舞团”的名字响彻京津。

王人美自然也名声鹊起，如鱼得水，和同台演出的黎莉莉、薛玲仙、胡笳一道被称为明月歌舞团的“四大天王”。人美用她从小养成的洁身自好的习惯投入到自己的爱好中去，她杰出的演技和优雅的习惯在演艺圈里独一无二，散发出上海滩上从未有过的清新和雅致，也成为当时上海滩一道新的风景。人美终于破茧而出，化成了一只翩翩起舞的红蝴蝶。

带刺的野玫瑰

约在1932年6月，明月歌舞团转入上海联华影业公司，改名为联华歌舞班，王人美也就在此时转入影坛。此时，联华影业公司开拍《野玫瑰》，孙瑜任编导，他慧眼识珠，提出让王人美担任女主角小凤。当时，人美感到很吃惊。孙瑜便告诉她，女主角便是为她而写，并向她叙述了故事情节。人美听了觉得很亲切，觉得小凤和她性格、爱好都相近，也就愉快地答应了。当时人美只有十六岁，不太懂什么表演艺术，但她不想当什么明星，也不想去模仿那些明星，只想自自然然地去演。事实上，小凤和当年的人美是如此相像，人美演得自然而真实，似乎就是自己演自己，更是演出了贫家少女健康活泼、大胆天真、青春焕发的朝气，与当时许多女演员装腔作势、忸怩作态形成了鲜明的对比。影片一出来，令人眼前一亮，王人美自是一举成名，被人誉为

"野玫瑰"。

应该说，王人美的成功始于当年的《野玫瑰》，其间又拍过《都会的早晨》、《春潮》。以她的聪慧与悟性，她渐渐认识到拍电影的艰难，不能都像小凤那样嘻嘻哈哈就拍完了，还得多琢磨琢磨人物不同的性格，演出人物的独特个性。待到《渔光曲》，王人美成长了，她的电影演技便达到了一个新的高峰。

1933年蔡楚生筹拍《渔光曲》时，"小猫"这个角色的挑选，费了他不少的工夫。这个角色既要有娴熟的演技，还应该有一点陌生的新鲜感，还得有成熟的韵味。当时众多的上海滩演员中，成熟的有很多，可兼具单纯的陌生感的则是少之又少。最后快到开拍时，有人试着推荐当时业已成名的王人美。蔡楚生一眼就看中了她，不由暗暗自嘲，怎么一开始没想到她呢？她所透露出来的书香气正好掩盖了在上海历练出来的成熟世故，会让人倍觉亲近。

于是，1933年春节前夕，蔡楚生对人美说道：我新写了一个剧本《渔光曲》，想请你担任女主角小猫。人美此时已与他合作拍过几部电影了，很懂得他对电影事业那种强烈的爱，甚至有奋不顾身的精神，便满口应允。虽然自己的性格跟小猫有很大差异，但人美很快就意识到这是她最感动和最心爱的角色，她决心努力将这个角色重现于银幕之上。电影于当年夏末开拍，至9月29日，蔡楚生率领30多名演员来到浙东象山县石埔渔镇拍摄外景。石埔渔镇到处是一派萧条衰败的景象，房屋也很破败，大家分住在浦江旅馆和金山旅馆，既狭小又阴暗，只能点油灯。待他们好不容易租来了小渔船，在风平浪静的时候，还能勉强出海。倘稍起风浪，渔船就会近乎疯狂地颠来荡去，像飘零的树叶般岌岌可危。大家可以不顾危险地上船，但摇摆不定的船身，却让很多人晕船呕吐，摄影师周克更吐得不能起床，拍片根本无法进行。几乎所有演员都被海上的风浪和颠簸弄得焦头烂额，生性活泼好动的人美倒是没有受到多大影响，照旧在船上欢蹦乱跳。按她自己的话说：她当时只有十九岁，年纪轻，身体好，再加上从小爱跑爱跳，在学校里常玩浪木，下南洋时也坐过海轮，很快适应了海上生活。可有些人因为水土不服，环境恶劣，生了重病，卧床不起，使得外景拍摄时间由原定的一个星期延长到一个多月。

来到石埔之后，大海一览无余地袒露在人美眼前，还是一如往昔壮美辽远，却显得杀气腾腾。在人美看来，这里面不知道淹没了多少辛劳而卑微的生命——渔民为养家糊口，每天出海捕鱼，还要遭到劫匪恶霸的鱼肉欺辱，大海还会无情地将他们吞噬。就在石埔，人美看到一位大辫子渔家姑娘天天摇着小舢板，撒网捕鱼，便赶紧去跟她学摇橹。硕大的船橹又长又沉，必须能把它稳稳地握在手中，划船时还需要身体的高度协调和手眼的紧密配合。对于一个外行来说，这些自是困难无比，不是船不走，就是橹把掉了下来。但人美勤奋地练了好几天，最终还是学会了，手掌上满是鲜红的血泡，胳膊也红肿了。

在人美看来，海边的姑娘个个勤劳善良，她们并不一定美丽，但却散发着自然淳朴的生命活力。于是，她将自己渐渐变成了小猫，一个渔民的女儿，在大海里艰难地讨生活，却坚韧，

善良，照顾家人，向往美好生活。为了真实地再现渔家女的风貌，人美跟蔡导演商量之后，毅然决定不采用烫发，而是直接在脑后扎了一根粗辫子。这在今天听来是理所应当的事情，但在上世纪二三十年代的上海电影界却是鲜见的——其时的女主角一定要以美为先，不管你塑造怎样的人物，你的造型一定要漂亮。所以即便是扮演《野玫瑰》中的贫家女小凤，人美的头发也是被精心卷烫过的。一条粗直的辫子肯定没有蜿蜒起伏的波浪发好看，但人美深知这才是真正的海边姑娘的模样。

更难得的是，人美不停地琢磨小猫的思想性格，当她认为小猫应该在生活的重压下，过早地成熟，她就处处表现对弟弟小猴的照顾，从不做出一点撒娇忸怩的姿态，表现起来很自然很真切。此时，她就是真正的小猫，就是渔民中的一员，应该把渔民的苦难和不幸真实地再现出来。她做到了，且做得很成功。

《渔光曲》拍到1934年1月就接近尾声了，突然停机不拍了，一拖拖了好几个月。人美那时已怀孕了，手脸都有些浮肿。她担心再拖下去连脸型都对不上，便催问蔡楚生，可他总是含含糊糊地安慰她。终于，到了4月，才在摄影棚里搭起渔轮一角，并且请司徒慧敏带来了国产的三友式录音机，用同期录音的办法，录下了小猫为小猴唱的《渔光曲》：“……轻撒网，紧拉绳，烟雾里辛苦等鱼踪！鱼儿难捕租税重，捕鱼人儿世世穷……天已明，力已尽，眼望着渔村路万重。腰已酸，手也肿，捕得了鱼儿腹内空……”

人美饰演的渔家小姑娘小猫，如缕缕清新爽朗的清风令人愉悦，给人以耳目一新的感觉。1934年6月14日，《渔光曲》在上海金城大戏院首映，立即轰动整个上海滩，创造了84天连续爆满的放映纪录，而当时正值上海六十年以来罕见的暑热天气。一夜之间，王人美的清新形象超越了人们传统观念中的上海女人的妖艳高贵，而成为平民化美人的代表。何况她朴实动人的演技，强烈地表达出被迫害女性的坚强和反抗性格，小猫就是那朵百花丛里带刺的玫瑰！

自此，小猫的形象深入人心，《渔光曲》万人传唱，“小猫”也几乎成了王人美的代名词，后来喜爱她的影迷就干脆又给她起了个绰号——“野猫”。的确，她恰如影坛上的一只猫，纵身而过，野性不羁，热情似火。

《渔光曲》于1935年5月竟获苏联莫斯科国际电影节荣誉奖，成为我国第一部获得国际荣誉的影片。现在，人们提到《渔光曲》便会想到王人美，想到那个清新脱俗的小姑娘“小猫”。

自此，王人美逐渐成长为一个完全意义上的艺人。

之后，她又先后主演了《风云儿女》、《壮志凌云》等影片，同时录制了《渔光曲》主题歌和《风云儿女》中《铁蹄下的歌女》等电影歌曲。直至上海沦陷，她一直活跃在上海的影坛和歌坛上，成为当时为数不多的“常青树”。

繁花落尽

1934年夏天，江苏无锡城外一个僻静的村庄里，来了一大群修路工打扮的人，还有众多的摄影器材。这些人都是当时上海联华影业公司的演员，他们正在紧张地拍摄电影《大路》，这是一部展现抗日精神的影片。在一大群演员里，有一位身材高大、体格健壮、面容俊秀的青年男演员，他便是《大路》的主演之一，当时的电影皇帝金焰。

这一天的拍摄进行到一半时，完成了自己的镜头拍摄后，金焰悄然离开片场，急忙坐车赶回上海。他得赶紧去医院探望他的妻子王人美，她此时正在医院等候分娩。

早在1927年，刚刚17岁的金焰只身一人来到上海谋求生计，在一家电影院找到了一份看门人的工作。他在电影院足足做了一年多的时间，晚上就睡在一条长板凳上。看过很多电影以后，金焰对自己说，我要去做演员，我肯定比他们演得好。随后，他开始在民新公司担任场记，并客串一些小角色。再后来，金焰参加了由田汉主办的南国艺术剧社，先后在《卡门》、《回春之曲》等话剧中饰演角色。1929年，金焰第一次在孙瑜导演的影片《风流剑客》中出演主角。1930年，金焰进入了联华公司，与阮玲玉共同主演了电影《野草闲花》后，几乎在一夜之间成为万众瞩目的明星。

当时，影坛小生很多，但都比较酸，说话文绉绉的，或者就是风流才子的模样。而金焰的形象非常健康，非常清新，甚至有点学生气。他一走上银幕就给观众一种崭新的感觉，朝气蓬勃，英俊潇洒。为此，他很快就成为青春偶像了。

1932年5月1日，上海一家电影报《电声》别出心裁地刊登了一条醒目的消息，让读者投票选出当时的中国十大电影明星。在当时的上海，有100多家注册的电影公司，这次评选十大电影明星的候选人，就是由各大电影公司提名，每一个公司都希望自己的演员能够入选。到1933年秋天，中国十大电影明星产生了，排在前三位的是胡蝶、阮玲玉和金焰。金焰由此一跃成为上海滩最耀眼的男演员，被观众推崇为“电影皇帝”。这一年，金焰只有23岁，但他并不喜欢这个称号，他认为自己只是用亲身的经历与情感在真实地演着电影。可并未因此影响影迷对他的追捧，一些女影迷对他的迷恋已经到了几近痴狂的程度，一封封陌生的情书纷至沓来。

然而，金焰却让所有的求爱者大失所望，他早已有了自己心仪的姑娘——王人美。王人美在“明月歌舞团”时，他们就已相识，彼此欣赏，那时金焰经常去歌舞团找王人美。更由于在《野玫瑰》中的合作，金焰和王人美这对银幕上的情侣，很快心心相印，变成了生活中的恋人。此时的王人美只有17岁。

对于这段往事，金焰曾回忆道：“我和她是在合拍《野玫瑰》时相爱的。我十分欣赏她的诚实性格，既纯洁朴实，又泼辣大胆，总是为周围人带来快乐的她悄然在我心中占据了一席之地。两情相悦，志趣相投，我们很快就走到了一起。”

两个人之间除了惺惺相惜、互相欣赏，还有很多共同的爱好。金焰非常喜欢打猎，在休息的时候，他经常拿着自己的双筒猎枪，穿着皮靴皮裤出去打猎。后来他也给人美买了一把小猎枪，给她订做了小而精致的皮裤、皮靴。于是，一有时间，金焰开着敞篷的小汽车，王人美坐在边上，两人有说有笑地玩去了。说打猎就打猎，说游泳就游泳，又因为同是演员，多了很多的共同话题。所以在他人眼里，他们是如此美好的一对。

相恋了两年后，王人美与金焰准备结婚，但是，因为金焰是朝鲜人，他们的婚恋遭到了二哥王人路的坚决反对。王人路将反对的理由发表在了《电声周刊》上，他认为妹妹不能嫁给一个高丽人。王人美则与二哥针锋相对，也勇敢地在《电声周刊》上公开声明：为了她与金焰的爱，他们一定要结婚！金焰虽然没有中国国籍，但他有爱心，有独立的事业，因此“宁可嫁给失去国家的亡国者，也不嫁给出卖国家的卖国贼”。她跟金焰谈恋爱这件（事）她自己做主的，她的家人同意不同意，她都没有再加以考虑。

1934年1月1日，新年钟声敲响之际，在联华公司的新年晚会上，相恋了三年的金焰和王人美，穿着普通的蓝布褂，喜滋滋地各自从口袋里掏出一个红绒牌，挂在纽扣上。此刻，孙瑜走到众人面前，大声地宣布："金焰和王人美结婚了，让我们祝福他们！"顿时，现场响起了热烈的掌声，大家将他们簇拥在中间，大声地闹着要喜糖吃！而金焰与王人美早已笑脸如花，任由众人笑闹！他们的结婚就这么简朴，在当时青年中传为美谈。

然而，刚结婚的王人美，却被联华影业公司解除了合同。在老板看来，女演员一旦结了婚，追捧的影迷就会大大减少，而此时她正在拍摄《渔光曲》。她舍不得离开《渔光曲》，舍不得小猫，坚持无报酬地把影片拍完了。也因此，王人美打破了女演员一旦结婚票房就会立即滑落的观念，依然是最受众人欢迎的女演员，许多电影公司都争相与她合作。虽然人美个性倔强，但她受家庭熏陶，又是个传统而贤惠的女子，婚后她没有与任何一家公司签约，而是全身心地投入到幸福的家庭生活中。

结婚后的人美虽热情不减，开朗如常，却失去了不少活泼泼的野性。正是因为看重丈夫和家庭的缘故，她变得更乐于操持家事，至于接戏拍片全部由金焰替她去联系去签订合同。怪不得很多朋友都说，她已经变成了一只"家猫"。但人美不仅不介意，反而乐于接受——对于一个沉浸在幸福婚姻中的女人来说，家就是她幸福生活的全部，她应该默默地把一切都献给自己最挚爱的人。

即便如此，她也在以每年一部片子的速度，先后拍过《小天使》、《黄海大盗》、《壮志凌云》、《长恨歌》等。却再也没能引起当年《渔光曲》的轰动，没有塑造出什么令她自己满意的银幕形象。有她表演的局限，更有来自家庭琐事的牵绊。虽然生活在灯红酒绿的上海滩，身为电影明星的金焰和王人美都有着不错的收入，但他们依然保持了朴素乐观的生活态度和健康进步的生活方式，度过了她一生中最甜蜜、惬意的时光。这时，金焰捡起了他童年时的爱好——机械、建筑，经常利用闲暇时间做些美观实用的家具桌椅和精致的小工艺品。而人美则买了一台打字机学习打字。如此家庭生活闲适自在，两人竟一度想双双息影。人美如此回忆了当时的婚后生活：“当时，我在田老大、金焰他们的影响下，也追求进步。平日里，短衣短裙布鞋，不穿高跟鞋，不涂脂抹粉，不入跳舞厅、夜总会，也不希望招摇过市，哗众取宠。”

结婚后没多久，人美便怀孕了，此时她才20岁。在她看来，怀孕好像并没有什么，还经常去游泳打球。就在《渔光曲》热映的时候，金焰开始了电影《大路》的拍摄，而人美却住进了医院。此时，人美也因为丈夫不在身边，正暗自伤心。这一天，当金焰赶到医院时，医生告诉他，人美马上就要临产了。说实话，金焰真不忍心把人美独自留在医院里，可在医院只待了一天后，他无奈地对人美说，我不能久留，还得赶回外景地继续拍摄。之后，他紧紧地握了握人美的手，安慰了几句后，便匆匆离开了。人美虽然被临产前的阵痛折磨得非常虚弱，但她深知金焰在拍抗日戏，不能耽搁时间，便强忍着痛苦朝他露出了笑容，让他安心地离开。

影片《大路》的拍摄正紧张时，王人美和金焰的儿子出世了。金焰得到消息后，工作一结束，便立即赶往医院。来到医院后，他弯腰将刚刚吃了大苦的人美扶起来搂在怀里，疼爱地拍拍她的背，庆祝孩子的降临。但由于是早产，刚刚降临的孩子仅仅享受了几天人世间的阳光后，便离开了这个世界。不久，影片《大路》在上海举行了首映，影片中由金焰领唱、其他演员合唱的《大路歌》、《开路先锋》，一时间风靡全国，成为了连没有看过影片的人也会哼上几句的流行曲。

日本人攻陷上海以后，上海完全丧失了以前的繁华景象。日本人妄图利用一些知名人士为其宣扬殖民思想，便看上了“电影皇帝”。然而，金焰却是个铁骨铮铮的男儿郎，决不做汉奸走狗。因此，他严词拒绝了侵略者的无耻要求，激怒了日本人。人美从小接受的思想就是坚强和爱国，更不愿意在上海为日本人演戏唱歌。于是，金焰和人美在吴永刚的帮助下，于1938年搭乘荷兰的游船离开上海前往香港，从此开始了长达八年的流亡生活。之后，他们辗转香港、昆明、桂林、重庆等地。在太平洋战争前，两人合作拍摄了中国第一部反映空军作战的影片《长空万里》。这部电影历时三年之久，来之不易，然而却成了两人在银幕上的最后留念。

1941年之后，金焰在成都参加了中华剧艺社，而人美则赴昆明加入了大鹏剧社，夫妻俩长期分隔两地。后来剧社解散了，人美又考入美军总部物资供应处昆明基地，做起了英文打字员——在事业上，他们都找到了新的舞台，但情感和思想上的差距却渐渐变得无法逾越，至少金焰不满于人美不再依赖于他。

最终，在1945年初夏，就在人美因为工作努力而受到提升的时候，金焰向她提出离婚。婚变的过程中没有争吵，也没有眼泪，人美平静如常地同意了离婚，因为她了解金焰的性格，也能理解他的难处。但她平静的外表下，却掩藏着一颗痛苦受伤的心，她泪流满面地离开了昆明。然而，曾经幸福美满的回忆，不会因不得已的分离而黯淡褪色——金焰一直都是她心目中最完美的男人，即便是在几十年后，也一直没变。

真的有些为金焰悲哀，他太不了解女人了，尤其是人格独立个性颇强的王人美。孟加拉野猫的生活习性之一是长期适应野外生活，更加适应各种恶劣环境，因为自立谋生，所以它们眼睛发亮，行动敏捷，令人着迷而困惑。有着野猫气质的王人美乱世里又怎么可能安心当一只家猫？从小受惯了良好家庭教育的人美，对于自己第一次婚姻以这样的方式收场，觉得很失败很丧气，乃至久久陷入深沉的失落里。

永远的安慰

解放后王人美仍在上海拍片，1953年至北京电影制片厂当演员，多演配角。但因时代的冲击，王人美的精神状况一直不稳定，同在明月歌舞团的好姐妹周璇也是境况堪忧，同是精神方面的病症。王人美常去医院探望孤苦无依的周璇，更增加了自己的精神负担，心情更为抑郁。还好上海电影界的很多朋友常去北京，大家热热闹闹地聚会，王人美才拥有短暂的开心时刻。

对于后来的人美而言，唯一的幸福来源于与叶浅予的相知相守。人美与叶浅予的第一次见面，还是当年人美在上海当歌舞演员的时候。于是，后来在朋友们的有意撮合后，他们彼此都有意交往。应该说，他们的开始是建立在对彼此性情、脾气都不甚了解的基础上。但两人都是社会知名人士，有一定透明度，虽没有很多交往，但毕竟在那些圈子里都还是叫得响的。经过几个月的交往，叶浅予便直率、主动地提出希望和人美结婚。当时正在长春拍片的人美还处在犹豫中，从她当时写的信里，或许可以更加容易地体会到这样的感觉。她这么写道：

……想到北京的春天，我们的郊游，的确使人怀念呢。虽然当我们单独相处时，我总是沉默寡言，然而想你能感觉到我的紧张不安和激动，否则你也不至于那么快就直接提出问题。我的答复可能令你不满意，但是希望你能了解我是真诚和坦率的。的确，我不否认我有优点，但缺点更多，尤其是我的幼稚无知，它将带给你苦痛呢！你想到了吗？当然，这样说并不是让你提出任何保证——将来不能嫌厌我，而是更深了解，事先考虑准备如何克服困难，以期达到更好的合作。

过去的环境、生活，养成了我某方面的依赖性，我也曾想到如果有个知心的人，能够在事业上帮助我、生活上关怀我，该有多好啊。因此形成了目前的恐慌。这是我的心情，也许你要批评我吧，我愿意接受。

1955年两人结婚时，王人美41岁，叶浅予47岁，都已历经了岁月的沧桑。他们本来打算结婚不要声张，可不知怎么风声还是走漏出去了，朋友们纷纷送来贺礼。怎么答谢呢？叶浅予便说，请老朋友们聚餐吧。于是，几十个人拥进四川饭店，有郭沫若、于立群、阳翰笙、吴祖光、丁聪、黄苗子、郁民等等，大家热热闹闹地吃了一顿饭，气氛轻松而又喜庆。叶浅予花了将近200元钱，回来的路上便向妻子坦言，他已经破产了，因为他从来不爱攒钱，全部财产也只有200元。王人美又好气又好笑，只好自己掏钱去买必需的日用品。

婚后，他们搬到了上海居住，过了几年的平静日子。然而，由于对彼此缺乏了解，更多的是性情上的差异，他们在结婚之初经常出现矛盾，也常常风雨交加。叶浅予早年从事漫画创作，富有幽默感，而人美由于经历了五十年代初的文艺整风，在心理上倾向忧郁自闭。久而久之，叶浅予觉得人美太严肃，做事过于小心谨慎，缺乏生活情趣。叶浅予却不拘小节，大大咧咧，也让她受不了——两个40多岁的中年人，竟一时找不到共同生活的方式，今后何处何从，不由茫然起来。

然而，时间还是把他们紧紧地拴在了一起，让他们共同走过了三十多个春秋。争吵——和好——再争吵，一路“吵”过来，他们竟也创造了独特的生活情趣。尽管他们之间有点小小别扭，人美从来落落大方，从不耿耿于怀，对叶浅予也不存什么戒心。

在她看来，两个都有点小脾气的人凑在一块，是天作之合，来个“相克相生”，岂不更加丰富了他们的艺术生活?

其实，叶浅予更加沉迷于绘画事业，而不是家庭生活，做事洒脱自如是他一贯的作风。人美不得不当起了家庭主妇，事事都要过问操心，好在她也自得其乐。大不了就是人美发发牢骚，抱怨一通，然后老伴儿打个哈哈就过去了。在旁人看来，老两口的生活还挺有意思。

1957年的“反右”运动中，人美的过去再次让她遭到严重诋毁，她实在无法承受，乃至精神再度失常，被送进了精神病医院。好在经治疗后，她渐渐地得到了康复，更是小心做人，却再无当年的风采。1962年，“北影”厂的女导演董克娜找到王人美，说她筹拍的电影《昆仑山上一棵草》中，有一个女主人公母亲的角色，只有一两个镜头，问她演不演。王人美二话没说，一口答应下来，由此留下了她在银幕上最后的形象……

谁知“文革”中，王人美又逃脱不掉，更是被扣上了“三十年代的黑猫”的罪名。她遭到了激烈的批斗，还被下放到干校劳动，精神再度受了极大刺激。此时，叶浅予也因政治问题而被判入狱七年。虽然二人都遭受了人生的重大挫折，但他们还是坚强地挺过了那段艰难岁月。

1979年，人美得到了平反，生活似乎对他们露出了微微的笑脸。谁料到了第二年，一场突发的脑血栓，让66岁的人美坐到了轮椅上，当年那朵带刺的玫瑰不得不接受如此残酷的现实。谁知六年以后，王人美走路不小心摔了一跤，竟至昏迷不醒，成了植物人，混沌无知地“睡”了一年之久。朋友们去看望她，她躺在病床上不会说话，只是睁着眼睛，偶尔也会默默地流泪。一只在银幕上活泼可爱的野猫，经受了暴风骤雨的种种磨难，现在又经受着病痛的折磨，自是让朋友们嘘唏不已，暗暗地掉泪。

1987年4月12日凌晨，人美永远地睡去了。而此时，叶浅予突发心脏病进了医院，医生不让他离开，只能在医院窗口站立半晌，向空中遥祭。王人美在朋友们的送别中悄然远去，诀别了她多彩的人生和心爱的舞台，作别了那令她欢欣令她难受的人世。

自此，只有沙沙作响的老胶片上，她的欢歌笑语还会一如昨日般爽朗、清脆，她的人生也如老胶片般斑驳陆离。

第四章

冷暖谁知

欧阳予倩：一生离不开的是舞台

1948年5月16日下午7时30分，香港六国饭店，“庆祝戏剧界老前辈欧阳予倩先生60大寿及参加戏剧工作40周年纪念会”正在热烈地举行。这一刻，六国饭店的大礼堂内张灯结彩，郭沫若、茅盾、柳亚子、胡愈之、夏衍、瞿白音、舒绣文、容小意、洪波等文化界名人及香港九龙的戏剧青年共600多人欢聚一堂。由郭沫若打头阵，大家纷纷致颂词，茅盾先生慷慨激昂的发言引起大家的共鸣：“欧阳先生从40年前的‘春柳社’起，直至现在，走的是一条很长远的路。欧阳先生是最早把新剧带到中国来的，此外又改良过旧戏——地方戏，在这方面的成就很多，至于在话剧和电影方面的成就，更不用说了。欧阳先生本人，就是一部活的现代中国戏剧运动史！……”舒绣文朗诵的欧阳予倩先生的《50自寿放歌》，则将现场气氛掀起了一个高潮：“我诞丑年湖南牛，毕生苦干不抬头。/食草挤奶一无惜，唯有穿鼻之绳不可留。/穿鼻之绳何所拟？譬如尘封故纸压心头。/少年尽跃向真理，垂老愈为牛步忧。/五十年来何惨淡，浮沉磨折无自由！/愿为川上桥，愿为渡口舟。/彼岸风光和且丽，夕景未云短，何妨继之烛，尚堪与君携手共遨游。”

一

欧阳予倩，出生于浏阳城内一个书香世家。终其一生，都在艺术道路上探索与奋战。浏阳、长沙、东京、上海、南通、南京、台北、广州、桂林、香港，北京等地，他或辗转流徙，或驻足奋斗，求索的足迹遍及天涯。

那时，我刚刚接触现代文学史，便知道浏阳出了个欧阳予倩，他与梅兰芳齐名，有“南欧北梅”之称，而其故居就在浏阳城内。我激动得不能自已，便在小城的大街小巷找寻。如今穿越回忆，我仿佛还能看到一个穿着花裙的黑而瘦的影子，梦游般穿行于一条窄窄的巷道，在一个夏日的下午，忐忑地来到一大群青砖青瓦的老屋跟前。就在老屋不远处，只有一个老人守着一只剃头挑子，茫然地张望着来往的行人。再往前走，巷道在老屋跟前顿然而止，左右转了转，便发现所有的大门都紧闭着。我只得怏怏而返。我记住了这条巷道的名字，有点怪，称之曰“营盘巷”。

但那时，我不太懂得欧阳予倩的意义，小城人也似乎不太懂。直到二十一世纪之初，小城人忽然对欧阳予倩热乎了起来，修复了他在营盘巷的故居，紧接着，又在浏阳河之滨，建成了一座现代化气息浓郁的剧院——欧阳予倩大剧院。此时，人们回过头来看欧阳予倩，便惊呼他对中国戏剧事业的贡献，对其超乎一般的才情与勇气，不由深深地佩服与骄傲。

而欧阳予倩故居藏在深巷内，安静地呆在高楼丛里，依然卓尔不群。一有时间我都会去走走，只为找寻那些遥远的书香气息，只为让自己在都市里已然浮躁的心，在雕花的窗棂跟前那些长年射不到太阳的阴凉里，慢慢归复平静。

欧阳予倩声名显赫的祖父欧阳中鹄，就曾在这座欧家大屋生活多年。说起欧阳中鹄，乃邑内饱学之士，一向推崇王船山的学问与气节，曾以船山哲学思想教导谭嗣同、唐才常，使其少年时就胸怀大志。光绪十九年（1893年）秋，唐才常自四川回浏，欧阳力耕便恭请他在欧家私塾中坐馆授课。看来，也该欧阳予倩有幸，启蒙之初就得唐才常真传，且受谭嗣同、唐才常等维新改良派的思想影响，从小就接触了《铁函心史》、《明遗待访录》、《大义觉迷录》这些教人忠义、反对封建帝王专制的书籍。

后来，欧阳中鹄赴京任时，将欧阳予倩带到北京读书。京城虽好，但欧阳中鹄看到京城的旧式教育仍是铁板一块、死水一潭，便希望孙子回湖南去接受先进的新型教育。正好，他的攸县籍学生龙绂瑞在长沙资助了一个新式学校——经正学堂，并担任学堂监督。其时，欧阳予倩每天从居住之地到学堂、去戏院的路上，有一处必经之地是菜市口。每每走过，他就会想起曾经充满活力的谭嗣同和蒙师唐才常，悲愤之情油然而生。他也不愿在这大清王朝巨大的阴影之下勾留，便于1903年回到湖南经正中学读书。

1904年，欧阳予倩刚刚15岁，便只身越洋东渡，赴日本学习。到日本后，他进了成城中学学习。他满心想学陆军，但由于眼睛深度近视，终究入不了陆军士官学校。他转而想学军医，但最终也没有达到目的。就在此时，就读于日本各校的八千余名中国留学掀起了反抗《清国留学生取缔规则》的声势浩大的集体罢课浪潮，他也随同罢课的留学生们一同回国。这一年，他已满18岁。不久即重返日本，进明治大学学商科。当然，漂洋过海，他原本希望能日后为国家富强而战，任谁也想不到，出身官宦之家的他会终生与戏剧结缘。

浏阳素有“戏窝子”之称，那年头，湘剧在城里班社林立，花鼓戏、皮影戏在乡村间漫山遍野。但欧阳予倩年纪尚小，家里管束得很严，很少看戏，让他有些渴望。祖母大人五十岁大寿，祖父依据乡俗请来长沙的湘剧班子在家里唱堂会，这让他终开眼界。看着那些红花脸杀进、黑花脸杀出，他觉得那是一个特别神奇的世界。

欧阳予倩后来回忆起了那些日子——

过后亲戚家里又演堂会，有一个从湖北回来的佣人领我去看。——他是一个戏迷，一天到晚地唱着，又时常和我说些唱戏的话——他指着台上演《梅龙镇》的花旦，对我说：“叫她回来当老妈儿领你玩儿吧。”我听了他的话，注视那花旦，觉得非常喜欢她。还记得那天晚上，又换了另外一个班子，我就去看他们扮装，有两个人在那里画花脸，引起了我无限的兴趣——我看对面的一个，用粉涂在脸上，再拿着墨笔一线一线地勾勒，我觉得浑身紧拢起来，立刻起了一种莫名其妙的冲动，又觉得好玩，又觉得难过。一会儿被一个小孩子拉我去玩鞭炮，我便似从噩梦中逃出一般。

自此，每每看戏之后，欧阳予倩就舞刀弄杖，并用母亲画画的颜料涂在脸上。一有机会，他还把弟妹们组织起来扮演新郎新娘，把床当成舞台，演一出结婚的喜剧。即使受到母亲的责备和家中厨子、保姆的大喝倒彩也不顾。

欧阳予倩与戏剧结缘，最主要还是在日本学习之时。1907年2月的一天，他听说在骏河台附近的中华基督教青年会礼堂有一场游艺会，邀了几个同学一同去看看。游艺会既是春节的联欢，又是“青年会”为国内徐淮水灾举行的一次赈灾募捐活动。留学生们演出各自的拿手好戏，而最后的一场戏，竟是中国学生演出的、颇负盛名的名剧《茶花女》，这让他有些喜出望外，也十分惊奇，且激起了他投身戏剧的热情。他说——

这一回的演出，可说是中国人演话剧的最初的一次。我当时所受的刺激最深。我在北京时(1902年)曾读过《茶花女》的译本，全部情节我都明白。当时我很惊奇，戏剧原来有这样一个办法！可是我心里想，倘若要我去演那女角，必然不会输给那位李先生。我又想他们都是大学和专门学校的学生，他们演戏受人家的欢迎，我又何尝不能演？于是我很想接近那班演戏的人，我向人打听，才知道他们有个社，名叫春柳。

演出的“刺激”，触动了欧阳予倩冥冥之中某种梦寐以求的东西。他并不清楚，从此以后，他便开始了自己不一样的人生。同样，他也没有真正意识到，从此以后，中国的戏剧也步入了一个不一样的新天地。于是，他开始设法接近春柳社的留学生。好在不久，一位四川籍的留学生介绍他认识了在《茶花女》中扮演亚猛父亲的曾孝谷。欧阳予倩见到了曾孝谷，便迫不及待地说：我想加入春柳社。

曾孝谷问：你会不会唱戏？欧阳予倩说：在上海时学过几段京剧唱段。当然，他说此话虽然有点吹牛，但也不是毫无根据：他在上海结识吴我尊、抗白时，一起闹酒猜拳。会唱京剧青衣的吴我尊见他的嗓子悦耳动听，就极力怂恿他学唱青衣。抗白也是一位京剧票友，就主动教他学唱了一段三眼一板的“二黄”。对京剧也算是行家的曾孝谷就请欧阳予倩唱上几句，他只得硬着头皮唱了起来。没想到，刚一开口，曾孝谷就笑得前仰后合，合不拢嘴。他便知道：自己班门弄斧了！幸好新剧不讲究唱功，不会唱京戏的欧阳予倩，和会唱京戏的吴我尊、很会唱京戏的抗白，都被批准加入了春柳社。

春柳社的发起人还有一位“大腕”，那就是《茶花女》中扮演女主角的那位“李先生”——李叔同，后来更有一个响亮的名字：弘一法师。李叔同答应与新近入社的欧阳予倩相见一面，时间相约为第二天的早上8点钟，地点在上野不忍池畔的李叔同住所。欧阳予倩住在牛込区，与李叔同住所相距甚远，于是他很早就起了床，急忙乘坐公共汽车前往赴约。可路上交通拥堵，当他匆匆赶到李叔同住所时，已经迟了5分钟。李叔同没有开门，却开了窗户。李叔同接过欧阳予倩的名片，对他说：“我和你约的是8点钟，可是你已经过了5分钟。我现在没有工夫了，我们改天再约吧。”说完即向他点点头，关上窗户，就再无声息了。他很懊丧很无奈，只得打道回府。

后来，欧阳予倩回忆起这桩往事，说道：“像息霜这种人，性情虽然孤僻些，但他律己很严，责人也严，我倒和他交得来。”正因为都合得来，春柳社才成为了当时轰动一时的中国留学生团体。

1907年7月10日，春柳剧社终于将自编自演的五幕新剧《黑奴吁天录》搬上了日本东京本乡座舞台。欧阳予倩在剧中分别扮演了两个角色：女黑奴丑和解而培的儿子小乔治，节目单上均署艺名兰客。这是他第一次登台演出，更是他演剧生涯颇有意义的开端。之后，欧阳予倩转入到早稻田大学文科学部，从习武、学医、从商的茫茫梦境中走了出来，开始了他的戏剧人生。

1909年初夏，欧阳予倩又和陆镜吾等一起演出了《热血》（原名《托斯卡》），他扮演了剧中女主角杜司克。这是中国留学生演出的第二个大戏，在大剧场东京座上演，大家称赞这个戏真正可称是一种“社会教育”。当时的中国公使馆却大为恼怒，扬言谁要参加演出就停止官费，演出只得搁浅。此时，欧阳予倩意识到戏剧艺术是社会教育的有力工具，萌发了终生搞戏剧的想法。

二

欧阳予倩毅然投身于戏剧艺术事业，是在他回国之后。其时，正值辛亥革命爆发之时，因了父亲和祖父的接连去世，欧阳予倩正处于人生的痛苦与彷徨时期，便应邀到上海参加陆镜若发起组织的“新剧同志会”。同志会在上海大舞台上演了《家庭恩怨记》，他饰小桃红，又演《社会钟》，饰左巧官，真把坏女人演活了。由此，他自信地认为：什么角色我都演，而且演一样会像一样！

在演文明戏的同时，他还结识了京剧名演员筱喜禄、江梦花、陈祥云和林绍琴，向他们学习唱腔和身段。他于京剧一学就迷，光是向筱喜禄学习一出《金殿装疯》，几乎用去了4个月时间。他经常躲在张家花园的草地上练哭、练笑，一练就是半天，每每总是弄到气竭声嘶、胸口痛半天也好不了。正如他说道：“无论为哭，为泣，为笑，为哂，与乎一切动作表情，绝非不用苦功所能作到。我天才有限，在舞台上的部分的成功，完全是由于笨干来的。”就在年底，他在张家花园居然演了一出京剧《宇宙锋》，获得了人们的好评。事后，他自信地说：“因为这一次的成功，使我学青衣的瘾大了好几倍。”

在当时，唱戏是低贱的职业，旧有“下九流”之称。欧阳予倩出身于官宦世家，又曾留过洋，却选择了唱戏，简直是大逆不道，在他的封建大家庭中引起了轩然大波。许多人也都纷纷议论：像欧阳予倩这样出身书香门第的留日学生，怎能流落风尘当戏子呢？！实在可惜可叹！于是，家人便去信，要他赶紧停止在上海演戏，无论如何要赶回家来过年。他只得匆匆赶回浏阳，遭到了大家庭上上下下的反对与责难。但他没有退却，还据理力争地说，我一不想当官，二不求发财，不让我演戏，绝对做不到，我即使挨了一百个炸弹也不灰心。当时只有聪慧贤淑的妻子刘韵秋深知他的性格，全力支持他，但很委婉地指出："找机会多读些书，就是演戏也要和寻常的戏子学问人格有别才行！"

说起妻子刘韵秋，还有一段有趣的插曲呢。当1906年欧阳予倩从日本回到浏阳时，正赶上祖父欧阳中鹄授平乐县知府，要赴广西上任，全家人也准备迁往任所。早在六年前，祖父就为他订下了刘家这门亲事，也是一位世家女子，此时他很希望孙子在自己赴任之前办完婚事。欧阳予倩可不想这么早就成家，借口叔祖父逝世不久，不应在丧期刚刚过去之际就操办喜事。但祖父不答应，说："这次是让你入赘岳丈家，无碍。"拗不过祖父和母亲，他只得发出威胁：人可以结婚，但心永远结不了婚。三天过后，我就跑了！

丈人一听，非常着急。但丈母娘却说：不要担心，他跑不了。果然不出丈母娘所料，三天之后，风平浪静。三个月也过去了，欧阳予倩还在燕尔新婚之中。他后来也解释道："我的妻子是很聪明能干的人，当我娶她的时候，她的诗文、绘画都比我高明，且极识大体而又好学。我和她性情有说不出的相投，虽然是旧式婚姻，爱情之深厚，并不输于自由恋爱，且有过之。我打定主意和她一同出洋，费尽周折，家里不肯。但是我始终不能不走，万般无奈，我还是一个人到日本去了……”

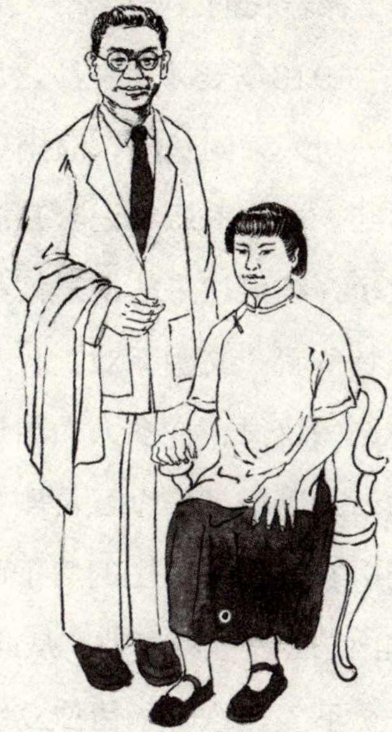

在家里过了年之后，欧阳予倩便应邀到长沙，加入了社会教育团。此时，他年仅24岁，却置当时世俗的成见于不顾，选定了戏剧作为自己终生的职业，开始了他十六年的职业演员生涯。

纵观欧阳予倩一生，因了他自己的选择，他不得不在外漂泊，在上海、在南通、在广州、在桂林等地的时日比在浏阳的时日要多得多，但他最依恋的还是故乡。一直以来，他将那份深沉的思念深深地埋在心里，每每夜深人静之时，对故乡的思念总是令他辗转反侧，久久不能入睡。是故乡养育了他，作为在外漂泊的游子，以浏阳人那种执着追求戏剧的成功，以浏阳人那种坦诚善待朋友，最终登上了一代戏剧大师的宝座。

不记得在哪本书里，我看到了一张欧阳予倩1917年在上海演出《宝蟾送酒》的剧照。那是一张扮相娇美洋溢着俏皮的照片，透出一个小丫环天真羞涩又无所畏惧的神情，这与他以后带着眼镜，流露出特有的慈祥、温和与洒脱的照片不同。但事实上，当年欧阳予倩在舞台上装扮成女子，从容自如地走着台步，捽着长袖，唱腔清越，确实娇美，有女人味。

1913年受聘至长沙之后，欧阳予倩即电邀陆镜若及同志会的一帮人来到长沙，演出《家庭恩怨记》，他在剧中依然饰小桃红。《家庭恩怨记》开演时人山人海，当时人们看戏大多乘软轿，结果往来的轿子把小巷都堵塞了，出不来进不去。万人空巷争看“文明新戏”，一时成为佳话。当时，湖南省议会正在选举议员，许多人为当选而花钱运动，贿赂拉票。他激于义愤，亲手编了一个五幕剧《运动力》，讽刺这类官场丑事，剧情以农民焚烧地主的房子而告终。这是他创作的第一个剧本，演出的盛况鼓舞着他，从此他创作的激情一发不可收。

不久，欧阳予倩独立组成新社，取名为“文社”。他不顾绅士们的反对，勇敢地打开了学宫的大门，组织力量连续苦干了7天，造好了戏台，正式开始了演出，剧目有《热血》、《不如归》、《猛回头》、《运动力》和《社会钟》等。他创作的《屏风后》，最后康家父子与忆情母女在撤掉屏风之后猝然相见，使观众大白：原来所谓的道德维持会会长便是当年诱骗、遗弃、陷害忆情的康正名，从而给封建道德的虚伪性以痛击。《屏风后》的演出让观众屡屡在阵阵喝彩声中擦拭着眼泪，经常爆满。但是好景不长，文社为旧势力所不容，终被袁世凯的亲信汤芗铭查封了，且凶狠地捕杀文社成员。他脱险回到浏阳乡下，从此，不得不放弃长沙这个根据地，而以上海为起点，开始了他漂泊的历程。

欧阳予倩不但饰演女角，还大力倡导男女同台合演。1922

年，他参加了上海戏剧协社，创作了独幕话剧《泼妇》、《回家以后》等。恰巧洪深刚从美国归来，于是他同田汉、洪深、应云卫等人亲密合作，第一次排演了由男女演员同台合演的话剧《少奶奶的扇子》。自此，他更是积极为男女同台合演作宣传，并决定从此不再演旦角。

三

欧阳予倩再次回到上海之后，前前后后呆了许多年，先后在新剧同志会、上海春柳社、民鸣社、笑舞台等当新剧演员，且演过不少京剧，有长达十五年的表演京剧的历史。

欧阳予倩在日本时曾演出京剧《桑园会》，后来他一边组社演“文明新戏”，一边他将京剧与西洋名剧作比较，发现京剧的精华如明珠埋土，只待有志之士挖掘洗涤。因而，到上海后，他刻苦学习京剧，博采众长，并自创新路，终于在1916年已满25岁时，正式成为京剧演员。

当时有人讥笑他：“老大不小了，又是近视眼……”但他不为所动，坚持苦练基本功，唱念做打样样不放松。而且，他的聪明不仅在于继承，更在于创新。在张冥飞编的京剧《百花献寿》中，他扮演百花仙子，有一段长绸舞。当时一般演员表演长绸舞都用镶了木棒的绸，这样舞起来省力。而他舞时用的长绸不镶木棒，绸子长一丈九尺，比别的演员用的长一半，长绸飘舞得又高又长又好看，灵动如彩练。尤其是他表演的铜盘舞艺技绝佳，一对铜盘盛满鲜花，他把盘中的十几朵鲜花撒在舞台上，再用“卧鱼”的舞姿把鲜花一朵一朵地叼起来。当时他已年近三十岁，能够准确无误地完成那些高难的舞蹈动作，极为难能可贵。因此，每演此剧，总是赢得满堂彩。

倘若点数欧阳予倩作为京剧演员的历程，“红楼戏”应是他最为经典的代表。在《我自排自演的京戏》中，他写道：我自排自演的京戏一共24个，其中我自己编的18个：《晚霞》、《宝蟾送酒》、《馒头庵》、《鸳鸯剑》、《黛玉焚稿》、《王熙凤大闹宁国府》、《摔玉请罪》、《鸳鸯剪发》、《卧薪尝胆》、《青梅》、《仇大娘》、《嫦娥》、《申屠氏》、《人面桃花》、《哀鸿泪》、《杨贵妃》、《潘金莲》、《最后知侬心》。跟张冥飞合编的两个：《晴雯补裘》、《百花献寿》。跟张冥飞、杨尘因合演的一个：《黛玉葬花》。此外根据陕西易俗社的剧本改编的两个：《软玉屏》、《是恩是爱》（又名《韩宝英》）。……我一共演了九个《红楼梦》的戏，其中以《黛玉葬花》、《宝蟾送酒》、《馒头庵》三个最受欢迎，其次是《晴雯补裘》、《黛玉焚稿》、《王熙凤大闹宁国府》（我饰王熙凤，颇下过一番工夫）。

说到京剧，还有一段“南欧北梅，同演红楼”的故事。因为红楼戏旦角多，演起戏来易使场子冷清，京剧界老一辈从来没人正式演过红楼戏。梅兰芳几番考虑后，于1916年开始排红楼戏。就在梅先生试排《黛玉葬花》时，欧阳予倩早在1915年春就已在上海南京路谋得利楼上的春柳社演过《黛玉葬花》。

后来，梅先生也由衷地说，我一共只排了三出红楼戏，欧阳先生排的红楼戏数量要比我多得多。丁玲也曾撰文说：“我们都满不在乎地欣赏着正处于盛年时期梅兰芳先生的风采——《洛神》、《霸王别姬》、《游园惊梦》等。然而，我最喜欢的是欧阳予倩先生的《李师师》。他演得那么妩媚自然，不是仙女，不是后妃，而是极平常的娇美的女性。”

1919年5月，欧阳予倩首次应邀到南通西公园献演，著名实业家张謇认真地在台下观看演出，并郑重地在日记里记道：“阳五月廿九日，观欧阳予倩演剧。”翌日，他又作诗《赠欧阳生》一首，诗云：

文履轻裾桓叔夏，买舟便肯渡江来。
料应淝水麾军辈，远谢清溪弄笛才。
说梦红楼犹出楔，闻歌白发为停杯。
浏阳名士吾差识，论子于诗当别裁。

如果说，张謇最初在考虑邀请欧阳予倩来南通主持伶工学社校务时，对他还是“耳闻为虚”的话，当观看了他的演出并与之进行交流后，就是“眼见为实”了。他在给梅兰芳的信中如此写道：“予倩文理事理皆已有得，意度识解，亦不凡俗，可任此事。”可见他对欧阳予倩的学识、人品和才干是相当满意。

至当年9月，欧阳予倩应张謇之邀，来到南通开办了伶工学社，更俗剧场于11月1日便落成了。更俗剧场建成后，梅兰芳、程砚秋、谭富英、余叔岩、杨小楼、郝寿臣、王凤卿等国内不少名角纷纷到南通献艺。自1920年1月12日起，梅兰芳到南通演出10天，盛况空前，并与欧阳予倩联合演出。欧阳予倩演了《游园惊梦》、《小宴惊变》，梅兰芳则演了《拷红》、《思凡》等，两位大师同台演艺，自是令人趋之若鹜。张謇为此在更俗剧场前台特辟一小厅，命名为“梅欧阁”，纪念梅欧两人的会合。梅欧阁匾额旁，书有对联一副：“南派北派汇通处，宛陵庐陵今古人。”对张謇如此的盛情厚意，欧阳予倩也颇为感动。在应邀出席张謇的梅欧阁小集时，他作诗二首。且将其中一首与张謇的《欧冶传名剑》诗一并交吴我尊刊登在《公园日报》，以示他与张謇的友谊。另一首《梅欧阁小集赋诗又一首》则于晚两天交《公园日报》发表，明显流露出他欣喜于得到张謇的知遇之恩，也表达了自己乐于为南通戏剧事业培育新人效力的心愿。

张謇还依当时捧旦角兴出诗集之老例，选辑了有关他们演出、交往的唱和诗及题咏诗，出版了一本《梅欧阁诗录》。诗录开头的小序中云：“更俗剧场之梅欧阁，所以旌浣华、予倩也。”在集子里收有欧阳予倩所作的旧诗三首，其中一首是书赠梅兰芳的，诗云：“我是江南一顽铁，君如郑雪铁洪炉。不烦成败升沉感，许共瑜珈证果无。”

话说欧阳予倩一心革除那些与剧情无关的影响观众视觉美的旧习俗，特在更俗剧场定出了一整套前台、后台“除恶习、立新风”的规则，其间就有“武行不使用真刀真枪”的规矩。其时，上海京剧名角荟萃，盖叫天的武功好生了得，许多嘉兴、杭州的看客特地到上海来，以一睹他真刀真枪的舞台武功为快。当时盖叫天也到更俗剧场来演艺了，本来他的好戏如《三岔口》、《乾坤圈》已经很不错了，不需要用真刀真枪。便有人挑拨盖叫天，冷言冷语地对他说：“你的真刀真枪可惜不能在这里露一露！”盖叫天便问：“怎么不能露？”那人便故意说道：“欧阳予倩不让用真刀真枪，他要绝武行的饭碗！”盖叫天听了顿时大怒，误认为是欧阳予倩胸狭嫉妒，气得在后台大跳。欧阳予倩听说后，便赶紧去找盖叫天，平心静气地与他解释：“真刀真枪虽能叫座，但打出危险来，有的劈伤了头，有的戳伤了眼，有的一枪过来刺伤面肉，伤了牙齿，这样的惨痛经历难道能再出现吗？”之后，他进而分析道：戏剧是做戏，寓教其中。演员的表演是点到为止，意达即可。盖叫天深感此忠告出于肺腑，遂弃前嫌。像盖叫天这样的武戏第一人都服气，别人自然也就没话说了，欧阳予倩新规则实行起来就顺畅了。

游子走得再远，也会时时惦记着故园。1921年北洋军沈洪钧劫洗浏阳后，又遭天灾，浏阳百姓困苦已极。当时在长沙的浏阳学者孔昭绶，倡首组织救灾协会募款救灾，他致书欧阳予倩请求支援。欧阳予倩得知故园蒙灾，心急如焚，于当年年底即率南通伶工学社学员，从上海冒风雪到汉口义演，筹得巨款寄回浏阳。他在汉口演出时，在汉口供职的浏阳人黄徵特前往看戏，被他牵挂故园的情谊所感动，一口气写了十五首“为邑灾演剧募赈感怀诗”：“一劫虫沙后，遗黎尚待苏。/井眢身坐甃，道殣骨愁枯。/呼呈群情迫，绸缪万虑纡。/式将歌当哭，箫定悯吹吴。”第二年3月6日，欧阳予倩又带领京、汉剧名演员直奔长沙演出，并亲自登台演《百花献寿》一剧，其精湛的表演不时赢得观众阵阵掌声。当演出结束时，他独出心裁，预先备好了一盆鲜花，随即端出义卖，竟筹得卖花款1400多元。赠花毕，余花数枝，先生灵机一动，又出一招——投标卖花，鼓动观众竞买，由5元至10元，20元至65元，群情激动，高潮迭起。最后由一名叫石希幼的人，以70元最高价买去。之后，他将义演所得款项又悉数寄回浏阳。

四

既是喝浏阳河水长大，欧阳予倩自然秉承了浏阳人坚韧执着、疾恶如仇的性格。上海沦陷后，欧阳予倩与周信芳等继续留在孤岛坚持抗日救亡运动，邀请爱国同仁组织了中华京剧团，上演了自编的《梁红玉》，继而又演出了《渔夫恨》、

《桃花扇》。当时，他怀着激愤之情，将《桃花扇》改编为京剧，排了不到三天就匆匆搬上了舞台。该剧借古喻今，借老伶之口痛骂汪精卫汉奸政府，并通过痛骂南明王朝影射蒋介石，为当政者所不容。他们骂欧阳予倩是“带着鬼脸壳的坏文化人”，不是共产党人却给共产党做事。这出戏仅仅演出两场，就被迫停演了。

就在《桃花扇》演出的第二天晚上，欧阳予倩刚走进后台，就有人送了张纸条给他，说有一件十分严重的事情与他有关，约他次日谈话，署名彭寿。第二天一早，彭寿约欧阳予倩到一间俄国菜馆楼上谈话。他自称是国民党中央的特务，威逼欧阳予倩和日本人新设的新闻检查所主任金子中佐见见面，许诺如果肯为他们写剧本，哪怕在幕后操作不署真名，都可以给汽车、出50万元筹办电影公司或帮助修复欧阳予倩在江湾的花园洋房。对此，欧阳予倩当即坦率地说，我虽然精通日语，英文也流利，喜爱戏剧艺术，但我是中国人，不能替侵略中国的人做事！两人自是不欢而散。随后，汉奸特务将匿名信塞到欧阳予倩家，说是倘若敬酒不吃吃罚酒，则要全家付出血的代价，信封里还夹裹着一截小手指头。

处境险恶，形势危急。欧阳予倩和妻子商量后，让妻子设法找到了地下党员扬帆、阿英、于伶等，向他们转告了此事。他们当即决定让欧阳予倩离开，并赶紧着手安排。欧阳予倩也赶紧改名换姓，买到了船票。临行前一天，刚把行李送出去，欧阳予倩突然接到彭寿的电话，说他已经约好金子中佐到他家去吃晚饭，也请欧阳予倩参加。欧阳予倩便请他改到第二天午后，但第二天天未亮他就出发了。临走前，他走到妈妈床边，轻声地说了声“妈妈，我走了”，并深情地在她怀里靠了一会儿。他是大孝子，多么舍不得离开，但他不得不急急赶往码头，坐上法国邮船，辗转前往香港。那天正是1938年4月12日。

当时，桂林成了大后方，数以千计的文化人纷纷从各地汇聚到这里。早在祖父欧阳中鹄任桂林知府时，欧阳予倩在桂林呆过一年，对之自有着一种特殊的感情。1938年4月，他应时任广西大学校长的马君武邀请再次入桂林。

当欧阳予倩抵桂，广西日报任外勤记者哈庸凡前往采访。这是一个很热的下午，在中华大旅馆107号的房间里，记者见到了他。那时，他刚从外面访友回来，穿着一件线衣和一件柳条竹纱裤，正坐在房间里憩息。进门之后，哈凡庸仔细打量着这位名闻全国的戏剧大家，他有很合度的身材，胖胖的，头发很光滑地分梳着，眼睛里闪耀着艺术家特有的光辉，圆润亲热的脸，说话时神情非常洒脱，而且饱含着笑意，除了额角眼梢略有几条皱纹之外，简直叫人不相信这是一位年近五十的人。一番照例寒暄之后，他们便就抗战戏剧与桂剧改良等当时文艺界关注的重大问题作了专访。欧阳予倩侃侃而谈，他以为抗战戏剧的内容，应该离开公式，因为抗战戏剧并不是把战场缩小来再现于舞台，重要的是提高人民抗战情绪，并廓清一切足以妨碍抗战的传统思想。随后，欧阳予倩即着手在桂林进行桂剧改革，精心排演了桂剧《梁红玉》，一上演就连演28场，轰动了桂林。

其时，广西戏剧改进会董事会的一些董事担心受到迫害，提出“少演抗战戏”。欧阳予倩则激动地表示：“既要搞戏，我就要搞抗战戏！”一次上演《梁红玉》剧时，汪精卫的老婆陈璧君去香港路过桂林，也跑到南华戏院看戏。她坐在楼上包厢里，越看越心神不定。当剧中汉奸王智出场，念起上场诗：“天子重英豪，文章数尔曹，要想高官做，多擦雪花膏。”立即激起了台下观众高喊“打倒汉奸”口号，陈璧君做贼心虚，吓得逃离剧场。欧阳予倩借《梁》剧中百姓之口痛斥国民党反动派酿造内战，抗战不力，搜刮民财。广西财政厅厅长黄钟岳看戏后，有些按捺不住心中的怒气，等不及戏演完便跑到后台，要求“稍易其词”。欧阳予倩说：“可以禁演，一字不改！”这一斩钉截铁的回答，使黄钟岳悻悻离去了。这样，一出《梁红玉》，使那些不抵抗派和汉奸坐立不安，桂林市市长苏新民终于下了禁演令。

四个月后，因与马君武在戏曲改革上存在原则分歧，欧阳予倩便匆匆离开。1939年秋，广西当局经白鹏飞又一次邀请他到桂林改革桂剧，他举家三度入桂，主持广西戏剧改进会，且几乎整个抗战时期都在广西度过，使桂林成为秋风萧瑟中较有生气的文化城。

广西原是相当闭塞的地方，欧阳予倩费了很大的气力，也听了无数的闲话，创办了桂剧学校，于1940年3月3日成立了广西省立艺术馆，下设戏剧、音乐、美术三个部门。别看他外表温文尔雅，做起事来很有魄力，到1944年2月，新的广西艺术馆剧场在桂林中学对面落成了，有办公厅，有宿舍，更有画廊和一个很摩登瑰丽的剧场。其时，他还为桂剧团整理了《拾玉镯》、《烤火下山》等保留节目，并把《梁红玉》、《桃花扇》、《渔夫恨》等改编成桂剧，还新编了《广西娘子军》、《搜庙反正》等现代桂剧。

之后，在欧阳予倩等的积极筹备下，1944年2月15日，中国戏剧史上空前盛会"西南戏剧展览会"开幕式于下午3时在广西艺术馆新厦隆重举行，由广西、广东、湖南、贵州、云南、福建、江西、湖北8省27个戏剧团体，戏剧工作者近千人参加了盛会，举行了大型戏剧展览。欧阳予倩作为筹委会主任报告了展览会的筹备经过，声势浩大的展览会随之拉开了序幕。当游行队伍走上大街时，欧阳予倩、田汉、夏衍和洪深四人抬着一面大国旗，走在前面。马路两旁的群众纷纷把法币、关金券、银元、铜板、银毫等，投放到国旗上，口号声、歌唱声响彻云霄。随后，就在新剧场，近60个话剧、戏曲、歌舞、杂技等节目你唱罢我登场，乐得桂林的老百姓天天都有精彩的戏看。

到5月19日，西南第一届戏剧展览会历时3个多月的演出交流、会议、资料展览隆重闭幕。那些春光明媚的日子，欧阳予倩忙得团团转，但看着自己辛辛苦苦建起来的新剧场上演着一台台精彩节目时，内心满是愉悦与欣慰。他以更大的热情，投入到与戏剧同仁的交流与讨论之中，慷慨激昂地亮出自己致力戏剧改革的鲜明旗帜，成了西南剧展上最亮的一颗星星。对此，《纽约时报》发表美著名记者、剧评家爱金生的文章，文中评论说："如此规模宏大的剧展会，有史以来，自古罗马曾经举行外，尚属仅见。中国处于极度艰困条件下，而戏剧工作者以百折不挠之努力，为保卫文化、拥护民主而战，给予法西斯侵略者以打击，厥功至伟。此次聚中国西南八省戏剧工作者于一堂，检讨既往,共策将来，对当前国际反法西斯战争实具有重大贡献。"

不久，日寇入侵湘、桂，欧阳予倩率艺术馆部分人员于当年8月疏散到昭平县黄姚镇，至1945年10月才返回桂林。他所苦心经营筹建的艺术馆与广西剧场，已荡然无存，走在那些令人触目惊心的废墟上，一种特别的悲哀席卷而来。但他没有被这悲哀击倒，振作精神，很快在瓦砾中重建了广西艺术馆。

1946年7月11日和15日，著名民主斗士李公朴和闻一多在昆明先后遭国民党特务暗杀，欧阳予倩出席了上海文艺界悼念李、闻会议，抗议国民党当局迫害虐杀进步文化的罪行，并揭露广西当政者的黑暗统治。却因此刺痛了广西反动当局，就在欧阳予倩返桂之前，桂林版《中央日报》上连续发表文章，恶毒恣肆地攻击他是戴上"政治鬼脸壳"，"其人大有来头"，是"文化特务"。他回到桂林时顿觉形势突变，气氛紧张，当即辞去广西艺术馆馆长职务，毅然离开桂林。为结清历年来他所经手的账目，他变卖私产，以致抵达广州后再没有旅费去上海，而去了香港，又转入到电影剧本创作与拍摄。

夏衍先生曾说:“中国话剧有三位杰出的开山祖,这就是欧阳予倩、洪深和田汉。”其实，欧阳予倩在中国戏剧史上的崇高地位，更重要的是他毕生从事戏剧教育，是我国戏剧教育的先驱。至1949年3月，欧阳予倩满怀激情地接受了党的邀请，从香港到北京参加中国人民政治协商会议筹备委员会，不久便着手筹建新中国戏剧学院的工作。1950年4月2日，中央戏剧学院在北京正式建立，欧阳予倩任第一任院长。但欧阳予倩在《自我演戏以来》的自述中说：“我不过是个伶人，一个很平淡的伶人，就是现在我虽不登台演剧，也不过是一个伶人罢了，我对于演剧自问颇忠实，作一个伶人大约可以无愧。”

田汉:文字当为举世雄

想当年，徐悲鸿在南京第一次听到《义勇军进行曲》时，其激昂慷慨的旋律令他激动万分：“消沉之民族里，方有田汉之呼声，其音猛烈雄壮，闻其节调，当知此人之必不死，此民族之必不亡！”事实上，田汉毕生都在写歌写戏，这个“现代关汉卿”，他的文字从来就具有如此震撼人心的力量，骨子里带着从容赴死的豪情。

南国社曲折前行

现代话剧在南京的萌芽和兴起，首先要归功于田汉及其领导的“南国社”。1927年的中国政坛风云变幻，国共两党之争日趋激烈。这一切对当时的田汉而言并无意义，他并不热衷政治，也不喜欢经商，他的心头萦绕着青年时代的戏剧梦。这年夏天，黎锦晖来邀请他去主持上海艺术大学文科，原来上海艺大的校长周勤豪，因负债累累逃之夭夭。不久,田汉又受学生会选举,出任艺大校长，他在艺大创办了戏剧科,并改组南国电影剧社。

这一时期，田汉经常在学校礼堂举行文艺座谈会。徐悲鸿、徐志摩、郁达夫、欧阳予倩、洪深、余上沅、朱穰丞、王泊生夫妇以及京剧界有新思想的周信芳、高百岁等都来参加，他们主要讨论艺术理论、艺术与社会的关系等问题，戏剧方面以讨论新剧、旧剧之得失最为激烈。到这年12月,田汉把一个大客厅改造成可容百多观众的小剧场，15平方米的平台为舞台，在这里举办“鱼龙会”演出。田汉对大家说：“我们这些人是鱼,就请两条龙来，周信芳、欧阳予倩，他们是京剧名角。”鱼龙会演出了七天，演出剧目有田汉创作的五个短剧：《生之意志》、《江村小景》、《画家与其妹妹》、《苏州夜话》和《名优之死》，学生们表演真率，自然感人，在上海引起了很大反响。

1928年年初，艺大经济越来越困难,田汉被迫退掉在善钟路87号的校址,在西爱威斯路找了一所比较便宜的房子。谁知迁校不久，财物就被周勤豪一伙洗劫一空，于是学生们一致要求田汉重新创立一所理想的艺术学校。到了2月，经田汉奔波努力，南国艺术学院宣告成立。学院分文科、剧科、画科，田汉任院长兼文科主任，欧阳予倩主持剧科，徐悲鸿主持画科，洪深等均在校执教。

南国艺术学院的经济极其困难，田汉经常四处告贷，来维持大家的伙食。有一次因欠了电费，被剪断了电灯线，田汉只能在烛光下写作。这年暑假以后更加拮据，难以为继。到了冬天，南国艺术学院终因经济和其他原因而停顿，但学生们依依不舍，不肯离去。于是，田汉与欧阳予倩、徐悲鸿发起南国社，分为文学、绘画、音乐、戏剧、电影五部。南国社堪称中国现代话剧运动的开路先锋，其宗旨为："团结能与时代共痛痒之有为青年，作艺术上之革命运动。"

南国社成立之初，困难重重，洪深在《南国社与田汉先生》一文中说道："我们有五重困难，我们缺乏了五样要紧的东西：一没有剧本，二没有演员，三没有金钱，四没有剧场，五没有观众。幸而田汉是个跌不怕、打不怕、骂不怕、穷不怕的硬汉。没有剧本么？他自己来创作，自己来翻译。没有演员么？寻几个同志，组织一个南国社，刻苦的练习起来。没有金钱么？索性不希望国家的津贴，有钱人的资助，自己负了债来穷干。没有剧场么？先寻一个小剧场，或者借人家的剧场。观众不来么？我们自己走到观众那里去，拿出些东西给他们看看，再对他们说，还有比这个更好的东西藏在家里呢，慢慢的引起观众走入我们的门里来。那爬楼梯跌了一跤，躺在地上哭的人，是没有出息的。那熬着痛，硬着头皮，勉强笑着，立起身来再爬的人，总有一天会爬到顶上的。"

再大的困苦，田汉都硬着头皮，立起身来再爬。到了这年年底，剧社想公演，但剧场难借，好的剧场索价昂贵，又租不起。田汉便去找周信芳想办法，周信芳当时是上海伶界联合会负责人。经过他的周旋，终于免费借到九亩地梨园公所楼上的场子。周信芳陪田汉一起去看，原来是一个摆神像的破楼，连台也没有。可是第二天就要演戏，连票也已部分卖出。这可把周信芳急坏了。田汉却爽朗地笑了，安慰他说："不要紧，有办法！"随后，田汉马上设法借了一笔钱，由他弟弟田洪去买了一批木料，连夜开工，通宵达旦。周信芳不放心，第二天一清早又来看，只见戏台已经搭好，而且灯光、布幕都装好了，他真对田汉叹服了。于是，南国社的第一期公演，在寒冬岁末中拉开了帷幕，演出了《古潭里的声音》、《苏州夜话》、《生之意志》、《湖上的悲剧》等。虽然剧场地处偏僻的南市，舞台也很简陋，却赢得了众多观众的欢迎。

1929年1月中旬，田汉率南国社首次到南京公演他的话剧《古潭的声音》、《名优之死》等作品。16日午后，首场招待演出即将开幕时，突然有警察前来横加阻止，说未经警方许可不得公演，实际上事先已向有关当局申请过。无奈之下，田汉只得派人冒雪紧急请示，但警方就是不明确答复。观众中有不少是南京机关部门的公务员，他们强烈要求按时演出。结果演出非常顺利，警方也未再来干涉，"终场时一片狂热的掌声与极口的赞叹洋洋盈耳"，南京话剧的第一炮终于打响了！

接下来，于17日至22日正式公演，先后上演了《父归》、《未完成的杰作》、《颤慄》、《孙中山之死》、《秦淮河之夜》等剧。《秦淮河之夜》取材于南国社成员、著名学者严工上之子严与今失恋自杀的真实事件，系从田汉自编自导自制片的电影《断笛余音》移植而来。田汉为了拉近与南京观众的距离，将该剧故事的场景放在秦淮河，舞台布景则用布条虚拟成秦淮河游船的船舱，还挂了一盏船灯。南国社同仁触景生情，边演边哭，充分展现了话剧反映现实生活的特长。演出引起了轰动效果，观众十分赞赏唐叔明、陈凝秋、唐槐秋、左明等人的演技："用婉转的音调、动人的姿势，骗去了我们不少的泪珠，吐出了针般的字句，一箭一箭地刺进了听众的心坎深处……"

但在此时，突然发生了一件意外横祸，因用人不当，一个坏蛋卷着所有票款潜逃了，使剧团一下子陷入了困境。张道藩他们要送南国社200块钱，但田汉拒绝了，拒收了。而此时，著名教育家、晓庄师范学校校长陶行知先生写来一封热情洋溢的信："田汉先生转南国社诸位先生：自从诸先生来到首都，城里民众唤不醒，乡下民众睡不着。唤不醒，连夜看戏，早上爬不起。睡不着，想看戏，路远无钱也！诸先生以艺术天才，专攻白话剧，必能为中国戏剧开一新纪元。行知谨代表晓庄农友、教师、学生向诸先生致一最高敬礼，亦欢迎诸先生下乡现身说法，以慰渴望。"田汉向来豪爽，此时便不顾自身的窘境，于1月23日率领团员冒雪向晓庄进发。晚上在演出时，南国社因陋就简，用白布、黑布做成了黑白分明的二色布景，演出了《生之意志》等剧，反而产生了意想不到的舞台效果。第二天，田汉为使演出具有农村生活气息，临时创作并赶排了独幕小话剧《新村之夜》，并临时请了当地的乡村姑娘陈秋舫扮演女主角。由于她过于"入戏"，竟然把扮演坏人的演员左明"当真打下了舞台"，引起了人们的开怀大笑。

南国社的第二期公演于1929年7月至8月在南京民众教育馆和上海举行，还曾到无锡演出。南国社因这两期公演声名大振，使京沪道上充满了戏剧的空气，受到爱好话剧的青年的欢迎。到1930年6月，南国社举行第三期公演。田汉毅然抛弃了《莎乐美》，而公演由他自己根据法国作家梅里美小说改编的六幕话剧《卡门》，在上海中央大戏院首演。当时，上海正笼罩在严重的白色恐怖之中，由于《卡门》以充沛的革命热情和英勇气概，歌颂了西班牙的人民革命，对人民革命发出了热烈的呼唤，只演了三场，第四天就遭到国民党当局的禁演，理由是“鼓吹阶级斗争，宣传赤化”。

事实上，此时上海正是左翼文坛得势时期，左翼作家联盟成立的时期，田汉被选为执委。到了9月，南国社即被查封，国民党还到处搜捕田汉。由于鲁迅先生的警告，田汉从日晖里暂移平原坊一个前楼上。那天母亲本来要他回去吃鸡，但田汉读书读得太晚，睡过了头，因此没有回去。不一会，金焰等人来给他报信。田汉在电灯匠与木匠工友保护下到天蟾舞台后台找周信芳。那时，周信芳、王芸芳等正在扮戏。大家都很焦急，剧场后台又无法藏，只有走。田汉穿的是西服，王芸芳就把自己一件哔叽长袍换给田汉穿，周信芳又拿出二十元钱给田汉，让他乘上自己的汽车，驶向日租界。田汉躲进日租界的一位朋友家里，才安全脱险。

至此，南国戏剧活动暂时偃旗息鼓了。田汉则于 1932年加入了中国共产党，参与领导了左翼戏剧活动和上海文化界的革命活动。

徐悲鸿营救田汉

就在丁玲被捕后不久,厄运又降落在田汉身上。1935年初,中统上海区根据南京特工总部提供的线索,对田汉、阳翰笙等人侦察了一个多月。1935年2月19日晚,田汉参加一个讨论梅兰芳赴苏联演出的剧目的宴会,刚刚从位于四川北路的新亚旅馆回到家里,便连同妻子林维中和女儿田野一道,被国民党特务逮捕。他一家人先是被关在爱文义路巡捕房,后被转移到上海市公安局。因田汉在狱中始终未暴露自己共产党员身份,故将林维中提前释放。

田汉仅在上海关押了一个星期,在一个严寒的冬夜,即被押往南京,拘禁在夫子庙附近的国民党宪兵司令部监狱。这一天,田汉的母亲在林维中的陪同下,来到时任南京中央大学艺术系教授兼系主任的徐悲鸿家,一进门就跪在地上失声痛哭起来。徐悲鸿知道好友田汉被捕,非常焦急,并满含热泪安慰老人,再三表示一定设法将田汉救出来。徐悲鸿和田汉是莫逆之交,关系非同一般,他望着窗外那两棵高大挺拔的白杨树,陷入了沉思。

之后,徐悲鸿离开傅厚岗6号,径奔张道藩家来,他知道,目前要把田汉救出来,还得要见这位国民党宣传部次长。张道藩漫不经心地听着心急如焚的徐悲鸿的诉说,他其实早已知道这事,中统从上海绑来一个田汉,能不汇报给他这个三民主义同志会的常务干事吗？末了，张道藩故意叹口气道："悲鸿兄，我早就说过，这些事情你不要管。"徐悲鸿打断他的话："你知道的，田汉的话剧本领可呱呱叫呢。一大帮作品，还出了好几本书，这可是话剧界难得的人才。张道藩知道是这么回事了，想了想，说道："那我试试吧！你就等着消息行了。"徐悲鸿不太放心地走了，他在心里嘀咕，如果田汉真是共产党员就麻烦了。

张道藩赶紧打听详细情况，中统特务机关汇报了，自然只是田汉艺术生活相当活跃而已，而关于田汉是否与共产党有关，却半点信息都查不到。张道藩知道田汉的名声，心想援引其为他所用，便把徐悲鸿找来了："我已关照过有关机关，他们答应可以因病保释田汉。不过，得要有名家作保才算数。""这个好办！"徐悲鸿很开心，转身就联系同在中央大学任教的宗白华，俩人赶紧一道去见田汉。当三人在宪兵司令部的客厅里见面之后，徐悲鸿激动地拉住面容憔悴的田汉的手说："寿昌，你没有罪！你受苦了！我们两个愿以身家性命为你担保，营救你出狱！当局提出的条件，是你出来后就住在南京指定的地方，不要去上海。虽然仍不算自由，但总比陷在监狱里好得多了。我们三人以后可以常常见面啊！希望你能同意！"田汉深情凝望着这位挚友，微微点头表示同意。徐悲鸿、宗白华回去后立即写了保释申请书，其内容是：田汉出狱后，一是不做政治活动；二是不离开南京；三是不离开中国。为了能顺利获得当局批准，徐悲鸿还请张道藩在这份申请书上签了名，并由张道藩转交国民党当局。而关于第一条，张道藩对田汉说："搞搞戏也还是可以的。"在田汉看来，对于一个文艺工作者来说，戏剧活动就是政治活动，此时日寇正向华北侵略，在南京搞团结抗日和争取民主的戏剧也未尝不可。7月27日，田汉以患背痈保外就医，被保释出狱，徐悲鸿非常周到地把田汉安排在自己家里。

此时，田汉背痈也确实很严重了，便赶紧在南京鼓楼医院开了刀，整整趴了两个多月才好。既然不能离开南京，就等同于软禁了，也因此田汉家住在丹凤街28号楼下，而楼上就有特务监视，监视着这个家庭，监视着田汉。当时的南京，是国民党的政治中心，也是文化统治的中心，进步的文化活动备受压制，戏剧舞台一片沉寂。但田汉是条真汉子，从来就不会放弃自己的追求，一出狱即利用国民政府的所谓“优待”，投身于南京戏剧事业的振兴之中。10月下旬，他与马彦祥、应云卫、王晋笙等人一起发起组织了“中国舞台协会”，以此作为戏剧活动的基础。为避免政府的非难，协会采取虚体的形式，既无会址、会员，也无组织、章程，导演、演员及工作人员多在南京、上海等地临时邀约。就在这样一个协会的招牌下，田汉在南京的左翼戏剧活动大张旗鼓地开展起来了。

就在1935年11月底，中国舞台协会在夫子庙的福利大戏院举行首次公演。演出的剧目为田汉1934年的旧作《回春之曲》和独幕剧《黎明之前》。《回春之曲》以主人公的恋爱为衬托，描写了“九一八”事变后民众的抗日怒潮。虽说时间仓促，戏未等排练纯熟就搬上舞台，但是演出的舞台效果还是不错的。

紧接着，中国舞台协会的第二次公演于半月之后在世界大戏院开场，上演了《械斗》和《洪水》二剧。马彦祥、田汉临时赶写出来的独幕剧《械斗》，两个村子过去经常私斗，而一次遇到土匪来袭，团结一致把土匪打了出去。实际是影射国共两党在国难当头之际，应立即停止内战，共同对敌。此剧演出之时，剧场气氛之强烈完全出于田汉的意料之外。当全剧即将闭幕之时，舞台上的全体演员高唱他写的《械斗之歌》："同胞们，快停止私斗，来雪我们中华民族的公仇！快停止一切的私斗，来雪我们中华民族的公仇！"此时，台下观众也随着台上一起吼起来，整个剧场气氛热烈。

中国舞台协会两次公演发出的进步呼声，使南京戏剧界的局面为之一新。但是由于各方面的条件尚不成熟，上演剧目多以农村生活为题材，因而观众绝大部分是青年学生，在一般市民中则反响不大，每次公演均只演出6场即结束，经费也渐渐入不敷出，舞台协会的生存颇为艰难。此时，各种流言蜚语纷纷传来了：什么田汉在南京大过戏瘾，南京一片歌舞升平，甚至说田汉演戏是为南京政府涂脂抹粉。上海有些报纸也造谣责难。田汉气愤了，在报纸上发表一篇短文，作为答复。他说："冒着种种困难，甚至于各种流言蜚语，我们组织了这次公演。我们的目的是在使戏剧运动和当前日益严重的国难联系起来，再使艺术运动有所推进！……"

就在第二次公演结束后，国民党宣传部副部长方治突然举行一次茶话会，招待演出的全体人员，田汉、应云卫、马彦祥、徐悲鸿和上海来的一些演员及南京文艺界、新闻界人士都参加了。茶话会开始，方治先讲了一番言不由衷的捧场话，才转到正题，他说："诸位出了很大的力，非常辛苦，应该受到慰劳。听说你们这次演出因开支大了，赔了些钱。你们演戏已经够辛苦的了，哪能还让你们赔钱？这无论如何是说不过去的。因此，你们无论有多少困难，宣传部都可以帮助你们解决，这也是理所应该的。"末了，田汉在一片掌声中站了起来，经常挂在他脸上的笑容忽然消失了，他十分严肃地说道："我们这次演戏，的确是赔了些钱。我们这么多年来演戏，是经常赔钱的。但是我们有一个信念，我们在舞台上赔的钱，我们还是要从舞台上捞回来。方先生的好意我们表示感谢，但我们希望方先生要'君子爱人以德……'"如此大方得体不卑不亢的回答，自是又赢得了满场热烈的掌声。

1936年4月，中国舞台协会在世界大戏院推出了第三次公演，上演由田汉改编的列夫·托尔斯泰的名著《复活》。这次演出，由于事先经过精心的准备，有学生预售券的票底，又聘请了上海的胡萍、顾梦鹤、魏鹤龄、刘琼、张曙等著名演员在剧中扮演角色，不仅极具思想性，艺术性也较强，因而获得成功。连演十二场，场场爆满，轰动了南京城。这次演出的收入，不仅偿清了前两次公演的债务，还赚得了全部服装和舞台装置，实现了田汉在茶话会上公开对方治宣布的"在舞台上赔的钱，从舞台上捞回来"的诺言。

1937年7月7日，日本在卢沟桥挑起战火，开始了全面侵华战争。值此民族危机日趋严重之时，田汉不顾南京夏日的高温酷暑，奋笔疾书，从7月18日到23日，以短短六天的时间，赶写出四五万字的四幕话剧《卢沟桥》，并发起组织宁、沪两地的戏剧工作者及南京的新闻界人士共同排练。8月9日起在南京的4家头轮电影院(大华、国民、首都、新都)举行募捐公演。虽然由于演出人物多，场面大(剧中角色80多个)，时间紧迫，演员多半没有舞台演出经验，演出的效果却非常好。每场演出，演职人员都全身心地投入，观众反应也越来越强烈，台上台下，群情沸腾，同仇敌忾，同声高呼“保卫华北，收复失地，把敌人赶出去”，并齐声高唱《义勇军进行曲》。《卢沟桥》打响了“戏剧抗日”的第一枪，使得抗日救亡的呼声响彻国统区上空。

抗日战争爆发了，国共第二次合作，田汉获得了自由，当即迅速奔赴上海，与郭沫若、夏衍等人投入上海文化界救亡协会的工作，又与欧阳予倩、周信芳等发起组织上海戏剧界救亡协会，筹建上海演剧队。

执着的抗日先锋

田汉原本就是热血汉子，一直醉心于戏剧艺术，一旦国家遇到了危难，他便愤起行动。他对日本侵华是如此痛恨，总是满怀激愤地写剧本、排演、公演，以唤醒民众奋力抗日！早在1934年的一天晚饭后，田汉带着田申与聂耳一同到上海外滩观察码头工人的生活。懂英文的田汉看到码头堆放的木箱上的文字后，当即震怒了：“木箱里面装着军火！是运给日本帝国主义打中国人的！”回去后，田汉很快创作了被誉为“中国第一部新歌剧”的《扬子江暴风雨》。

7月1日，该剧在上海正式公演。当演出进行到最后，码头工人义愤地把装有军火的木箱扔到黄浦江里，日本水兵开枪打死了工人于子林和小栓子时，聂耳扮演的码头工人老王抱着垂死的孙子愤怒地唱起了《前进歌》……那一刻，演员和观众的情绪融成一体，强烈的民族感情和对日本帝国主义的仇恨，像火山爆发般倾泻出来。大家眼含热泪，齐声高呼“打倒日本帝国主义”、“誓死不当亡国奴”等口号。那一刻，田汉也是满眼热泪。

到了年底，田汉决定创作一部电影剧本《风云儿女》，电影需要一个主题歌，得以长城为背景。田汉曾在一篇文章里表达了自己对长城的看法：从飞机上看，长城不过是一个矮墙，但现在要反对侵略者，中国人民要团结起来，形成一个真正的铁壁铜墙。他在《扬子江暴风雨》里

写《前进歌》，里面就有“长城”的概念：“把我们的血肉，筑成我们新的长城”。有一天田汉突然文思喷涌，想写首电影主题歌。由于手头找不到纸，匆忙中在电通影片公司的稿纸背后写了两段歌词，就于1935年年初被捕了。稿纸不慎被弄湿，夏衍和孙师毅誊写了歌词，以《义勇军进行曲》为名，将其发表在电通公司的画报上，立刻引起了人们的强烈共鸣。

此时，聂耳主动找到夏衍说：“请交给我作曲吧，相信田先生一定会同意的。”当年4月，聂耳从日本寄回了修改后的歌谱。为音乐表达的需要，聂耳在歌词中加了三个“起来”，并在结尾“冒着敌人的炮火前进！前进！”加了“前进！进”，使整首歌节奏更加铿锵有力、浑然一体。至于《风云儿女》，夏衍找来许幸之、吴印咸帮助拍摄完，则于5月就在上海公映了，这是左翼电影的一项辉煌成就。

由于当时国民党新闻封锁非常严格，歌词里不能有抗日的字眼，《义勇军进行曲》这首歌里恰恰没有抗日的字眼，却又激起了大家的激情。在上世纪40年代，美国著名黑人歌唱家保罗·罗伯逊也多次在美国以及捷克的世界和平大会上演唱过这首歌。1945年时，联合国要选择一首能够代表中国的歌曲，就选中了《义勇军进行曲》。1949年10月1日，《义勇军进行曲》第一次作为中华人民共和国国歌奏响在天安门广场。此时田汉就伫立在观礼台上，自是感慨很多。

而南京陷落时，田汉辗转于1937年12月回到了长沙，此时他在戏剧界已是赫赫有名的人物。翌日，湖南戏剧抗敌后援后主席、《湖南戏报》社长黄曾甫，长沙戏剧同业公会主席、维多利电影院经理陈宗陶、田汉的表舅蒋寿世等人发起，在鱼塘街湖北会馆的世界戏院，举行了“欢迎田汉先生回湘大会”。到会的有京剧、湘剧、通俗话剧的艺人和业余戏剧爱好者以及从事文化、新闻工作的人士300多人，田汉在会上作了50分钟的讲话，声调不高，言词恳切，他号召大家联合起来，团结起来，积极投入到抗战救亡的宣传活动！他还强调：“‘楚虽三户，亡秦必楚’，只要湖南人不死绝，日本矮子是莫想亡中国的！”许多女艺人立即唱起了《义勇军进行曲》、《松花江上》等歌曲，拍掌和歌，走出会场，“起来，不愿做奴隶的人们……”的歌声，响彻街头巷尾。田汉要旗帜鲜明地宣传团结抗战，随即着手筹办《抗战日报》，也得到了他的恩师八路军驻湘办事处主任徐特立的同意。事实上，田汉一直全身心地扑在戏剧事业上，无论是南国社也好，在南京也好，一直是惨淡经营，都在勉力维持剧团运转。他自己则两袖清风，现在要在短时间内创办一家报纸，又谈何容易。但他素来有一股“湖南牛”的犟脾气，什么事说干就干，便苦心奔走，动员爱国人士资助。在不到一个月时间内，《抗战日报》筹备就绪了，社址设在长皇仓坪28号远东电影院二楼，那是一间呈长条形而面积不大的房子，编辑、办公、会客都挤在一起。人员不多，田汉就亲任主编，廖沫沙担负日常编辑事务，田洪、廖若平则管理发行。他们经常工作到深夜，就寝时，就将白天卷起来堆在角落里的被褥铺开，以楼板作床，生活紧张而又艰苦，却一个个精神焕发。

1938年1月28日，即“一·二八”上海抗日战争六周年纪念日，第一张由田汉亲笔题写刊头的《抗战日报》与长沙人民见面了。第一号头版头条，以大字标题，发表了《张治中将军印象记》，这是田汉亲自撰写的代发刊词。那时，《抗战日报》开辟了抗战青年、抗战儿童、抗战妇女、戏剧与电影等专栏。田汉则夜以继日地伏在临窗的一张小条桌上，孜孜不倦地审阅来稿，撰写文章，先后发表了《春帆楼上的对话》、《建立必胜的抗战军》、《歧途上的英帝国》等。他明确提出：“现阶段的剧运路线”是“戏剧的游击战”，“不仅要做一个戏剧的游击队员，也要变成一个真正为民族解放而斗争的游击战士！”

就在1938年春，应周恩来的电报召请，田汉从长沙到武汉参加郭沫若主持的政治部三厅工作，担任掌管战时艺术宣传的第六处处长。到11月初，他带领政治部所属的一些抗敌演剧队和工作人员，来到长沙，在又一村民众俱乐部黄金剧院楼上办公。此时长沙已满城动荡不安，到处是一片疏散之声，田汉派田洪、李也非二人到湘剧艺人间进行串联，将当时的三个湘戏班分别组成长沙湘剧抗敌宣传队。11月12日这天一大早，田汉与郭沫若一道将从战区撤下来的文化服务队、演剧队和长沙湘剧宣传队集合于又一村教育会坪，举行一个简短的纪念日，请其时来到长沙的周恩来作鼓动报告。会后，各队整装出发，湘剧宣传一队往醴陵，二队往湘潭，三队则随政治部三厅迁往衡阳，并给每队发放经费银洋600元。就在这天晚上，国民党制造了震惊世界的文夕大火。

待到第二年4月7日，田汉、洪深根据周恩来的指示，赶回长沙从事善后工作，湘剧一队和三队的艺人也陆续返回长沙。当田汉一眼看到长沙城一派焦土，满目凄凉，不由满心沉痛，吟出《火后归长沙》诗句：

长驱尘雾过湘潭，劫后名城忍细谈。

市烬无灯添夜黑，野烧余焰破天蓝。

街枚荷重人千百，断瓦颓砖户二三。

犹有不磨雄杰气，再从焦土建湖南。

随之，田汉不顾辛劳，奔走于瓦砾灰烬之中，亲自率领艺人们掩埋尸体，收容伤员，宣传赈灾，发放救济金。在这余烬尚炽、焦臭扑鼻的废墟秃墙之间，忽然增加百十来口人的粮食，一时自是颇难筹办。田汉便自告奋勇地率领一个小分队来到市区，寻找已不见痕迹的粮店米仓。当他在余火未尽的硝烟中发现米堆时，便蹲了下去，不顾手遭灼烫，俯身挖掘，用右手抓出一把沙砾似的东西，喜欢得几乎叫嚷起来，用他那浓重的长沙口音爽朗地对大家说："快来动手，咯米够我们工作人员吃的还有多，可以挖回去煮粥救济灾民啊！"后来，他们真的设摊施粥，灾民自是深为感激。后来，田汉又在残垣余灰中发现了印刷机与铅字，当即运回去编印小报，定为《新长沙报》，他任主编。那段日子里，他每天忙到深夜，重要的社论和消息，便送到周公和郭老那里审批。

此时，昔日那个享有盛名的剧作家田汉，在民族存亡的时刻，早已脱下西服，戎装佩枪，剃着和尚头，日夜奔波在救亡的战线上，两鬓已飞上了繁霜。1939年秋天，是日军再度从湘北发动进攻前的缓冲期，长沙局势稍现平静。这时，田汉和任光、龚啸岚一道，将湘剧艺人和原湘剧抗敌宣传队一、二、三队的成员组织起来，共约200多人，在三公祠公医院内，举办长沙戏剧艺人讲习所。艺人们集中开餐，每日早操，一面学习，一面排练演出。田汉其时还领导着政治部三厅在武昌组成的一些抗战宣传队，他经常往返于长沙、湘潭、衡阳之间。每当他返回长沙，总要到讲习所看望艺人，并经常给大家讲课，系统地向艺人宣传国际国内形势，戏剧与抗战的关系，文艺工作者的职责等，还教唱战斗性强的《班歌》。至11月1日，讲习所结束，风传日军即将再次进占长沙，田汉遂将其中没有参加过抗战宣传一、二、三队的艺人，按四、五、六、七序列，再组成4个抗敌宣传队，疏散到外地去，到乡下去，就如革命的火种，将抗战的信念唤起民众共同抗日救国！各队分别出发到湘潭、醴陵、衡阳、耒阳、益阳广大农村及湘西沅陵、靖县等山区，演出《江汉渔歌》、《土桥之战》、《旅伴》、《新梁红玉》、《新扫梧桐》等剧目。

皖南事变后，长沙的政治形势顿时紧张，田汉乃先奉母在南岳衡山脚下借住在唐三先生的家里，这对田汉来说真是难得。但不到半年之后，因着"新中国剧社"，他于1942年8月，与弟弟一家人带着母亲转赴桂林，住在漓江之畔月牙山下花桥，一家皮鞋作坊后面的两间小房里。在这里，田汉又是写戏，又是排戏，不顾自家的困境，全力支持"新中国剧社"、"文艺歌剧团"，甚至"中兴湘剧团"。田汉性格豪爽，高兴起来就爱开怀大笑，"哈哈哈哈"的笑声很有感染力。这时正是田汉在经济上最困难的时候，但仍以他乐观的笑声鼓舞大家，竭力维持大家渡过难关。就在来桂林的1941年除夕之夜，他家过年不但没钱买肉，米店老板还登门要账。田汉没米的消息像风一样吹遍了桂林城，文化界的朋友们纷纷送东西来了，吃的穿的用的什么都有，令他感受到了相濡以沫的温暖。

当日军进犯桂林时，田汉又侍奉母亲随难民队伍颠沛流离到贵阳，一家人贫病交迫，家中依然常无隔夜之粮，但他仍为戏剧而忙碌而奔波。当一家人不得不离散时，他忍泪告别前往重庆的老母，奔赴昆明。直到全国解放，母子才在北京重逢。

曲折多变的爱恋

早在1922年，田汉与妻子易漱瑜从日本返国，来到上海，住在哈同路民厚北里40号。田汉当时在中华书局担任编辑，同时从事写作和翻译。他决定效法日本思想家山川均与菊荣夫人的先例，与其妻易漱瑜合作创办一种文艺半月刊,取名“南国”，于1923年1月创刊。他在刊物的宣言里说：“欲在沉闷的中国新文坛鼓动一种清新芳烈的艺术空气。”当时田汉钦慕英国大诗人威廉·勃莱克的做法，由自己出钱印刷，自己校对，自己折叠，自己发行。刊物除了刊登他与易漱瑜的作品外，还刊载了郭沫若、宗白华、郁达夫诸友的通信。从第二期起附刊《南国新闻》，注重戏剧、电影及出版物的批评。这一时期田汉在该刊发表的剧本有《获虎之夜》、《乡愁》等，并在《创造》上发表了《咖啡店之一夜》、《午饭之前》等剧本。

办刊物，工作极其繁重，何况仅由田汉与妻子两人艰苦支撑。因此，被工作和一家的生活负担弄得心力交瘁，易漱瑜终于累得病倒了，病得很重。田汉只得送她回家乡长沙养病，途经武汉时，已囊空如洗，万般无奈之时，走进一家大书店，见货架上有他的书，便对店员说："我是这本书的作者田汉，想见你们的老板！"个子瘦小的店员激动地仰起头望着田汉，他知道田汉是大作家，丝毫没有怀疑，便跑进去通报老板了。老板十分高兴地迎了出来，请他到里面坐，并要宴请他。田汉婉辞了，说明想借一笔钱送妻子回家治病。老板听了，赶紧以钱相赠。谁知回家不到三月，易女士竟玉殒香销。田汉含泪埋葬了漱瑜，也埋葬了他最真诚的爱情。他悲哀到了极点，以无限悲痛的心情，写了十首悼忘诗，其中《梦中怀漱瑜》如此真情地写道：

是耶非耶谁能保，梦中忽得君诗稿；
倦鸟欣能返故林，小羊姑让眠青草；
平生好洁兼好静，红尘不若青山好；
只怜尚有同心人，从此忧伤以终老。

1927年2月，因漱瑜临终曾再三嘱托，田汉与亡妻的至交黄大琳结了婚。但与此同时，他和一位远在新加坡的女教师林维中有了联系，彼此已通信3年。林维中因逃婚而出走南洋，还在1925年，她偶然在刊物上读到了田汉在丧妻悲痛中写的散文《从悲哀的国里来》，被深深打动。她大胆地给田汉写了一封信，坦承自己的爱慕之情。就这样，刚再婚的田汉与林维中不时传递信件和照片，感情一发不可收拾。田汉天性浪漫，他在给日本作家谷崎润一郎的信中写道："怀念着旧的，又憧憬着新的，捉牢这一个，又舍不得丢那一个。于是，我成了暴风雨中的小舟似的，只好让它漂流，让它颠簸，毫不能勇猛地向着某一个目标疾驶迈进了。"

1928年夏天，林维中利用暑假回上海与田汉见面，当她听说田汉办学没钱，立即把自己积攒下的500元钱给了他。当时，500元可是一笔不菲的资财，上海普通工人的月工资也不过几十元钱。1929年新年刚过，田汉率领南国社去广州公演。虽然异常繁忙，但他一个月之内还是给林维中写了7封信，热恋之情由此可见。这时，他已决定与黄大琳分手，娶林维中为妻。不久，田汉和黄大琳的婚姻宣告结束，他们不但友好分手，还专门去照了一张离婚合影。

1929年对田汉来说，是人生的一大转折。大革命失败以来的形势，使他决定"转换一个新的方向"，即从思想上、政治上、文艺作风上转向"左翼"文艺战线。因为田汉在上海的影响力，他成了各方争取的对象。恰在此时，来自莫斯科回来的"红色女郎" 安娥，出现在了他的生活中。安娥只有24岁，身份是上海中共特科成员。安娥懂文艺，也会写东西，组织就派她去接近田汉。那时，田汉已成立南国社，是一位左翼作家，各方面来往的人很多。他本以为所见的是一位积极要求入社的女学生，却见安娥不卑不亢，举止大方，颇有几分英豪气，很是欢喜。

其时，安娥被安插在国民党驻上海“中央特派员”杨登瀛（鲍君甫）身边担任秘书，她负责将收集来的信息及时抄送给陈赓，再由陈赓报周恩来。这些重要的情报使许多地下党员化险为夷，安娥参与营救的就有任弼时、关向应等人。她一天可以变换好几个身份，一会儿是衣着华贵的秘书小姐，一会儿是女工，一会儿又成了大学校园里的学生。

这之后，安娥便经常带着她写的作品来找田汉。当她将小说《莫斯科》交给田汉时，这位“靠思想飞翔的艺术家”震惊了，作品反映出的丰富阅历以及不俗才情让他很是兴奋和感动。在安娥的影响下，田汉开始更多地关注社会现实问题，加入了“左联”，并申请入党。正是这一思想的转变，使田汉成为“时代之子”，创作出《义勇军进行曲》。频繁的接触与交流，急剧增进了两人的感情。1930年秋，在南国社被查封、田汉被迫隐居的情况下，安娥选择了与田汉同居。

然而，甜蜜的爱情并没有维持多久，与田汉保持了5年通信恋爱关系的林维中，不久从南洋归国。林维中知道安娥与田汉的关系后，当面去质问她。而田汉既不愿伤害这个，也不愿伤害那个，犹豫不决。在此种情况下，反而是安娥帮他下了决心。她告诉林维中：“我不要家，不要丈夫，你与她结婚吧。”最终，田汉决定遵守诺言，与林维中完婚。其实，安娥是地下党员，当时并不能结婚。她听说田汉结婚没有房子，甚至还张罗着给他们找婚房。而田汉并不知道，安娥正怀着自己的骨肉。1931年8月，田大畏出生了。出于经济和安全等考虑，安娥不得不把儿子送走。在最难的时候，安娥踏上了多年未回的家乡，她跪着求母亲，请她照看田大畏。母亲搂着安娥失声痛哭。之后，安娥回到了上海，来到田汉面前亲口告诉他："孩子已死，无需挂念。"

1933年，由于叛徒的破坏，安娥的直接领导被捕叛变，作为下线，安娥与党组织失去了联系。经作曲家任光介绍，她进入上海百代唱片公司歌曲部工作，创作了大量旋律悦耳、意境优美的歌曲。脍炙人口的《渔光曲》、《卖报歌》等，都写于这一时期。1937年抗战全面爆发后，安娥撤离上海，在由上海辗转武汉的路上，她竟与田汉相遇了。安娥告诉田汉，孩子尚在，而且也长得很高了，田汉听后很激动。当时，田汉的妻子林维中住在重庆，而他和安娥住在武汉，两人常常一起出席活动，爱情又明朗化了。诚如作家吴似鸿在回忆田汉时所言，田汉虽然兑现了跟林维中结婚的诺言，但无论是政治倾向、艺术观点和人生态度，他都跟安娥更加契合。

1948年2月，安娥接受上海《新民报》专访，开诚布公地表明了自己的爱情观。她说："争，或许可以得到一个人的躯壳，但却不一定能得到一个人全心全意的爱情。"当记者问她，面对如今的局面如何应付？安娥笑言，"无所谓应付"，"一切应该随田先生"，"是他自己因善良而产生出来的痛苦，也正因为他这一份善良，时常使我感动"。1938年后，安娥辗转武汉、重庆、桂林、昆明等地，抗战胜利后回到上海。这时，田汉已经与林维中离异。1948年，安娥和田汉同赴解放区，历经20年风风雨雨后，终于厮守在一起。

可以说，田汉一生以戏剧视为自己的生命，他懂戏，也从未停止过写戏排戏，尊重传统戏剧的优良传统，珍惜且看重演员。还在抗战时期在长沙时，田汉就多次强调：由于战争的原因，近十多年来湘剧都没有正式科班，老艺人健在的寥寥无几，若不及早培养新一代，湘剧就有失传的危险。而在解放后，他分别于1956年3月、1962年11月回到了湖南，随即便去走访当年那些老艺人，与湘剧老艺人座谈谈心。看到老艺人艰苦的生活条件，青年艺人却无戏可演时，他着急了。他奋笔疾书，先后撰写了《切实关心演员的生活》、《为演员的艺术青春请命》两篇汇报文章，为他钟爱的戏剧及戏剧演员仗义执言。他才华横溢，编戏的速度更是令人叫绝。新排演一出戏往往是他现编，一边誊写一边排练，常常几天功夫就能将新戏串下来，就能搬上舞台与观众见面了！直至解放后，田汉的创作激情依然高涨，《文成公主》、《谢瑶环》、《关汉卿》等一出出精彩的戏，在他的笔下绚丽如花，令人动容。

可令人扼腕的是，这位才情卓著的戏剧大家，最终却以悲剧结束辉煌的一生，文化大革命一开始，田汉便首当其冲地蒙冤入狱，于1968年在苦雨凄风中独自离世。但他年老的母亲一直在盼望他回家，她每天都坐在当门的椅子上，像从前一样等待儿子的归来，可直到寿终她都未能见到儿子田汉一面。田汉被捕后，也始终在牵挂着年过九旬的老母，临终之前，他曾向看守祈求：“请让我回去一趟吧，我想看看我的老母……”却未能如愿，只得辛酸地闭上了双眼。所幸终于云开雾散，可后来埋在八宝山田汉墓中的并不是他的尸骨，也不是他的衣冠，而是一枝钢笔。《国歌》恢复了尊严，而《国歌》的词作者只能以一枝钢笔的形式供后人凭吊。

黎锦晖：明月曾照彩云归

说起黎锦晖，对今天的年轻人来说或许陌生，但在半个多世纪前，却是中国流行乐坛最红的名字，几乎人人都听过他写的歌，他在1927年创作的《毛毛雨》被视为中国本土诞生的第一首流行歌曲。

一

黎锦晖的音乐创作却是从儿童歌曲开始，那首至今广为流传的“小兔儿乖乖，把门儿开开，快点儿开开，我要进来”，便是他最早谱写的儿歌。

话说1916年4月，黎锦晖带着妻子及女儿黎明晖来到北京，暂住在大哥黎锦熙家里，位于北京内城二龙坑的一套小院，名为

“湘庐”。此前，黎锦熙应中华民国教育部教科书编纂处熊崇煦的邀请，担任教科书特约编纂员兼文科主任。黎锦熙积极开展国语运动，大力推广白话文，编创了注音字母。黎锦晖受其兄影响，积极参加国语运动，他编写的《新教材教科书国语课本》，立即成为全国中小学必用的课本。

当然，他并未料到自己日后会以音乐为终身职业，但对音乐的喜爱，却日趋深沉，由此激发了他潜藏的音乐才华。其时，他经常晚上和大哥去戏院观摩京剧，一早抄好戏码，从《戏考》上查出“戏文”（剧本），打头一出听到末一出，乐此不疲。如遇风雨之夕，便召唤巷中喊叫开放话子（留声机）的进来，听听京剧与曲艺的名角唱片。他还喜欢到天桥和城南游艺园收集民谣小调，和那些所谓“下九流”们交朋友，欣赏他们的艺术，记录其曲谱，自是如痴如醉。

至1919年，蔡元培成立“北京大学音乐研究会”，除课程设置分古筝、丝竹、昆曲、钢琴、提琴、歌唱各组外，还开有乐理课和欣赏课，所聘的导师中，有肖友梅、杨仲子等国内名家，还有钮伦（英国）、哈士门女士（荷兰）等外籍专家，成为中国近代音乐教育的中心。其时，黎锦晖任中乐部通乐类潇湘乐组组长，他一边在北大学习，一边搜集、整理、演奏民间丝竹音乐，陶醉于清新的民间乐曲之中，乐此不疲。他组织试奏了自己根据民间小调改编的《四季相思》、《四时读书乐》等一些音调爽朗、感情丰富的民间音乐，结果被少数会员反对，说是“俚俗不堪”。不过，更有许多人支持，让他看到了民间音乐受到平民大众欢迎的场景，燃起了使之走上大雅之堂的念头，坚定了发展民族音乐的决心。

1920年中秋之夜，黎锦晖在北京斗鸡坑寓所内，召集了潇湘乐组有志于平民音乐的年轻人。月明如水，大家一边赏月，一边就平民音乐纷纷发言，气氛轻松而又热烈。聊到兴头上，大家倡议组织音乐社团，黎锦晖深受感染，大声叫好，当即与大家一同确定了社团宗旨：兼容并包之内，更为重视民间音乐。为了给社团取个好名字，大家争执不下，黎锦晖思索良久，站起来慷慨激昂道："我们高举平民音乐的旗帜，犹如皓月当空，千里共婵娟，人人能欣赏，就叫'明月音乐会'吧！"大家不由齐声称好。自此，黎锦晖正式亮出了平民音乐的旗帜！不过，明月音乐会是个松散型音乐团体，它始终没有订过会章，没有挂过招牌，也没有印过会员名单。

此时，应中华书局总经理陆费逵盛情相邀，黎锦晖来到上海，出任国语文学部长，着手编写另一部不带注音符号的《新教育教科书国语课本》，竟销路大畅，超过了素以出版教科书闻名的商务印书馆。不久，教育部"国语读音统一会"在上海兴办国语专修学校，经费由中华书局承担，并由黎锦晖出任校长。黎锦晖干脆设立了国语专修学校附属小学，以实验新编课本和新教法，再以语专名义组织"国语宣传队"，到江、浙、沪等地的中小学校宣讲白话文和注音字母、新教法的好处。1922年早春时节，国语宣传队分三路奔赴各地，黎锦晖带着女儿黎明晖和宣传队来到宝山、松江、苏州、无锡、镇江、芜湖一带宣传。黎锦晖讲课之前，由女儿用国语音调演唱白话文歌曲，他就操小提琴伴奏。此时黎明晖才12岁，长得很美丽，洋娃娃似的，国语很纯熟，其歌喉又嘹亮动听，引起了很多学校校长、国语老师的极大兴趣，新文化运动的种子就此在江浙一带生根、发芽，继而蓬勃发展。

此时，黎锦晖又创办了儿童文学刊物《小朋友》，印刷精美，装帧新颖，第一期就发行20万册，迅即成为风靡全国及南洋、日本等地的热销刊物。在他看来，《小朋友》是向孩子们宣传新文化、新思想，普及白话文和拼音、提倡教育救国的前沿阵地。当时没人专为孩子们写作，黎锦晖就动员"国语文学部"的编辑们为《小朋友》写稿，他自己更是热情高涨，笔耕不已。至1927年，他共创作了12部歌舞剧《麻雀与小孩》、《葡萄仙子》、《小小画家》、《小羊救母》等，和24首儿童歌舞表演曲《好朋友来了》、《三个小宝贝》、《谁和我玩》、《可怜的秋香》等，一旦上演，都成为小朋友喜爱的节目。而他1928年编剧并作曲的《小小画家》，则被认为是20世纪中国歌剧的滥觞。

西风东渐，当时的上海已露商业文明的端倪，却没有本土的现代流行音乐，街坊流传的还是一些民间小调，包括《十八摸》、《打牙牌》等淫秽小调。这时，黎锦晖试图通过完善原有的小调曲调，填入白话新词，来丰富平民歌曲。

二

1926年年初，中华书局排字工人发动罢工。由于领导工潮的潘汉年、王人艺等都是黎锦晖的手下及好友，他又经常与排字工人接触，遂被怀疑是工潮鼓动者。他便怒而辞去国语文学部部长，由此难得地闲了一段时间，便趁机去观摩意、美、法等国歌舞团体的歌剧、舞剧演出及参加国际性艺术家集会。外国歌剧激发了他的灵感，而国内歌舞事业却是一片空白，他决心自力更生，酝酿创办“中华歌舞专门学校”。

于1927年2月，黎锦晖拿出3000元版税收入，又接受了王绶之、柳菊生等人的资助，“中华歌舞专门学校”在上海爱多亚路966号（他的寓所）宣告成立，由他自任校长。随后，他登报招收专修科三个班，招收有一定歌舞基础、12—15岁的男女青年，录取后由校方供给膳宿，两年毕业。虽条件较为优厚，当时人们对歌舞表演有偏见，认为这是培养“戏子”的地方，只招到了30多名学生。学校开学后分成了甲乙丙班，黎锦晖大胆请来了留洋回来的舞蹈教师、歌唱老师来教这些孩子们，并亲自讲授戏剧常识、音乐理论、时事概要、外语会话等。

新型的黎氏教学法强调快速实用，比如教授钢琴，使用简谱，右手弹曲子，左手照八度配音，不讲究姿势和指法，不打算钢琴独奏，也不打算演奏外国乐曲，只要能伴奏就行。竟将外国需要九年时间的教授缩短为90天，被曲乐界权威讥为“黎派钢琴教学法”，斥之为“旁门左道”。黎氏教学法还采取“小先生制”，即先学会的教后学者，使得学员练功练唱好似友谊竞赛，纷纷拿出自己的看家本事。而俄国舞蹈老师马索夫夫人虽已发福，但舞艺高超，尽心尽力地教孩子们。她一周来上四节课，如果时间不够，就把学员带到家里再教再练，直到练好为止。

学校开学没几天，弟弟锦纾及姐姐锦皇专程从武汉来上海，转达了宋庆龄和邓演达的口信，邀请他及他的歌舞学校去汉为武汉国民政府和北伐军进行慰问演出。这时学校教学刚走上正轨，学员们的素质良莠不齐，组织演出班子自是难度很大。为革命摇旗呐喊，对黎锦晖这位曾经的“革命的才子”来说，是一份义不容辞的责任，他很兴奋地接受了邀请。随之，他对教学和演出重新做了安排，由杨九寰、魏萦波等继续留校执教，他自己则带团去武汉表演。他不辞劳苦地组织学员日夜彩排，第三天就带着“中华歌舞团”匆匆乘船出发。

虽时间仓促，但演出的节目却相当精彩，有宋庆龄亲自点名的《总理纪念歌》，还有鼓吹北伐的《同志革命歌》、《欢迎革命军》等，更有歌舞表演《寒衣曲》、《夜深了》、《小小画家》，歌舞剧《神仙妹妹》、《最后的胜利》等等。短短的日子里，歌舞团在武汉演出达50多场，邀请演出的单位排成了长龙。可就在此时，“四·一二”反革命政变在上海突如其来地发生了，武汉全城震惊。黎锦晖心急如焚，何去何从，让他伤透了脑筋，最后还是决定率队回上海。

回到上海后，黎锦晖非常低调，把“歌专”的五色旗换上了青天白日旗后，就埋头于培养学生和自己的音乐创作。一段时间风平浪静，他以为没什么事儿了，就着手筹划学生的演出。9月7日，“歌专”在上海中央大戏院正式公演，4套节目轮流上演，如此令人耳目一新便得连演八天，场场客满，令人欢欣鼓舞。当时报纸上也一片赞誉之声，京沪线上的学校纷纷来函邀请。他随之带团先后去南京、无锡、南通等地演出，也都大获成功，此时麻烦却找上门来了。

当时率北伐军进入上海的，是桂系军阀白崇禧，他是支持蒋介石的。他刚到上海，闻听歌专的大名，便派其黄姓秘书长来找黎锦晖。黄秘书长把委任状强塞给他，说道：“白长官要在司令部建歌舞股，特委任先生任上校股长！”而黎锦晖不想参与政治，也不想当官，眼见黄秘书长那双色眼不停在女学生们的身上打转转，忙耍了个心眼儿：“孙夫人不久前也想收编我们，我婉拒了。现在白大将军看得起我们，但这会让孙夫人难堪吧？请秘书长回复，再斟酌斟酌？”

黄秘书长的脸霎时变黑了，威胁要“枪毙”黎锦晖，就匆匆走了。几天后，黄秘书长要歌专到大舞台进行慰问演出，黎锦晖机智地以学生要学习和训练为由婉拒了，且为了不让其抓住把柄，暂停对社会上的一切演出活动。黄秘书长恼羞成怒，再次威胁要“枪毙”黎锦晖。此时，租界当局也对歌专悬挂青天白日旗极为恼怒，便有人透信给他，让他赶紧将歌专迁出租界或停办。

黎锦晖办校从来不收学费，还包食宿，加上演出大都为免费招待，收入甚微，而耗用很大。他虽把自己的稿费、版权费全部贴进去了，仍入不敷出。此时，一些支持者害怕了，撤掉了原本承诺的办学经费，更是雪上加霜。面临如此内忧外患，学校举步维艰，而黄秘书长仍在纠缠不已。作为一介文人，对此局面他自是心力交瘁，曾在上海滩享有盛誉的“中华歌舞专门学校”只得黯然停办。

学校停办后，由王绶之出资清理学校债务。黎锦晖仍放不下刚刚起步的歌舞事业，他便另租下华界小东门的一座陈旧、矮小的三层楼房，不仅楼梯狭窄，房间又小又挤，光线也不好，和以前相比，简直是天壤之别。黎锦晖挂上了“美美女校”的牌子，仍任校长，此时只有几十个没有门路又喜欢艺术的学生。教员则寥寥数人，皆不拿薪水，只尽义务。美美女校仍然步履维艰，黎锦晖一边勉力维持学校的正常运转，一边勤奋创作。他创作了《毛毛雨》、《妹妹我爱你》等一批爱情歌曲，只在团内流传，还没有公开演出。后来，随着“中华歌舞团”在南洋各地巡演，黎明晖演唱了《毛毛雨》、《落花流水》等“新型爱情歌曲”，很快就风靡于大街小巷，被称为“时代曲”。

美美女校摇摇欲坠之际，好友王绶之给他出了个主意：下南洋。王绶之认识一位新加坡爱国侨商刘廷枚，刘廷枚热爱音乐，是黎锦晖父女的歌迷。其时，黎明晖已拍摄了《战功》、《透明的上海》、《可怜的秋香》等九部电影，是中国最早的童星，在海内外拥有极大的名声。而刘家是新加坡的巨商，熟悉南洋各地的情况，他邀请黎锦晖率团到南洋各地，并答应负责入境和经费。黎锦晖便欣然同意，赶紧紧锣密鼓地排练节目。

可当时人们对南洋的印象还停留在茹毛饮血、瘴疠之地的阶段，便有不少学员走掉了，只留下黎明晖、刘小我、徐来、王人美等几个小姑娘。黎锦晖只得赶紧招收了薛玲仙、李文云、陶丽芬、钱莉莉等一批新学员，加上歌专留下的学员30余人，组成演员和乐手两支队伍，立即着手排练。之后，他将自己反锁在一间房子里，吩咐不准闲人打扰，集中时间和精力将原有节目加以修改，抹去了反帝等政治色彩浓厚的歌词，以便能顺利通过南洋各殖民政府的严格审查，竟编排成了五套节目。随之，整整三个月内，学员从上午8时至深夜12时紧张排练，那租来的三架钢琴从早到晚叮叮当当响个不停。

临要出发了，黎锦晖手头又没钱了。可以说，凭他的名望地位，凭他的艺术天才，金钱如江水般向他涌来，但他仗义疏财，扶危济困，常常借钱给他人。且他身上还残留着浓厚的旧式文人耻于名利、也耻于钻营的古习，从未想到要在学员身上挣钱，反而倒贴食宿。所以他一辈子赚钱巨万，最终仍是手头拮据，穷困潦倒。此时大中华公司找上门来了，邀请他将他的歌舞剧和歌曲灌成唱片，开出的条件较为优厚。黎锦晖立即与大中华签订合同，请来明月音乐会的老友严个凡、张遇义、严上工等“灌音八仙”进行伴奏，由黎明晖、刘小和、严醒华等主唱，灌制了《落花流水》、《人面桃花》、《麻雀与小孩》等10多种。之后，刘廷枚先期预付了3000元的制装费，费用基本上满足了。

于是，黎锦晖将歌舞团的名字定为“中华歌舞团”，只待出发了。

三

1928年5月，一个天气晴好的日子，“中华歌舞团”由上海乘船奔赴香港。港口上一片热闹，田汉、郑振铎、欧阳予倩、陆费逵等上海各界名人，以及众多记者、大中小学的师生前来送行。声声叮嘱里，黎锦晖站在船头，自是百感交集。

他们第一站先到香港，在当地最大的剧院“香港大舞台”演出。预定5天，每天2场，又是场场爆满。第一场开始，在乐队奏起了《鹧鸪飞》的前奏曲中，大幕徐起，八位少女身着雪白小纺长衣长裙，在舞台上一字排开。当她们满怀深情地齐唱《总理纪念歌》，现场的华人观众不约而同地肃然起立。在座的身着大礼服的英国贵族，也随之站起。全场气氛非常肃穆，只有庄严的歌声在飘荡。歌唱五分钟，全体肃立五分钟。一曲唱完，掌声雷动。当晚，香港同胞举行晚宴招待全体演员，庆贺他们在英国统治下的香港为国争光。

香港演出，港穗两地的报纸都大加赞许，引起广州绅商极大兴趣，强烈要求中华歌舞团回广州公演。盛情难却，在广州永汉大戏院演了4天8场，又是场场座无虚席，各界评论极佳。之后，歌舞团才启程前往新加坡。轮船直驶向南海尽头，祖国在一片薄雾中渐行渐远，终不可见……

演出的第一站是新加坡，这里华人很多，华商界对远道而来的祖国歌舞团非常热情，盛况空前，以致一票难求。黎明晖演唱《落花流水》、《人面桃花》、《妹妹我爱你》等流行歌曲，观众听得如痴如醉，称之为“伟大纯洁、真情流露，平民文学的特质，极尽缠绵悱恻的情感，谁都忘不了”！

当中华歌舞团一路巡演来到印尼雅加达，这里是荷属殖民地，当局严厉审查演出节目，禁止歌舞团演唱《总理纪念歌》。和在别处一样，黎锦晖满城寻找当地华语学校，好不容易才在偏僻之地找到了一所简陋的“中华学校”。他不由喟然长叹：国弱则民贱！

南洋巡演历经新加坡、泰国、柬埔寨、马来西亚、印度尼西亚等大中城市，历时8个月，一转眼到了年底。可谓一路演出，一路赞扬。歌舞团却变故渐生，人心浮动，已到了分崩离析的境地。历经长时间巡演，又身处异国他乡，歌舞团大多数人的思乡情绪浓重得不可抑制，尤其临近春节，团里有些小姑娘由于思念父母亲人，晚上躲在被窝里偷偷哭泣。成年演职人员的变化更是明显，南洋巡演非常成功，演员的名气也大了，心里的想法就多了，有人甚至已在当地找到了工作。黎锦晖对此心里很痛苦，不时借酒浇愁，神态已然不正常。但人各有志，他也无可奈何。1929年初，“中华歌舞团”在光环最盛的时候，在雅加达就地解散，黎锦晖委托二姐把歌舞团人员安全带回上海，他则留在南洋，等候那阴魂不散的黄秘书长早日滚出上海。

1929年2月，黎锦晖带着女儿黎明晖、弟子王人艺、钱莉莉、徐来，还有黎明晖的追随者郑国有，一行六人辗转来到了新加坡，租下了城区一套有四个房间的住房，就此安顿下来。

此时，当地有一华侨户籍警告诉黎锦晖：依照殖民政府法律，一男子如与两个外姓女子同住在一起，会被误认为贩卖人口，要受到法律制裁。正在大家一筹莫展时，钱莉莉出了个主意，她做黎锦晖的女儿，徐来则干脆做黎锦晖的妻子。其时，黎锦晖夫人已过世，徐来对黎锦晖早已暗生情愫，黎锦晖对她也日久生情，于是两个孤寂的灵魂、两个相爱的人儿就此喜结连理。

其时，黎锦晖手头上虽有些钱，但他不善于理财，现在一家六口坐吃山空，要不了多久，钱就会用完，该怎么办？就在此时，黎锦纾从上海写信来说，《毛毛雨》被出版商又一次再版，销路很好，市场上对他的爱情歌曲处于一种饥渴状态。现在上海出版商们求他传言，让黎锦晖创作爱情歌曲，以弥补市场空白。真是一场及时雨，黎锦晖欣欣然埋头创作。

当年的新加坡并未像今天这般繁华喧闹，它四面临海，因地处热带而四季长绿。沉浸在爱情里的黎锦晖和徐来常去海边散步，碧海云天，银白沙滩，成行的椰树如袅娜的少女般温柔多情。湿凉的海风吹来，黎锦晖思乡的情绪油然而起。算起来，他们离开祖国已经一年了。身在异国，只能隔着浩瀚的大海眺望祖国，此刻故国是那么清晰那么可爱那么须臾不能割舍。他不由想起了故乡的桃花江，还在青年时代，曾应同学的邀请，泛舟江上。桃花江水清波碧，桃花夹岸，桃花林下俊俏的姑娘唱着世代相传的缠绵情歌。而此刻，远处的椰林下年轻的男女成双成对，身边的美人艳如桃花，黎锦晖心中一动，文思顿如泉涌，挥笔写下了《桃花江》：桃花江是美人窝，桃花千万朵呀，比不上美人多……

如此一曲赞美坚贞爱情的歌曲，旋律优美动听，很快就在中国内地传唱开来，又飞越万水千山，在南洋迅速流传。不久，黎锦晖又创作另一首爱情歌曲《特别快车》，此曲夸张诙谐，中西合璧，讽刺了“一见倾心”式的随意爱情，唱来令人忍俊不禁。

黎锦晖当初答应上海出版商，创作100首“家庭爱情歌曲”，以稿费来充路费。而他绞尽脑汁写出的这些流行歌曲，包括《桃花江》、《特别快车》等脍炙人口的歌曲，却开创了中国现代爱情歌曲之先河，使得他一跃成为“流行歌曲”之王，一时洛阳纸贵。当时上海的百代、胜利、丽歌等大唱片公司，都以能约到他的作品为骄傲，每个公司的大堂上都高悬他的巨幅画像。

可当时百首爱情歌曲传回国内后，歌声未歇，打击就纷至沓来。《开明》杂志从1928年起连发文章批评黎锦晖，用高高在上的口气斥责黎氏音乐是“价廉质劣的音乐”，又恶毒攻击“黎氏父女”是做“滑头事业的”。虽说喜欢黎氏音乐的大有人在，可自此对他的批判持续了半个多世纪。批判的调子从“消磨斗志”、“毒化青年”上纲上线为“宣传阶级斗争熄灭论”、“黄色音乐的祖师爷”。

不久，国内局势发生了剧变，军阀混战，白崇禧败走越南，黄秘书长仓皇从上海逃走，悬在黎锦晖头上达几年之久的险报终于解除了。1929年10月，黎锦晖带着徐来等踏海而归。

四

黎锦晖回到上海后，实在割舍不下探索民族音乐之路，迫不及待地重建“明月歌剧团”。歌舞团原来那帮小演员已经散去了，很多人不愿再回来，毕竟上海当时的封建势力还很强大。但黎锦晖的号召力还是很大的，徐来、钱莉莉、王人美、薛玲仙等人舍弃很好的工作纷纷来投奔他，又招收了一批新学员。于是，学员们在新租的小楼里抓紧训练基本功和排练节目，进展十分迅速。他们天天练习，常常演出，主要节目是《桃花江》、《特别快车》等，上海观众对这两支乐曲和舞蹈更是喜爱，几乎人人会唱。

这时，黎锦晖接到了大哥从北平寄来的信，他会将父母从湘潭老家接到北平，为其六十大寿而隆重庆祝，希望黎锦晖能去北平！黎锦晖几乎立刻作出了决定，带上明月歌舞团去北平演出，一则给父母祝寿让父母高兴，二则让平民音乐理念在北方生根发芽。1930年5月，黎锦晖父母的六十大寿庆典在北平举行，黎氏兄弟姐妹十一人及子女悉数聚拢，京城学术界、艺术界名流泰斗到场祝贺。时年68岁的齐白石也来为老友祝寿，将黎锦晖父母临时居所四壁皆画了长幅大画，题为松庵兄补壁。寿诞延续三天，可谓盛况空前，明月歌舞团在寿诞上表演的祝寿歌舞赢得了来宾们的一致称赞。

此时，明月歌舞团趁机在北京继续招兵买马，招收了胡笳、张静、王韵清等20多人。虽说黎锦晖的版税源源不断地从上海寄来，但也架不住几十人的开支，眼看着歌舞团就面临财政困难。4月中旬，清华大学举行为期两天的联欢会，特约明月歌舞团演出，同台演出的还有熊佛西领导的“北师”话剧组，各演半场。要知道，明月歌舞团和北师话剧组同台演出，颇有点儿打擂台的意思，其过程出乎意料又饶有趣味。第一天《三蝴蝶》演上半场，场内鸦雀无声，表演结束后掌声如潮，多次谢幕才得以退场。下半场“北师”话剧组演出，可能独幕剧太长，幕启时场内观众只剩少许，及至演出结束时，台下只剩下几个人，弄得十分尴尬。到了第二天，“北师”话剧组演上半场，情况也不佳。到下半场，明月歌舞团演出《春天的快乐》，场面又十分热烈。“北师”话剧组的人气极了，便在后台攻击明月歌舞团庸俗，黎锦晖赶紧带着大家离开。

其实，歌舞团在清华大学的成功，是专业化的歌舞团，让北方观众耳目一新，一种全新的艺术吸引了人们的眼球，乃至北京大小报纸纷纷给予评价和赞扬。之后，北京各学校纷纷来函来人约请演出，每次演出都很成功，好评如潮。

在学校演出一段时间后，节目逐渐形成，演员们的心理逐渐稳定，黎锦晖看时机成熟，带领明月歌舞团先后在北平真光大戏院、哈飞大戏院、天津皇宫大戏院、天津春和大戏院公演，每演数天，场场满座。明月歌舞团由此在平津名声大振，钱莉莉、王人美、薛玲仙、胡笳被称为“四大天王”，芳名红透北国，黎派音乐真正红遍大江南北。在天津演出时，有日本人来联系到大连演出，条件较为优厚。就在大连演出第二天，日本舞蹈家佐藤和东京戏剧界多人专乘飞机前来观摩。佐藤先生专门和黎锦晖见面座谈，讨教了许多歌舞方面的问题，双方进行了友好的交流。日本东京戏剧界人士顺势邀请黎锦晖率团去日本演出，并许以优厚的条件，但当时中日关系日趋恶化，他毫不犹豫地拒绝了。

大连的演出在经济上收获颇丰，团员们也分到了不菲的场费，大家喜气洋洋。这时，张学良夫人于凤至为了救济辽河两岸的水灾灾民，派人前来找黎锦晖，希望明月歌舞团能去沈阳义演两天，所有款项全部用来赈灾，如有困难，至少演一天。黎锦晖一听是赈灾义演，便满口答应义演两天，不但4场戏的全部收入分文不取，而一切开支自理。义演是在沈阳最大的剧院沈阳大戏院进行，演出时当地军政要员、地方官绅全来了，汽车衔接数里。在沈阳义演后又接着公演，卖座情况超出预期估计，接着又上长春演了4天，情况也非常令人满意。

此时徐来临近分娩，黎锦晖叮嘱大家一番，便匆匆赶回北京。谁料负责联络工作的黎锦曜乘胜追击，又赶去哈尔滨签约，竟与一家停业一年多的破旧的戏院签约，演出10天，却并未写明演出场次，剧院还要求歌舞团出资金重修门面。结果此次演出把在沈阳、长春等地赚到的钱全部赔光，还倒欠戏院1000多元。明月歌舞团再度陷入经营困境，负债累累，黎锦晖于1931年1月带着歌舞团凄凄惶惶回到上海，一时前路茫茫。

就在刚回上海的第二天，上海大中华唱片公司经理王寿岑找上门来了，请求黎锦晖把创作的歌舞剧和表演交由他们灌制唱片。此前，他们灌制黎锦晖的唱片，赚了不少钱，现在黎锦晖的名声如日中天，自然捷足先登了。大中华给的条件比较优厚，还专门租用了典当路（今海兴路）110弄长沙商栈二楼，供歌舞团排练和食宿之用。别无他法，黎锦晖只得带着歌舞团开始了长达半年的紧张的录制唱片工作，为之灌录100张唱片，包括儿童歌舞剧和家庭爱情歌曲。由此，此一百与之前的一百首歌，形成了“黎派”音乐的基础和核心。

1931年5月，上海联华影业公司经理罗佑明和著名导演朱石麟找上门来了，联华影业公司也是当时中国数一数二的电影公司，拟拍摄一批彩色歌舞片，选中了明月歌舞团的儿童歌舞。经协商，罗、朱二人接手承办明月歌舞团，成立联华歌舞班，便一一与团员签约。由此，流行音乐与畅销电影挂起钩来，明月歌舞团的很多明星也成了电影明星，比如黎明晖、黎莉莉、王人美等。黎锦晖的无奈之举，反而诞生了中国最早的影歌双栖明星培养基地。

五

红男绿女、莺歌燕舞，一边是风靡和赞美，一边却是批评和禁演。

伴随着黎派音乐的成长，批评之声没有断过。反对意见还有来自留洋回国的“学院派”，包括萧友梅、贺绿汀、刘雪庵等人。有意思的是，虽然理论上“深恶痛绝”，但实践上他们也深受黎派“迎合市民阶层的审美趣味”影响，而创作了《天涯歌女》、《四季歌》和《何日君再来》等流行歌曲，为三四十年代自上海刮起的流行音乐风推波助澜。

所有的批评都没有来自内部的批评那么振聋发聩，这里不得不提音乐家聂耳和黎锦晖之间的纠葛。聂耳报考联华歌舞班时只有19岁，还不识五线谱，黎锦晖觉得他耳朵好，有天赋，就把他留下了，让他跟着王人艺学小提琴。聂耳却要求跟黎锦晖学作曲，可他是云南人，当时国语说不标准。黎锦晖就说：“要学作曲，先正音律，你得先学注音字母！”聂耳很刻苦，做了很多注音字母的卡片放口袋里，每天都背，没几天就背熟了。他很有心，经常午后、晚上到黎锦晖家里，谈天谈地谈音乐。聂耳在黎家班有一年多时间，后来成为明月社的领导小组成员，黎锦晖对他音乐基础和音乐风格的影响是不容忽视的。

可是，当时正是二十世纪三十年代初，继“九一八”事变，东三省沦亡，上海又发生“一二八”事变，中日双方在上海大战。联华公司在战争中遭受重创，联华歌舞班于3月23日宣告结束。好在全部班底一个不缺地全部组织起来了，大家决定靠自己的力量把团体维持下去，改名为明月歌舞剧社。看来，黎锦晖于歌舞事业不改初衷，明月情怀如此深厚。剧社成立之后，为了省钱，就在赫德路（今常德路）一家“闹鬼”的房子里，聂耳带着几个人将房子粉刷一新，就成了剧社社址。到当年5月，剧社从上海出发，由黎锦光、孙瑜带队，沿苏州、镇江一线演出，还算顺利。可在南京演出却遇到了麻烦，上演了10天，当地驻军及警宪几乎天天闹事，虽场场满座，但结账时仍欠下剧场一笔钱。到了汉口，情况更糟，先是记者闹事，随之又遇老板赖账，最后剧社分文未拿到。从汉口演出归来，明月社便处于风雨飘摇之际中。

此时，在国家存亡的危急时刻，思想进步的聂耳，不满黎锦晖在舞台上演唱靡靡之音的黄色歌曲，就用“黑天使”笔名，在报上公开发表文章，严厉批评黎锦晖和明月社歌舞——并非真刀实枪，“显了十几年的软功夫”。聂耳的反戈一击引起轩然大波，黎锦晖自知落后，痛苦万分，并未正面回应。这件事以聂耳退出明月社而告终，却对黎锦晖造成相当大的负面影响，明月社也出现了分崩离析的征兆，到1933年3月就此散伙。自此，中国第一家歌舞团体“明月歌舞团”成为中国音乐史上的历史名称，黎锦晖从此在舞台上隐退，其内心苦涩难言。

可以说，黎锦晖是中国现代文化演出商业化的首创者。可惜他缺乏从商经验与意识，在商业性的演出中只想到演出效果及演员个人利益，忽略团体积累。他办学、组团，无条件地培养人才，却任其来去自由。甚至往后有人劝他与演员订立合同，他也以“我不是商人”为由不予采纳。长此以往，虽然从明月社“飞”出众多的“金凤凰”，却注定了他个人在歌舞事业上屡遭失败的必然结局。

且长期以来，黎锦晖这个中国流行音乐之父，却被当作是“黄色歌曲鼻祖”，而《毛毛雨》也成了“黄色歌曲”的代表。事实上，他创作的歌曲种类很多，有励志歌曲，也有爱国救亡歌曲。“九一八”发生后的一个月内，他就在当时全国发行量最大的报纸《申报》上发表了《义勇军进行曲》、《追悼被难同胞》和《向前进攻》3首救亡歌曲，后集成《爱国歌曲十首》，由中华书局出版。

虽在上海市场如日中天，但在抗战全面爆发前，黎锦晖告别了流行歌曲，“两袖清风返故乡”湖南，后又转移到重庆大后方，甚至想过去延安，做了很多与抗日救亡有关的事情。但他流行歌曲祖师爷的历史始终挥之不去，解放后就遭到“封杀”，只能做一些儿童文艺。后来文艺出版机构还接到内部文件，明文规定黎锦晖的东西不能用，为此他曾凄凉而伤感地说道：“别人是盖棺论定，我是棺未盖，论已定！”

上世纪50年代后，对黎锦晖的批评依然不绝于耳，他也在音乐界声讨“黄色音乐”的形势下写过《斩断毒根彻底消灭黄色歌曲》。好在他心态不错，远离政治，看淡名利，靠写作为生，支撑一大家子。可到了1967年，“文革”爆发后，黎锦晖每日心惊胆战看着街坊和同事一个个被拖出去批斗，加上那年冬天上海不允许用火炉（杜绝资产阶级生活方式），他终于支持不住了，因又怕又冷又病乃至心脏病发作，乃至黯然离世。一颗巨星陨落了，却了无波澜。

逝者长已矣，纵观黎锦晖一生，自是将其青春年华、聪明才智和金钱财富都奉献给了歌舞事业，以力图实现他的“平民音乐”的梦想。只是他的梦想实现了，“黄色歌曲”的标记却如影相随，乃至抹去了他曾经的种种奋斗与光环。

沈从文:不折不从，亦慈亦让

我行过许多地方的桥，看过许多次数的云，喝过许多种类的酒，却只爱过一个正当最好年龄的人。——沈从文

沈从文出生于湘西小城凤凰，是民国众多文人中没有留洋经历的人。但是这个“乡下人”，对故乡浓郁的思念，大大地激发了他的创作激情，向全世界描画了凤凰那个美丽奇特的小城。他说：我只想把我生命所走过的痕迹写到纸上。

他于1925年开始发表小说，之后五年共有200多篇作品问世，出版专集20多部，被誉为“多产作家”。上世纪30年代更是

他创作的喷发期，不但量多，而且有《边城》和《湘行散记》等经典闪亮出手，从而确立了他在中国现代文坛的大师地位，被誉为“中国的大仲马”和“短篇小说之王”。

一

1922年夏，为了不想在军队里糊糊涂涂混下去，18岁的沈从文，从湘西保靖来到北京。他本想求学，可仅有的小学学历，并不能让他考入大学，他只好自学。他一早吃三两个馒头、一点咸菜，就出酉西会馆，进宣武门，一头扎进京师图书馆，直到闭馆才出来。当时他的眼界，还在那些旧的杂书：《笔记大观》、《小说大观》、《玉梨魂》之类。后来为了靠近北京大学，他在银闸胡同租了间小屋。小屋原是储煤室，仅容一人住，常年潮湿，乃名曰“窄而霉小斋”。其时，他勤奋写作，可稿件投出去，如泥牛入海，令他甚为沮丧。北京大学当时向一切人开放，他就去当了一名不注册的旁听生。精神上满足了，学问上进步了，可生活却困窘到了极点。1924年冬，他万般无奈，怀着一丝缥缈的希望，陆续写信给几位知名作家，寻求他们的帮助，其中就有在北大当讲师的郁达夫。郁达夫决定上门拜访这个穷困潦倒的文学青年。

这年的冬天，天气格外寒冷。推开房门，郁达夫大吃一惊，屋外隆冬飞雪，屋里没有生炉子，沈从文身上只穿了两件夹衣，用旧棉被裹着双脚，双手生满了冻疮，流着鼻血在写他的小说。

郁达夫见此模样，心里满是酸涩。两人一交谈，他更加同情沈从文了。郁达夫虽然在大学任教，月薪名义为117元，实际上只拿到30多元，大冬天身上也只能穿一件多年的旧棉袄。就这样，他还是把脖子上一条灰色羊毛围巾送给了沈从文，然后请他一道出去吃饭。结账时，花了1.7元，郁达夫掏出5元钱，将找零全给了沈从文。一回小屋，沈从文就伏在桌上痛哭了一场。

1925年，沈从文最窘迫时，仍不甘心放弃，也不得不以投稿维持生计。他以“休芸芸”等笔名投稿，对北平的众多报刊进行“狂轰滥炸”。好在他的辛勤笔耕终有收获，他的诗歌、小说相继见诸报端。最早给予他以充分认可，刊出其多篇诗歌、散文、小说，最大限度鼓舞他创作信心的，竟然是先前曾冷落他的《晨报副镌》，那是在1925年10月之后。不过，当时编辑已换了人，换成了从欧洲归国没多久的诗人——徐志摩。

1925年10月1日，在诗坛上已有相当名气的徐志摩，受朋友坚邀，出任《晨报副刊》（也即《晨报副镌》）主编。报纸天天出，副刊也几乎天天有，徐志摩就感到稿件有些不足。此时，沈从文携带着乡野气息，进入了他的视野。经徐志摩刊发的沈从文作品，最早应该是《一天是这样过的》，此文刊发于10月21日。第二篇是《夜渔》，刊发在10月26日，署名是后来沈从文常用的“休芸芸”。第三篇为《卖糖复卖蔗》，刊于10月29日。一月之中，沈从文在这家有影响的报刊连发三篇作品，而当月在《晨报副刊》上发文的，有胡适、梁启超、张奚若、刘海粟、陈西滢、凌叔华、赵元任、冰心等一干名流。之后，徐志摩还与沈从文见了面，从他那里取去了一册稿子。这就使得随之而来的第二个月，徐志摩一口气发表他各类作品达七篇之多。对于身陷困境的沈从文，这份提携，这种看重，来得多么及时，多么重要。

就在当年11月11日，《晨报副刊》刊出了沈从文的一篇散文《市集》。这篇被他注为“故乡归梦之一”的文章，精美、细致而鲜活地描述了凤凰“市集”的景象，极富神采。徐志摩在文末写下的一段文字，干脆就是“志摩的欣赏”：

这是多美丽多生动的一幅乡村画。作者的笔真像是梦里的一只小艇，在波纹鳞鳞的梦河里荡着，处处有着落，却又处处不留痕迹。这般作品不是写成的，是“想成”的。给这类的作者，批评是多余的，因为他自己就是最不放松的不出声的批评者。奖励也是多余的，因为春草的发青，云雀的放歌，都是用不着人们的奖励的。

随之，沈从文慢慢在文坛立住了脚跟。1926年，北新书局出版了他的小说、散文、诗歌、戏曲等合集《鸭子》。1927年，徐志摩参与其间的新月书店，推出了他第一本小说集《蜜柑》。

对于徐志摩的知遇之恩，沈从文当然不能忘怀，并由此与他结下了深厚的友谊。1927年后，政治中心向南转移，上海日渐成了当时文化繁荣之地。于是，1928年4月，沈从文正式迁居上海，开始以一个职业作家的面目出现在世人面前。可到了上海后，他办刊物亏本了，出版也失败了，还欠下一堆债务。此时，徐志摩曾写信给他：“还是去北京吧，北京不会因为你而米贵的。”可沈从文没有回北京，而想进上海美术专科学校，跟刘海粟学绘画。徐志摩听到他的打算，不同意：还念什么书，去教书吧！此时，胡适正在上海中国公学担任校长，由于徐志摩的极力推荐，即将只有小学学历的沈从文，聘请到中国公学担任讲师，将他拉出了困境。

时至1931年11月21日下午，山东青岛大学中文系闻一多、梁实秋、沈从文、赵太侔等正在校长杨振声家吃茶谈天，突然得到北京来的一份电报："志摩乘飞机于济南附近遇难……"一时间，大家感到十分惊愕。沈从文马上站了起来，边往外走边说，我得搭夜车去济南一趟。他果真连夜坐车赶赴济南，送徐志摩一程，自此可见他于志摩那份深沉的感激之情。

二

1946年8月27日，沈从文只身从云南回到了阔别了九年的北平，担任北京大学教授。到1948年，解放军已兵临北平城下，国民党军队退守城内，两军对峙。一大批文化名流接到国民党通知，限期南下。沈从文也在名单之列。但饱经离乱的沈从文却毅然决定留下，他在给朋友的信中说道："大局玄黄未定……一切终得变。从大处看发展，中国行将进入一个崭新时代，则无可怀疑。"

谁也没想到，正当他满怀期待，迎接新社会时，新社会却给了他一个冷脸，使得他从此告别了文学。事实上，沈从文的改行，是"逼上梁山"，是他多年挨骂的结果，左、右都骂他。对此，他无奈地对朋友说："我希望有些人不要骂我，不相信，还是要骂。根本连我写什么也不看，只图个痛快。于是骂倒了。真的倒了。但是究竟是谁的损失？"

平津战役打响后，北京大学原本隆重庆祝五十周年的校庆，因为时局急转直下，只好草草收场。但北大民主墙却再度热闹起来，张贴的标语和壁报越来越多。在文化方面，批判的对象似乎越来越多地集中到沈从文的头上，一张张标语挂了出来，"打倒新月派、现代评论派、第三条路线的沈从文！"有一天，壁报上赫然张贴出了一篇长文，就是郭沫若的《斥反动文艺》，用大字工整地抄写着。这篇文章早在1948年3月刊登在香港《大众文艺丛刊》上，郭沫若犀利而尖刻地给朱光潜、沈从文、萧乾画像，桃红色的沈从文、蓝色的朱光潜、黑色的萧乾。郭沫若斥责沈从文是专写颓废色情的"桃红色作家"，是个"看云摘星的风流小生"，"特别地，他一直是有意识地作为反动派而活动着"，"存心不良，意在蛊惑读者，软化人们的斗争情绪"。14岁的长子沈龙朱去看热闹，回到家将此告诉了沈从文。沈从文"作为反动派"的阶级定性犹如一颗重磅炸弹，给本来对批评就敏感的他以致命的一击，他感到这次是对他二十多年来独立为文艺奋斗的自强精神的"一次真正的全面否定"。先前的担忧如此之快就变成了现实，他紧张害怕，他惊惶恐惧，觉得有一张网在围裹着他在渐渐收紧。他知道郭沫若的身份，左翼文坛的权威与领袖，是不是表示着即将建立的新生政权可能对他的态度呢？他无法获得一个明确的答案，于是越来越浓郁的焦虑堆积而来，使他

“逐渐陷进一种孤立下沉无可攀援的绝望境界”。他写道：“人近中年，情绪凝固，又因情绪内向，缺乏适应能力，用笔方式，20年30年统统由一个‘思’字出发。此时却必须用‘信’字起步，或不容易扭转。过不多久，即未被迫搁笔，亦终得把笔搁下。”他甚至常常呆坐在书桌前，喃喃自语：“清算的时候到来了！”“生命脆弱得很，善良的生命真脆弱……”

此后，沈从文的神经就不正常了，他感觉压抑，感觉有人要迫害他。1949年3月9日，儿子沈龙朱看见他把手伸到电线的插头上，赶紧奔过去，慌乱地拔掉电源，把他蹬开。几天以后，沈从文找到机会，一个人走进卧室，将门反锁，用一把保险刀片，割手腕的动脉，割脖子上的血管。幸好在清华读书的张中和（张兆和的堂弟）恰巧来沈家，从他房前走过，听见里面有呻吟声，推门却纹丝不动。张中和便赶紧破窗而入，此时他头脸都是血，已经昏迷。张中和迅速将他送到位于德胜门外的安定医院，被医生救活的他却以为医院是牢房，大喊着要逃走。

沈从文自杀发生在阳光即将普照大地之时，虽然后来自杀的文人学者很多，但是在新中国即将到来的日子里自杀，多少让当时的人不能理解。他的朋友们也是后来才逐渐明白。本着一颗敏感的心，面对即将到来的时代悲剧，他感觉到了忧虑，乃至悲观失望。他在5月30日写道：“世界变了，一切失去了本来意义。”这是一句多么有预见性的话啊，却被那时的人认为是“疯话”！

病愈后，沈从文去了华北革命大学学习政治。“毕业”后，经国家文物局局长郑振铎及北大副教授兼历史博物馆代馆长韩寿萱介绍，正式调往历史博物馆。这一年他47岁。正当盛年，正好精力充沛地继续写小说，但却被生生阻断了。从此，中国的文坛少了一个沈从文，文物界却多了个沈从文。这是中国文坛的憾事，却是文物界的幸事。

早在沈从文十八岁时，曾在一个统领官身边做书记，这位统领官收藏了百来轴自宋至明清的书画、几十副铜器及古瓷，还有十来箱书籍、一大批碑帖，这些东西都由他登记管理。无事可做时，他就把那些古画一轴一轴地取出，挂到壁间独自欣赏。于是，他从此对于这个民族在一段长长的历史中，用一片颜色、一把线、一块青铜或一堆泥土，以及一组文字，加上自己生命做成的种种艺术，皆得到了一个初步普遍的认识。由此，使得一个以鉴赏人类生活与自然现象产生的乡下人，进而对人类智慧光辉的领会，发生了极广泛而深切的兴味。

北大于1948年成立了博物馆系，并筹建一个小小的博物馆，着手从公私各方收集展品和资料。沈从文便积极地跑去帮着做些事情，并把自己多年来搜罗到的一些有历史或艺术价值的文物都赠送给博物馆筹备处。历史博物馆成立以后，他依然时常跑去帮忙，还曾说服周定一捐了一个康熙青花小瓷杯、一枚吴三桂在云南所铸“利用通宝”铜钱。

可沈从文改行，心情其实很矛盾，有时很痛苦，有时又觉得很坦然，更多的却是痛苦。1953年他接到开明书店的通知：其作品因内容已过时，凡已印和未印的作品均代为焚毁。他什么也没说，只是独自呆坐了很久，且自此更沉默了。同年9月间，全国文代会第二次大会在怀仁堂举行，沈从文竟得以参加了大会。毛泽东和周恩来接见代表时，毛泽东问过他的年龄后，说："年纪还不老，再写几年小说吧。"他百感交集，可除了兴奋感激，眼睛发潮，什么也没说，也无话可说，文学的那支笔从此真正地搁置了。

沈从文到了历史博物馆，除了鉴定文物，还当讲解员。常书鸿带了很多敦煌壁画的摹本在午门楼上展览，他自告奋勇，每天都去讲解。从一个大学教授到当讲解员，他不觉有什么"丢份"。表面看上去，他不但自得其乐，简直得其所哉。

于是，在上世纪五六十年代，来午门和端门之间的文物展览室参观的人，经常能看到这样一个讲解员：举止斯文儒雅，讲话乡音极重，对馆内的文物如数家珍，总是不厌其烦地给参观者解答问题。他就是沈从文。20多岁的志愿军战士王孖孖自战地归来到此看展览，碰巧解说员也是沈从文。沈从文热情地上前为他一个人反复讲解，结果展览一看看了一个星期，王孖孖从此成为他终身的助手，并且成为中科院历史所从事丝织品保护成绩卓著的专家。

北方的冬天十分寒冷，而最初的历史博物馆就设在天安门的午门上，不允许生火，一般人很难坚持下去。沈从文却不管这些，他工作时间向来不参与闲谈，不是在热情地讲解，就是在埋头写卡片，或者在清理尘封多时的文物。由于非常投入，以致到了下班时间还浑然不觉，常常被工作人员锁在仓库中。后来，他的检查书里平静地写道："那时冬天比较冷，午门楼上穿堂风吹动，经常是在零下10摄氏度以下。上面是不许烤火的，在上面转来转去为人民服务，是要有较大耐心和持久热情的。我呢，觉得十分自然平常，组织上交给的任务等于打仗，我就尽可能坚持下去，一直打到底。"

沈从文在另一篇"文革"中的"检查书"里如此说道："从生活表面看来，我可以说'完全完了，垮了'，什么都说不上。因为如和旧日同行比较，不仅过去老友如丁玲，简直如天上人，即茅盾、郑振铎、巴金、老舍，都正是声名赫赫，十分活跃，出国飞来飞去，当成大宾。当时的我呢？天不亮即出门，在北新桥上买个烤白薯暖手。坐电车到天安门时，门还不开，即坐下来看天空星月，开了门再进去。晚上回家，有时大雨，即披个破麻袋。"

看似平静的叙述，今天读来，依然满纸无言的悲凉。他在1951年一封未发出的信中，则由衷地感慨道："生活可怕的平板，不足念。每天虽和一些人同在一起，其实许多同事就不相熟。自以为熟悉我的，必然是极不理解我的。一听到大家的说笑声，我似乎和梦里一样。生活浮在这类不相干的笑语中，越说越远。"不难看出，失去文学的世界，沈从文已陷入深深的无奈与孤独，再也不能提起他所热爱的笔去写湘西去写翠翠们，只能深深地埋在文物里面。

于是，沈从文在遥远尘封的文物角落里耕种，虽然远离了文学，虽然寂寞辛苦，却避开了陆续发生的一场又一场的文坛争斗。当噩梦醒来，尘埃落定，许多人因命运蹭蹬、光阴虚度而懊悔，他却意外地以文博考识著作等身。从1957年到1963年，他发表了大量的学术文章，并且撰写出版了《中国丝绸图案》、《唐宋铜镜》、《龙凤艺术》、《战国漆器》、《明锦》、《中国的瓷器》等学术专著。

1963年冬，根据周总理的指示，由历史博物馆负责编写一部中国古代服装史，博物馆把任务交给了沈从文。尽管有助手帮助，但要在几个月内选出200多幅图片，并配上20万字的说明文字，对一个已经62岁的多病老人来说，确实是严峻的考验。经过层层审定，《中国古代服饰研究》在1964年的4月底终告完成。可这本书的出版，却经历了整整十七年的坎坷。

有人曾这样描述过沈从文当年生活工作的情景：小屋的墙壁和窗棂上，挂满了描摹的始于殷商迄至明清中国各朝各代的文物图样和大小不一的说明字条，地上、桌子上堆摞摊摆着各种书刊图册，就连床上也有一大半地方放了许多随手应用的图书。在小屋所剩无几的空间里，他趴在床上或伏案桌前，抄录着，思考着……他工作起来常常是顾不上别的，热的饭总是煳锅，甚至有时饭馊了，也不在乎。他就这样，凭着“耐烦”两个字，以惊人的毅力默默地做着自己认为是有意义的事情。谁能够想到，那部装帧格外气派华美且被誉为是“中国社科界百年来最杰出的三大经典学术成果”之一的《中国古代服饰研究》，就是在如此窘境中完成的呢?

三

当初沈从文到了上海，正是他意气风发之时，他纵情于文字之间，且开始了他人生的新旅程。别看他瘦弱的文弱书生模样，他的身上却蕴藏着巨大的激情。他与胡也频、丁玲，三位文学青年联手编辑《中央日报》副刊《红黑》，每月编辑费200元，各分得70元左右，另外还有稿费收入。这比在北京时手头要宽裕多了，后来他们共同租赁了萨坡赛路204号楼房，胡也频、丁玲和丁的母亲住二楼，沈和他的母亲、妹妹住在三楼。《红黑》停刊后，沈从文又在生活困境里挣扎了，好在有徐志摩的援手，他得以到中国公学教文学课与写作。这一破天荒之举——照规矩教授必须有文凭，使他从一个无业游民一跃而上升为中产阶级。他有了100元的固定月薪，加上稿酬和编务费，每月收入在200元以上。

第一次登台授课的日子终于来临了，沈从文既兴奋又紧张。之前，他做了认真而充分的准备，心想足够他讲一个小时。从法租界的住所去学校时，他还特意花了八块钱，租了一辆包车。第一次以教师身份跨进大学的门，不能显得太寒酸！当时，他已小有名气，慕名而来听课的学生极多，教室里早已挤得满满的。当他站在讲台上，抬眼望去，只见黑压压一片人头，陡然一惊。于是，无数条期待的目光，形成一股强大而灼热的力量，聚焦在他身上。此时，他脑子里“嗡”的一声炸裂，原先想好的话语一下子都飞迸开去，只留下一片茫茫的空白。一分钟过去了，他呆立未动。五分钟过去了，他仍不知从何说起。于是，众目睽睽之下，他竟呆呆地站了近十分钟！好不容易开了口，只是局促地讲着，紧张地在黑板上写着讲义。预定1小时的课程，不到20分钟就匆匆讲完。他再次窘迫得无地自容，只得拿起粉笔，在黑板上写道："我第一次上课，见到你们人多，怕了。"下课后，学生们议论纷纷，这老师也太胆小了！消息传到教师中间，有人说："沈从文这样的人也来中公上课，半个小时讲不出一句话来！"议论传到胡适耳里，胡适却不觉窘迫，竟笑笑说："上课讲不出话来，学生不轰他，这就是成功。"

沈从文万万没有料到那些目睹他出洋相的学生中，就有他以后的夫人张兆和。当第一眼看见美丽沉静的兆和，沈从文便有似曾相识的感觉，她的一颦一笑如此打动着他，他以为于千万人中遇见他所要遇见的人，于千万年之中，时间的无涯的荒野里，没有早一步，也没有晚一步，刚巧赶上了。可自卑木讷的沈从文不敢当面向张兆和表白爱情，便悄悄地给她写了第一封情书。其时，18岁的张兆和在中国公学曾夺得女子全能第一名，她聪明可爱，单纯任性。兆和身后有许多追求者，她把他们编成了"青蛙一号"、"青蛙二号"、"青蛙三号"。二姐张允和取笑说，沈从文大约只能排为"癞蛤蟆第十三号"。

沈从文的情书一封封寄出，点点滴滴滋润着对方的心。张兆和一封封地做了编号，却始终保持沉默。后来学校里风言风语，说沈从文因追求不到张兆和要自杀。张兆和在情急之下拿着全部情书给校长胡适看，说："老师老是对我这样子。"胡校长答道："他非常顽固地爱你。"兆和连忙说："我也非常顽固地不爱他。"胡适说："我也是安徽人，我跟你爸爸说说，做个媒。"兆和连忙说："不要去讲，这个老师好像不应该这样。"没有得到胡适校长的支持，张兆和只好听任沈从文继续对她进行感情文字的狂轰滥炸。沈从文依然坚持马拉松式的情书写作。

1932年夏天，张兆和大学毕业回到了苏州的老家。沈从文带着巴金建议他买的礼物——一大包西方文学名著，敲响了张家的大门，二姐允和出来招呼了这位不速之客。弄堂很窄，允和对站在太阳底下的沈从文说：你进来吧，有太阳。沈从文不进来，允和就告诉他，三妹上图书馆去了，不在家，进来等吧。他听完，说了声"我走吧"，回头就走了。他回到了旅馆，一个人躺在床上胡思乱想，满脑子尽是张兆和的音容笑貌，忧伤而又甜蜜。

三妹回来后，允和把她骂了一顿：你假装用功，明明晓得他今天要来。兆和说：我就是用功，哪晓得他这个时候来啊。允和让妹妹大大方方地把老师请到家里来，兆和终于鼓起勇气回请了沈从文。心潮澎湃的沈从文回到青岛后，立即给二姐允和写信，托她询问张父对婚事的态度。他在信里写道：如爸爸同意，就早点让我知道，让我这个乡下人喝杯甜酒吧。张兆和的父亲开明地答：儿女婚事，他们自理。带着这份喜悦，两姐妹便一同去了邮局，给沈从文发电报。允和拟好的电报是：山东青岛大学沈从文允。很简单。兆和的则是：沈从文乡下人喝杯甜酒吧。但邮局没有收，倒收下了允和的。

与沈从文订婚之后，张兆和为了和心爱的人靠得更紧，只身来到青岛，在青岛大学图书馆工作。至1933年9月9日，沈从文与张兆和在当时的北平中央公园宣布结婚，却没有举行任何仪式，自是质朴，从容，甜蜜。新居是北平西城达子营的一个小院子，这个媒人是允和做的，沈从文一看见二姐允和就叫她“媒婆”。

沈从文和张兆和相伴一生，直至1988年沈从文辞世。沈从文对自己的婚姻非常满意，他说：“对于这件事，我却认为是意志和理性作成的。恰如我用笔写成的故事，内容虽近于传奇，但由我看来，都产生在一种计划中。”

自1934年发表抒发乡土情怀的中篇小说《边城》受到广泛好评，沈从文誉满文坛，奠定了他在中国文坛的重要地位。抗战时期，中国文化重心南移，文化界许多名家、大师云集昆明。沈从文也于1938年4月到昆明，随即在西南联大师范学院国文系任教。他在联大先后开设的必修课有大一国文和大二各体文习作，选修课有中国小说史、现代中国文学和创作实习等。

沈从文先是只身来昆，半年后夫人张兆和携两个儿子和岳萌九妹经香港、越南到达昆明，一家人才得以团圆。这么一大家子的生活主要靠他教书和写作，加之物价节节上涨，困难可想而知。他的困苦不仅在经济上，而且多次搬家。为避日机轰炸，后来就迁居呈贡龙街杨家大院前院二楼。不过，他们夫妇在宽敞、安静的呈贡中学寓所居住长达五年多，他许多具有丰富的思想艺术性和超越性的散文名作都在此创作完成。其时，远征军的一个团开赴缅甸前往龙街，团部设在杨家大院后楼的楼下，院坝里安下成排军灶，许多士兵在那里用餐，与沈家成了亲密的邻居。沈从文则两头跑，每星期上课进城住两天，上完课坐火车回到呈贡家。好在小火车在跑马山、呈贡有站，先坐火车后骑马即可到达龙街，不很费事。后又迁桃源新村，免掉骑马更方便了。

沈从文在西南联大很受学生欢迎，来听课的学生不只有中文系的，还有其他各系的。他授课时竟能侃侃而谈，其独到的艺术思维方式，更是令学生受益匪浅。他又比较随和，人缘好，身边总是围了不少学生或同事，每周在昆明过的那几天并不寂寞。当时，日本飞机时常轰炸昆明，“跑警报”几乎是人们生活中不可避免的活动，大学教授也经常跑警报。且这些学者教授，在紧张地跑警报时，也会有轻松的玩笑调侃，留下文坛佳话。一次跑警报时，沈从文正向某个方向走，研究《庄子》而著名的刘文典教授看见就说：“你跑做什么？我跑是为了保存国粹，因为我炸死了，就不再有人讲《庄子》，你跑干吗？”沈从文先生很尊重刘文典先生，只是朝前走，没言语。

沈从文一生有四部代表作，即《边城》、《湘行散记》、

《湘西》和《长河》，前两部写于抗战前，后两部写于昆明时期。长篇小说《长河》(第一卷)是他昆明时期在创作上的重要成果，这是继《边城》之后的又一力作，在艺术上既延续着他小说特有的浪漫气息，同时又在背景上加浓了现实色调。

有意味的是，在《过节和观灯》中，他对“记忆中的云南跑马节”饶有兴趣，并在马鞍上第一次发现古代的传统手工技艺。马鞍上不仅有犀皮漆云斑，还有五色相杂牛毛纹，正是“绮纹刷丝漆”的古代做法。他说：“这对我来说却意义深长，此后应用到物质文化史和工艺图案发展史，都可得到不少新发现。”这样的马鞍，不止有千人万人见过、坐过，却只有他发现了其特别之处，这就是一个大学者的眼光和学养。

抗战爆发前后，沈从文先后推出了对文学创作“差不多”现象和作家从政现象的批判，在一定程度上加入了梁实秋倡导的文学创作“与抗战无关论”的阵营。1946年11月至12月，他先后发表文章，以自己这么多年来坚持走纯正文学之路的历程为经，在对国民党统治下的种种黑暗腐败现象作批判时，把所有政治混为一谈，并稍把批判的锋芒偏向左翼及革命阵营。而面对越演越烈的内战，他不分青红皂白，一律斥之为“民族自杀的悲剧”。面对沈从文如此天真与率直，张兆和很着急，于1937年12月17日从北平写信批评他：“你不适宜写评论文章，想得细，但不周密，见到别人之短，却看不到一己之病，说得多，做得少，所以你写的短评杂论，就以我这不通之人，都觉不妥之处太多。我觉得你的长处，不在这方面，你放弃了你可以写美丽动人小说的精力，写这种一撅一撅不痛不痒讽世讥人的短文，未免太可惜。本来可以成功的无缝天衣的材料，却撕得一丝丝一缕缕，看了叫人心疼。”沈从文却不以为然，依然写些评论文章，依然率性地批评有些人有些文学现象，谁想竟因此埋下种种祸根，乃至无奈地逃离了文学之路。

四

“文革”开始后，沈从文已60多岁了，挨批挨斗之余，便是每天在天安门历史博物馆扫女厕所。对此他倒还是坦然，“这是造反派领导、革命小将对我的信任，虽然我政治上不可靠，但道德上可靠……”有时，他发呆地看着天安门人来人往，然后回过头对一同被批斗的史树青说：“我去擦厕所上面的玻璃。”多年后，当人问及他在文化大革命中的遭遇，他却只是淡然地说：“我没有我的朋友受的冲击大，我只是要打扫茅房，那是普通的事，在家里不是也要打扫吗？”

1969年冬天，沈从文要到湖北咸宁的五七干校下放了，独自在家里整理东西，屋子里乱得无处下脚。张允和来看他，要走的时候，沈从文叫住了她：“莫走，二姐，你看！”说着，他缓缓地从口袋里掏出了一封皱皱巴巴的信，“这是三姐给我的第一封信。”接着，他依然站在那里，却吸溜吸溜哭了起来，快70岁的老头哭得像个小孩子。他是真正的难过，为离开那些文物而难过，为离别这么多年相濡以沫的张兆和而难过。

1972年2月初，沈从文从干校回到北京，原来的三间房被强占去两间，一生几十年收藏的心爱的书籍、家具，都堆在院子里任人践踏，日晒雨淋，已不成模样。他惊呆了，锥心的痛吞噬着他，但又很无奈，只得将他的书和家具都送人，朋友们谁需要就来拿走。搞梅兰芳研究的徐城北当年还曾来挑了书带走，剩下的由黄永玉的夫人帮忙张罗着7分钱一斤处理掉，那一刻沈从文都不忍看下去。

其时，沈从文的住处实在太小了，到了晚上，书躺在躺椅上，他就躺在躺椅上的书上。他不管不顾，依然日以继夜地写他的服饰史。他觉得自己剩下的日子不多了，他就是因心脏病太厉害才回北京，他要把自己脑袋里知道的东西留给后人，好让年轻人少走弯路。院子里的老大妈们见他房里的灯老亮着，就害怕他突然死掉，不时要去张望张望。倘早上听见没动静，就去敲他的窗户玻璃，一听里面有声音才放心。

半年后，妻子张兆和退休，也从干校返回北京。此时，中国作协给张兆和在小羊宜宾胡同安排两间住房，小羊宜宾胡同是作家协会的大院，与沈从文住的东堂子胡同隔着两里路。从此，他开始了每天为“食”、“宿”往返奔波的生活。不管是冬天还是夏天，每天下午五点钟，人们都能见到他提着一个南方的带盖的竹篮子，兴冲冲地跑到张兆和住的地方去团聚去吃晚饭，并把第二天早上和中午的两餐饭带回去。就在这狭小的空间里，就在简陋的条件下，他却开创了一种新的文物研究方法：重视竹、木、玉、陶、瓷、丝等实物，以此为基础，与文献、诗文结合进行考证，被人们称为“形象历史学家”。

1978年全国第四次文代会后，沈从文家门庭冷落又回到门庭若市，重新评价其文学成就的文章也屡见报端，一度盛传他将被提名为诺贝尔文学奖候选人。对此，他表现出宠辱不惊的平静，淡然地说：“那都是些过时了的东西，不必再提起它……我只不过是个出土文物。”

此时，沈从文调任中国社会科学院历史研究所研究员，并配了助手。1981年，八开本煌煌巨着《中国古代服饰研究》，终于精印出版了。拿到新书的那一刻，有浅浅的笑浮上了沈从文的脸庞，他不由长吁了一口气。胡乔木致函祝贺：“以一人之力，历时十余载，几经艰阻，数易其稿，幸获此鸿篇巨制，实为我国学术界一重大贡献，极为可贺。”事实上，此书填补了我国文化史上的空白，从而奠定了他由著名作家到著名历史学家、考古学家、古代服饰学家的地位，可其间历经的种种艰辛与曲折只有他自己最清楚。上世纪80年代在国外演讲时，他曾说：“许多在日本、在美国的朋友，为我不写小说而觉得惋惜，事实上并不值得惋惜。按照社会习惯来说，一个人进了历史博物馆，就等于说他本身已成为历史，也就是说等于报废了。但对我来说，这是一个机会，可以具体地把六千年的中华文物，有条理有系统地看一个遍。”

1983年，沈从文最后一次回故乡凤凰。他是如此热爱故乡，能在故乡的土地上走走都是一种幸福，竟想早上去菜市场看看。家人提醒他，你年岁太大，怕人多挤坏了你！他执意要去，并晃晃肩膀，说：“挤一挤那才有意思！”他果然去了。在熙熙攘攘的人群中，他穿行在水灵鲜亮的青菜之间，那些既熟悉又陌生的喧哗好似穿越了长长的年华向他温暖地扑来，他禁不住热泪盈眶。

五年之后，就在1988年5月10日，沈从文因心脏病猝发，在北京家中病逝，走完了他86年的生命历程。临终前，家人问他还有什么要说。他回答：“我对这个世界没有什么好说了。”就在他去世的第三天，香港、台湾以及国外多家媒体报道了他逝世的消息，而国内只有《文艺报》发了50个字的短消息。

1992年，沈从文的骨灰在家人的护送下魂归故里凤凰，他的骨灰一半撒入沱江之中，一半安葬在听涛山下。他的墓碑，采用天然五彩石，状如云朵，碑身正面刻着他的手迹：照我思索，能理解“我”；照我思索，可认识“人”。背面，为姨姐美国耶鲁大学教授张允和撰联并书，联曰：“不折不从，亦慈亦让；星斗其文，赤子其人。”

当地传说，沈从文那块墓碑，原为听涛山山顶上的一块五彩石，起运至山腰时，突然钢丝绳断裂。巨石从山腰飞旋而下了数十米远，最后竟不偏不倚正好飞落在山下事先挖好的墓碑坑里。这个不可思议的玄机，凤凰人称之为“天人合一”，并说：“福地等福人”。

就在某个冬天，我站在沈从文的墓前，四周一片安静，微寒的风吹来又吹去，其朴实而不事张扬的模样，一如沈从文的为人。在我看来，终其一生，沈从文是唯美的人，是理想主义者。

他总是用一种善良的、含情的微笑来看世界上的一切，默默承受这个世界，倒下又挣扎着爬起来，尽力从容地面对这个世界。他的思想感情如同沱江的水那样透明，经不起在纯洁感情里掺上亵渎的污点。永远的湘西是他的情结，也是他的写作重心。湘西之魂已经和他融为一体，他得以赤子之心书写家乡人的哀乐故事，动情地唤起了民众的清醒。

1927—1933：丁玲的绚丽年华

还在青春年少时，曾读过丁玲的《莎菲女士的日记》，但我依然视她为最彻底最有才气的革命作家。我印象最深的便是她的《太阳照在桑干河上》，还有她身穿军装，摄于延安时的照片，那么豪迈爽朗，意气风发。而今灯下细读《丁玲自述》，我更喜欢早年的丁玲，我以为1927年至1933年，是丁玲最为绚丽的年华，其时她是一个外表风采流转、内心晶莹剔透的文弱女子。如一曲婉转迷人的乐章，她大大的眼睛，盛满丰沛的情感，闪烁着摄人心魄的光彩。

一

于是，我爱上了那张微黄的照片里的丁玲，爱上了她透着几许幽怨与矜持的眼神，爱上了她其时走过的风风雨雨的年华。

那是一张摄于1931年4月的照片，照片上有三个人：丁玲、丁玲白发苍苍的母亲、丁玲幼小的孩子。陈旧的照片里，丁玲烫有小波浪的垂肩短发，一张略微圆润的脸，性感的厚厚的上唇，素雅的风衣裹着她绰约的身骨。虽然她刚刚经历了丧夫之痛，但痛是痛在心里痛在眼里，脸上却有着努力克制后的平静。

这张照片摄于她的老家常德。其时，她还只是徜徉在旧上海十里洋场的一名文学写手，独自抚养儿子，生活困顿不堪，也无法写作。为着母亲的担忧，她决定把孩子送回常德，假托丈夫胡亦频赴苏联学习去了，便由沈从文护送她母子踏上了回乡之路。

最令人揪心的时候到了。当丁玲一手把孩子搂在胸前，一手去拍打家中那扇厚实的大门，平日每遇到困难时就露出的温和的微笑，还依然在她的脸上，沈从文略略放心了。在常德的三天里，丁玲强忍悲痛，极力装着快乐的样子，如天真烂漫的女孩子。后来，丁玲告诉沈从文，她一直想哭，但不敢哭出声，每天晚上都是用牙齿咬着被角哭。

早在1924年暑假之后，丁玲来到北京，决心投考美术学校。但她终究未能实现自己的愿望，只好在北京大学旁听。在漂泊中经历了众多挫折，且不说干一番事业，竟不知将何以为生？抑制不住的苦闷和迷茫涌上她心头。此时，面对北洋军阀统治下的社会现实，鲁迅成了她曲折前行的温暖的光芒。她曾说道："我重新读一些读过的东西，感受也不同了，'鲁迅'成了两个特大的字，在我心头闪烁。我寻找过去被我疏忽了的那些深刻的篇章，我从那里认识真正的中国，多么不幸，多么痛苦，多么黑暗！呵！原来我身上压得那样沉重的就是整个多难的祖国，可悲的我的同胞呵！”也因此，她于1925年4月以“丁玲”的名字给鲁迅写信，述说自己的境遇与困惑，她相信他会向她伸出手的。信发出之后，她每天早晚都问公寓的看门老人：“有我的信吗？”但如石沉大海，始终没有回信。

两个星期后，丁玲焦急不堪，以至于绝望了。就在这时，胡也频，一个极富热情、正做着文学之梦的流浪青年，向她孤独的心灵走近。当他知道丁玲痛失爱弟后，就用一个纸盒装满一大把黄色的玫瑰，并在花下写了一个小小的字条：“你一个新的弟弟所献”，托人送给了她。丁玲对比她还小一岁的胡也频毫不动心，很快就回了老家。胡也频送去鲜花，却没有得到回音，便陷入了痛苦的烦乱之中。但他生性勇敢而执拗，面对真爱怎会轻言放弃？他要用他的温柔、他的执著和他不懈的努力，敲开丁玲紧闭的心扉。

终于，当胡也频蓬头垢面地站在丁玲母女的面前时，一段温馨浪漫的故事在常德上演了。于是，古老的常德城垣，美丽的沅水河畔，留下了他们相伴相随的身影。他的开朗和热情给了丁玲无限的慰藉，他的才气与追求理想的激情令丁玲欣赏，他的困苦和漂泊也激起了丁玲的怜惜之情。两颗年轻的心渐渐融为一体，他们的爱情如花盛开，茁壮成长。尽管常德的生活幸福而悠闲，但他们注定要为追逐理想而奔波，乃毅然回到了北京。

北平，夏天，香山。丁玲，胡也频，沈从文。爱情，友情，文学。小资，理想，革命。这些造就了1925年夏天美丽纯情的丁玲。她绝不是一个脂粉气的女人，而是落落大方的大家闺秀。她如此淡雅，就像春天的百合花，静静地含苞欲放，悄然地散发着迷人的芳香。她的美，更美在她动人的眼光，闪烁着对人的生命价值与人生意义的思索，对理想的激情与憧憬。他们就住在亭子间里，靠着微薄的稿费，日子过得简单而又纯真，贫寒却又温馨。冬天来了，丁玲用俩人手里所有的钱，买了两段布两斤棉花。她自己动手，为胡亦频缝了件棉袍，就为着他多少年没穿过新棉衣。棉袍缝好后，他喜滋滋地试穿，却小了，穿在身上有点像女人的旗袍。她的懊丧自是不用说，他却安慰说，不如送到当铺当了，换几个钱买点新棉花，塞到刚从当铺里取出来的旧夹袍中。于是，俩人又花车钱进城，把花七元钱添置的新布新棉花和她的缝工当了四元钱，买了一元钱棉花，再花钱坐车回到城外碧云寺。接着，她拆洗缝补，将新棉花塞进旧夹袍里之后，他很满意地穿上了。他如此懂得怜惜，温暖也在她心里滋长。

之后，他们来到了上海，与沈从文在萨波塞路204号创办了红黑出版社，编辑出版文艺期刊。沈从文依然不温不火，他们却深受普罗文艺和马列主义的影响与冲击，思想逐渐“左”倾。到1929年底，出版社倒闭了，胡也频只身奔赴山东济南高中教书。一个月后，丁玲终于忍受不了两地分居的牵挂，不管不顾地赶往济南，与他一同在济南高中宣传普罗文学，宣讲马列主义。其时，丁玲时尚的衣着打扮，优雅动人的气质，宛如远方飞来的一只金凤凰，一石激起千层浪，众多师生的目光里满是惊讶与钦慕。

1930年5月，他们被国民党山东政府通缉，被迫回到上海，很快就加入了刚成立不久的“左翼作家联盟”。丁玲已有身孕，并没有参加“左联”的实际活动，只是满腔热情地用自己的笔为“左联”摇旗呐喊。而胡也频却全身心地投入革命事业，稿费日益微薄，这时是他们生活最困难的时候。当生下儿子胡小频出院时，他们已身无分文了。可于他们而言，这种相濡以沫的日子却比以前任何时候都更快乐更充实。

这天早晨，胡也频外出开左联执委会，并与丁玲约好回家吃午饭。可直到天黑，都没有等到他回家的身影，她发疯似的跑出了家门，在暗雾笼罩的街上狂奔。经过了几番周折，她不光没找到胡亦频，甚至连确切的消息都没有。回到家里，望着熟睡中可爱的孩子，她不由泪如雨下。

第二天，1931年1月18日，丁玲四处寻找丈夫无着，只得灰灰地回到家，沈从文却来了。他带来一张用铅笔写的发黄的纸条，告诉胡也频被捕的确切消息。最后证实，胡也频等人因属政治要犯，已被国民党当局从公共租界引渡到位于龙华的国民党淞沪警备司令部。被转移到这里，使得营救的希望变得更加渺茫，但丁玲与沈从文硬是紧紧抓住丝丝渺茫的希望。他们迅速找到了中共元老李达夫妇，李达赶紧去请胡适、徐志摩写信给蔡元培，设法让当局放人。随之沈从文还跑到南京找邵力子，又陪同丁玲求助于中统头子陈立夫，可一切努力都无济于事。很快，一颗罪恶的子弹结束了胡也频年轻的生命，却更加坚定了丁玲追求革命的意志，她说："悲痛有什么用！我要复仇！"从此，她将痛苦掩藏在心之深处，抛弃了一个女人的娇弱与凄婉，冒着危险出版了胡也频的遗著。她还希望能为革命做实际的事情，便要求去井冈山。冯雪峰推荐她去见张闻天，张闻天却要她主编共产党在上海的机关刊物《北斗》。

就在白色恐怖最严重的时刻，丁玲没有任何退却，她的笔带着复仇的怒火,像一把把尖刀刺向敌人。《北斗》顺利地问世了，却马上引起了国民党当局的注意。出至第二卷三、四合期(1932年7月20日)就被查禁。

二

其时，正因为丁玲已将个人的苦闷和痛苦与"整个多难的祖国"、"可悲的我的同胞"联系在一起，便不再沉默，她要倾诉与呐喊。她勇敢地拿起了笔，走上了文学创作之路，并以"丁玲"笔名投寄给《小说月报》。

当时的《小说月报》，经过新文学重要人物沈雁冰(茅盾)大力改造，成了新文学运动的重要阵地。后经郑振铎等人的努力，《小说月报》在全国文艺界，已经有了举足轻重的地位。这段时间，在商务印书馆工作的叶圣陶，正代替郑振铎主编《小说月报》。在来稿中，他发现了一篇寄自北京的小说《梦珂》，读出了别样的新意，很是欣喜，便立即安排发表。

于是，1927年12月，著名的《小说月报》18卷12号的重要位置，刊出了丁玲的小说《梦珂》，“惊骇了世人的耳目，像给这社会投下了一颗炸弹”。不久，丁玲的《莎菲女士的日记》又在《小说月报》重要位置刊出。这篇“日记”，主人公精神思想展示大胆而袒露，引发了更强烈的反响，众说纷纭。有人称赞它一发表就“震惊了一代的文艺界”，认为“就是那种非常大胆的、性欲的、热恋的描写，也是特殊的优秀”，“她是所有的女作家中最发展的一个”。

而当时，叶圣陶慧眼识珠，使得丁玲一出台就挂了头牌。可人们何以有这么高的评价，正如茅盾带有权威性的评论所言：“在《莎菲女士的日记》中，所显示的作家丁玲女士是满带着‘五四’以来时代的烙印的”，“莎菲女士是心灵上负着时代苦闷的创伤的青年女性的叛逆的绝叫者。莎菲女士是一位个人主义，旧礼教的叛逆者，她要求一些热烈的痛快的生活。”

正如丁玲所回忆的：当年，我感到寂寞、苦闷，我要倾诉，我要呐喊，我没有别的办法，我拿起了笔，抒写我对旧中国封建社会的愤懑与反抗。因此，我很自然地追随我的前辈如鲁迅、瞿秋白、茅盾等人，和他们一样，不是为了描花绣朵，精心细刻，为了艺术而艺术，或者只是为了自己的爱好才从事文学事业。不是的，我是为人生，为民族的解放，为国家的独立，为人民的民主，为社会的进步而从事文学写作。

也因此，从1927年到1931年，仅仅五年时间，丁玲就走上了那个年代女性文学的高峰，她天才的锋芒必然刺向那个年月枯燥的、造作的文风。为此，她得到了太多的赞誉，且任何的赞誉都是由衷的。

叶圣陶在陆续编发了丁玲几篇小说后，又给丁玲写信，建议她出一本集子，并说，如果她同意的话，他可以代她与开明书店交涉。小说发表已算幸运，出书就更叫初出茅庐的丁玲感到意外与惊喜了。她当然欣然同意。经过叶圣陶联系，丁玲第一个短篇小说集《在黑暗中》于1928年出版。小说的连续发表和小说集出版，丁玲的名声在文坛越来越响亮起来。

为了更大的发展，丁玲与胡也频从北京来到上海。匆匆安排住下后，他们便即刻去拜见发现并大力支持丁玲的编辑。当时叶圣陶也不过30来岁，但他的温文敦厚，使丁玲感到长者般的关怀，满心窝的温暖与感动。叶圣陶在发表丁玲作品时，并不知道作者是男是女。《梦珂》，尤其《莎菲女士的日记》发表之后，上海编辑、出版界朋友多来向他打听作者情况，叶圣陶当然也无从说起。现在作者——年轻的丁玲站在面前，并不善言辞的叶圣陶对她感激他的话一再推辞，只是谆谆叮咛她：“继续写吧，认真地写。”

此时的丁玲，已颇有了些文名，她与出版其小说集的开明书店同仁也有了联系。叶圣陶自是十分欣赏丁玲，关心着丁玲的创作与生活。一次，他与老友王伯祥、徐调孚等去海宁看钱塘潮，也赶紧邀请丁玲和胡也频一起去，共同度过了一次愉快的旅行。

丁玲在展示了独特的个性描写之后，因为与瞿秋白、冯雪峰等革命者的接触，渐渐对革命斗争和群众运动表现出很高热情，文字风格较之以前有了很大的转变。之后，她出版了关注旧中国农民无穷尽苦难的小说《水》，又很快写出反映上海工人生活的《夜会》等作品，在观念及表现手法上有了很大的转变和拓展。1933年，丁玲担任“左联”党组书记时，已经成了很有名的作家了。

可至1933年5月14日，国民党当局绑架了丁玲，并很快将她由上海带往南京关押。她不仅为此精神上受到很大折磨，在以后的岁月里，她还为这次绑架遭受了无尽的麻烦与屈辱。丁玲被捕之后，文化界为营救她及同时被捕的潘梓年，组成了“营救会”。蔡元培等著名人士，联名致电南京政府，请查明真相，将人释放或移交法院办理。叶圣陶正是勇敢的签名者之一。最后，文化界的努力并没有使得当局释放丁玲，但却让国民党不敢轻易杀害她。

但是，随着关押时间渐久，当局又散布许多不实信息，有关“丁玲转向”的谣言便在文艺界传开了，叶圣陶却相信丁玲依然是意志坚守的丁玲。丁玲关闭两年多之后，被软禁苜蓿园里，在南京中山门外的一个小村庄里，生活上有了一点点松动。这时，获知消息的叶圣陶，立即给她写去一封约稿信，希望她能为纪念开明书店创业十周年写一篇作品，以便收入纪念文集。丁玲已两年多不写东西，与外界基本隔绝，接到约稿信，深深感受到叶圣陶对她的信任与关切，自是悲欣交集。她于1936年5月3日急忙回信给叶圣陶："你的信真使我喜欢得跳了起来，我是晚上收到的，我一夜也没有睡好。一点什么东西来到了我的心头，我来回想着一句话：我一定要赶忙写一篇文章给你们。你真是没有想到你们所给我的勇气和鼓励呵！"

这封署着本名"冰之"的信里提到要写的作品，便是短篇小说《一月二十三日》，此作品后来收入1936年7月开明书店的十年纪念文集《十年》当中。集中收有老舍、张天翼、王统照、巴金、叶圣陶、茅盾、萧军等人的作品。丁玲的作品收入其中，对她的处境是一种消息传递，对她个人来说，自是一种极大的支持。

也因此，丁玲一生都感念叶圣陶。到1979年，当丁玲由劳改地回到北京，自是阅尽了人世间的苦乐。刚刚稳定下来，她便急急地与丈夫陈明一起，第一个拜访了自己一直执弟子礼的叶圣陶。这样长久的时光及友谊追溯，在人的一生中实属难得与可贵。

三

远在1924年，丁玲在上海时，与瞿秋白、李达等人的接触，让她有了共产主义的概念。也因此，这段虽然并不是很长的日子，让她形成了自己的政治思想，"左"倾的、共产党化的思想。与胡也频在一起之时，他还只是个有点进步思想的并不是很成功的作家，他没有也不可能在精神领域给她以真正的慰藉。冯雪峰的出现，不仅仅让丁玲真正明白了什么是爱情，而更多的是对方给她灌输了她以为懂了、但是至死都未能明白的革命思想。只是作为一个骨子里是文人的女性，她在被国民党被捕时却没有写下像瞿秋白那样的《多余的话》，也没有在1955年与1966年不断倒霉的时候发疯。看来，这个意志刚强的女人，在后来的革命生涯，已锤炼为一个真正的党员，一个真挚的党员，一个有点狂热的党员。

当年胡也频的牺牲，让丁玲不得不提早走到革命的前台来，提前接受革命的风雨洗礼与锤炼。三十年代的上海，国民党造就的恐怖无处不在，她毅然地让自己处身于这样的狂风暴雨中，是怎样的一种胆气与胸怀，怎样的侠骨柔情！

就在丁玲和胡也频刚建立起一种亲密关系时，冯雪峰出现在她面前，他是她一生在灵魂里爱过的人。丁玲和冯雪峰相识于1927年冬天。当时丁玲在北京写完《莎菲女士的日记》之后，觉得很寂寞，经朋友王三辛介绍认识了冯雪峰，跟他学日语。冯雪峰当时在北大自修日语。丁玲第一次见到冯雪峰时，感觉非常失望，她本来认为一个北大学日语的年轻人应该很英俊潇洒，而他看上去像是一个乡下人。其实只学了一天，以后就谈论起文学和社会来了。自此，丁玲对冯雪峰的印象极好，特别是得知他是共产党员之后，对他更是崇敬有加，将他视为心目中的知己。

对冯雪峰的爱，对胡也频的爱，并不能简单地断言丁玲是个滥情的人。毕竟当时她也只有20多岁，还未经摔打，自然也会有年轻姑娘所拥有的懵懂、单纯与盲从。她被冯雪峰这位才华横溢的湖畔诗人深深吸引了，被他的才情深深折服。她面临着艰苦的抉择，一边是第一个令自己真正心动的人，另一边是与自己同居多时的、有着深厚感情基础的人。向左还是向右？幸福在哪里？她举棋不定，乃至辗转反侧，深受煎熬，痛苦不堪。不久，冯雪峰离开北京南下，丁玲和胡也频也先后追随他来到了美丽的杭州西湖。

说不清多少不眠之夜，说不清多少激烈的思想斗争，她最终决定守护那段来之不易的与胡也频的坚固的情感，而放弃令她刻骨铭心的爱恋。三人风波的平息，无疑是丁玲理智战胜情感的结果，同时也缘于雪峰的退避和也频的谅解。

后来在1985年，虽早已事过境迁，丁玲回忆说：对我来说，情况非常复杂。虽然我深深地爱着另一个男人，但我同胡也频同居了很长一段时间，我们彼此都有很深的感情依恋。如果我离开他，他就会自杀，我决定，我不能同我所爱的这个人生活在一起。于是对他说，虽然我们不能生活在一起，我们的思想是分不开的。世界上只有一个人是我所爱的，不管他可能离得多远，这个事实决不会改变。我说，因此，我们的爱情必须是“柏拉图式”的。这个决定使他非常痛苦。我最后不得不拒绝继续看到他，并完全断绝了这种关系。

如此真诚的话语，丁玲的理智实在难能可贵。跳出这场感情风波后，他们三人的生活都稳定下来，并把更多的精力投入到追求的理想上。但当初，冯雪峰离开了杭州，丁玲心中并没有熄灭对冯雪峰的热恋，而是将之深深地藏在心底。后来和胡也频一起参加左联活动，她又与冯雪峰重逢，她尽量做到了从容与淡定。当也频牺牲后，她把不满周岁的孩子送回家乡，便义无反顾地加入了共产党阵容，主编《北斗》。而当时冯雪峰已婚娶，她始终保持着理智，没有从雪峰那里取回她的爱情，只是内心的爱似急风骤雨驱使她不能自主地写下了著名散文《不算情书》：只愿意永远停留在沉思中，因为这里是占据着你的影子，你的声音，和一切形态，和你的爱……我想，我只想能够再挨在你身边，不倦的走去，不倦的谈话，像我们曾有过的一样，或者比那个更好。然而，不能够，你为事绊着，你一定有事。我呢，我不敢再扰你，用大的力将自己压在这椅上，想好好的写一点文章，你会更快乐些。可是文章写不下去，心远远飞走了，飞到那些有亮光的白云上，和你紧紧抱在一起，身子也为幸福浮着……

这是怎样一种爱呀，深沉而又无私，真挚而又坦然。虽写了两封信，理智让她只把痛苦深置于心，没有将信递给雪峰。冯雪峰也同丁玲一样珍视这份情谊，又能理智地对待这份情感。于是，两个原本彼此相爱的人，在共同的革命生涯中，互相激励，把爱情化为事业的动力。

1933年秋，在丁玲失踪几个月后，为了纪念当时传说可能遇害的丁玲，冯雪峰将丁玲写给他的信以《不算情书》为题，发表在《文学》杂志上，后又为赵家璧编入丁玲《意外集》。到1936年5月14日，是丁玲被绑架三年的日子。她终于找到了机会，逃到了北京李达处。当她从北京回来一个多星期以后，张天翼突然来看她，还悄悄地递给她一张纸条。她跑回后房，急忙展开一看，上面只有简单的一句话："知你急于回来，现派张天翼来接，你可与他商量。"没有具名，但丁玲一下就认出这是冯雪峰的笔迹，自是喜出望外，令她看到前面的曙光。也正是在冯雪峰的努力安排下，她果真迎来了她命运的转折期，果真逃避了国民党的变相关押，飞向了革命圣地陕北。

且从此以后，不管情况如何，不管身在何处，冯雪峰始终不渝地关心着丁玲和她的创作。他总会在她创作的紧要关头，撰文给予极为中肯而又实事求是的品评，以便她能在创作的路上走得更顺利些。

对于自己和冯雪峰的感情，丁玲从未掩饰过。还在延安时，曾有人问丁玲：最怀念的人是谁？她说："我最纪念的是也频，而最怀念的是雪峰。"1986年2月7日，是农历大年初一，距丁玲逝世只剩下20多天。这天清晨，丁玲在病榻上迎来她的最后一个春节。听着街上一阵紧似一阵的鞭炮声，她感叹地说道："雪峰就是这个时候死的。"

四

1931年，胡也频的死对丁玲肯定意味着什么。1931年，荡漾在丁玲灵魂里的自由的、独特的、别致的文学的精灵死了。1931年，纯情的、天真的、浪漫的丁玲死了，她眼神里只剩下惶惑落寞失落。

这一年，丁玲27岁。这一年，她完成了从一个有些自由主义的、有些无政府主义的知识女性到有着坚定的革命意志、崇高的革命理想、无畏的革命情怀的革命女性的转变。1931年以后的丁玲，无疑给之前如一块美玉的丁玲增添了更多的色彩，也增添了更多的瑕疵。可于1931年以后的丁玲，不能简单地冷嘲热讽，这是一个历来长着棱角的女人，革命的岁月并没有让她的棱角变得多么的圆润，她的棱角时刻以刺的形式遭受磨损亦砥砺着他人。

在张罗创办《北斗》的时候，丁玲遇到了冯达，令她一生都抱憾的人。当时冯达的身份是著名的左翼记者史沫特莱的私人秘书与翻译，年仅26岁的他身材适中，温文尔雅，是个不卑不亢的书生型青年。从采访中，冯达第一次了解到丁玲人生追求的执着与艰难。谈到她一年来的遭遇和现实的处境，冯达在流畅的翻译中，仿佛看到一位真实而伟大的女性，屹立在一个崭新而富于传奇色彩的世界中。当她坦诚而动情地谈到胡也频和她的情感生活时，在一旁翻译的冯达，感受她丰富而坚定的爱恋，内心几乎像火山爆发一样。

是出于敬佩、仰慕，还是爱恋与同情，冯达自是无法说清。此后，冯达便常去看望丁玲，有时陪她出去走走，看朋友，买东西。丁玲一年来身心疲惫，而冯达的出现，帮助她度过了那些难熬的日子。日子久了，她慢慢接受了这个沉稳而默默无闻的年轻人。1931年11月，他们同居了，并度过了一段平静的生活。冯达与丁玲只是一个自然而平实的组合，其间少有浪漫的故事，因为严酷的生活使人变得成熟而严肃。

与缺乏坚定的革命的勇气的人在一起生活，也说明了丁玲更多是出于作家单纯的理想情怀，而没有政治家那种穿透人性本质的眼光。关于冯达，就连性格有些柔弱的沈从文都怀疑他对于革命的坚定性，但冯达实实在在地走进了丁玲的生活。虽是短暂的四年，却影响了她一生。因为冯达，丁玲认为是她光荣的革命的一生的污点，且导致了她二十多年的牢狱生涯。冯达是她一生都解不开的死结。

不久，冯达调至中共江苏省委并负责《真话报》工作。丁玲也接受组织安排，参加《北斗》编辑工作。1933年5月14日一大早，冯达出门时告诉丁玲：“到了中午12点钟，要是我不回来，你就赶紧离开。”上午11点半，丁玲从上海正风文学院回到家，冯达未归。她正要整理东西离家时，时中国左翼文化总同盟书记、中共江苏省委机关报《真话报》总编辑潘梓年来了。突然听到楼梯上响着杂乱的步履声，她立刻意识到：不好了。门砰的一声被推开了，三个陌生人同时挤了进来，她明白了，潘梓年也明白了，都静静地不说话。过了一会儿，冯达进来了。冯达一看见丁玲和潘梓年，猛地一惊，然后就低下头，好像不认识丁玲，也不认识潘梓年，他木然地、无神地往床头一坐。她什么都明白了，立刻就站起来走到立柜边去了，瞪着他，他呆若木鸡。于是，丁玲被捕了，当时著名共产党人物潘梓年也被捕了。

信任就是信任，怀疑就是怀疑。她认为是冯达出卖了自己才使得自己被捕入狱，就把自己的感知直面道出，且从此不再信任他。正如鲁迅先生所说，“真的猛士敢于直面惨淡的人生，敢于正视淋漓的鲜血。”应该说，丁玲是那个时代一个真的“猛士”。然而正是这次情感结出的不幸果实，使她由“文小姐”转变为“武将军”，在半个世纪中总被政治阴影所追随，直至离开人世。

丁玲与冯达被秘密押送到了南京，一开始是关押在监狱里。由于丁玲当时在中国文学界的地位与影响，国民党想软化她。他们不惜工本，让实际已经转向的冯达陪她生活，又从监狱严密看守变成了相对较好生活条件的软禁。这一关就是三年。对丁玲的逮捕与关押都是秘密进行的，外边左联的人、上海文学界的人都不知道丁玲被捕了，很多传言说丁玲失踪了，或是遭到了国民党的枪杀。

丁玲突然失踪，引起国内外很大的反响和不安，宋庆龄、蔡元培、鲁迅、罗曼·罗兰纷纷向国民党方面提出抗议，并积极营救。国民党方面做贼心虚，由《中央日报》在1933年5月28日发表消息声称：“丁玲被捕说不确。”到6月25日，天津《大公报》发表一则消息，称丁玲已于六月十五日被枪杀，但这一报道很快被证实为谣言。鲁迅先生却为此写出著名的《悼丁君》：“如磐夜气压重楼，剪柳春风导九秋。瑶瑟凝尘清怨绝，可怜无女耀高丘。”

刚烈的丁玲，识破了国民党的险恶居心，先是找机会逃跑，没有成功。又要冯达帮助她自杀，冯达佯为答应，可当她的脖子慢慢地被绳子勒紧时，便慌忙把她解救下来。逃跑不成，自杀不成，只有麻痹敌人一招了。于是，她写了交代，大意是“因误会被捕，生活蒙受优待，未经什么审讯，以后出去后不活动，愿家居读书养母”。这几句申明写于1933年10月，只是一般性地表示对革命的消沉态度，并没有透露任何中国共产党的机密。国民党张道藩们当然不会凭这简单的声明就释放她，反而加强软化工作，于1934年4月把母亲和儿子祖林找来，跟丁玲住在一起。半年后，丁玲在囚禁中生下女儿蒋祖慧，她的活动便稍微自由一些，便积极图谋着寻找党组织。终于，1936年4月，鲁迅向刚到上海的冯雪峰转告了史沫特莱的口信，说丁玲正在寻找党组织。很快到了9月，丁玲终于转沪去陕北，于当年11月顺利抵达保安。

关于丁玲三年五个月的囚禁生活，早在1940年，中共中央组织部长陈云、副部长李富春就作了结论。在两人签名的审查结论中，认定丁玲仍然是一个对党对革命忠实的共产党员。但这一纸结论并不是她的护身符，一直到上世纪80年代，她还在为自己申诉。1984年8月1日，中共中央组织部下发第9号文件，才彻底为丁玲恢复了名誉。

五

1936年10月，住在西安小旅馆里的丁玲大概在想象着延安的模样、窑洞的模样、毛泽东的模样，想象着自己在充满革命激情的窑洞里、谷场上、小河边、庄稼地里、战士中间愉快地生活，想象着她手中的笔不用再描绘人间的黑暗，不用再抒发自己的苦闷，只有挥笔抒写革命的豪情……此时，路过西安到南京去的潘汉年便去见了丁玲，建议她去法国，去参加那里的左翼运动。但她拒绝了，她一定要去延安，投到党中央的怀抱。她以为到了延安就会与过去的她一刀两断，就可如凤凰浴火般重生。其实，保安，党中央，革命军队，以及后来的延安，丁玲都不是确切而透彻地了解，都是道听途说。潘汉年是了解她的，他知道她是个急性子，对革命外部的残酷与内部残酷太缺乏认知。正如丁玲后来所说的，这次谈话的结果，的确是决定了她的一生命运。

1936年11月，丁玲带着无限的期盼与兴奋，终于到达中共中央和红军总部所在地陕北保安。中共中央宣传部为她举行了一个规格极高的欢迎会，毛泽东、周恩来、张闻天、凯丰、林伯渠、李克农等几乎所有留在保安的重要领导人物都出席了，毕竟“丁玲同志是中国工农红军抵达陕北后第一个到苏区来的知名作家”。在欢迎会上，周恩来、林伯渠、李克农都发了言，周恩来的话具有代表性：我们红军队伍，不仅需要扛枪杆子的战士，也需要拿笔杆子的战士，我们欢迎更多的作家、诗人、戏剧家、音乐家、画家，到我们苏区来。

如此礼遇，以及如此高的抬举，自是深深地打动了丁玲，难怪她从此更是坚定地跟着党走，未曾有过半点改变。1936年12月，毛泽东通过军用电报给在前线的丁玲发去了他填的《临江仙》：“壁上红旗飘落照，西风漫卷孤城。保安人物一时新：洞中开宴会，欢迎出牢人（后改为‘招待出牢人’）。纤笔一支谁与似，三千毛瑟精兵。阵图开向陇山东。昨天文小姐，今日武将军。”

后来在《太阳照在桑干河上》的再版前言中，丁玲仍然充满感情地回顾，她写书时像一个战士喊着毛主席冲向战场。由此看来，当踏上革命圣地之后，她就彻底被浓郁的革命激情浸润了灵魂，几乎丧失了作为一个人、一个女人的本真，更别作为一个女作家的敏感与灵动。可幸与不幸，于她而言，又不能简单地一言概之。

后记：也说悲凉的力量

就在上次，我与刘绪义教授谈我的散文，我说我希望自己的文字有一种悲凉的力量。刘教授竟笑了起来，你生活那么舒适，怎么会有悲凉呢？我一时语塞。一连几天，我都在问自己，悲凉从何而来，怎样才使自己的文字拥有悲凉的力量？

一开始，我的散文写作只是为写而写，写过庸常生活写过乡村记忆也写过文化游记，总是苦于没有特别的亮色。渐渐地，当我回过头再读自己的文字时，便有些恐慌，乃至陷入深深的思索。我猛然发现，既然无法透彻地写世相人生，也许是因为我的文字与现实生活存在隔膜，缺乏一种深厚的文化积淀吧。

事实上，现实的力量是强大的，对普通人有着深刻的影响与冲突，对写作者的影响同样如此。尤其到了1990年代，人们受到了市场经济更猛烈的冲击，不亚于在“文革”中受到的政治冲击。“文革”时代人们容易丧失自己的个性。这个时代同样如此，甚至比“文革”时代还要厉害，这是一种无奈的悲剧。由此，人们不得不面临一种现状：一方面生存环境日渐恶劣，导致厚重的传统文化遭到了严重的破坏，乃至城市乡村面目日益模糊，渐渐失却记忆。另一方面由于长期忽视了人文建设，导致人的精神价值悬空，人们精神空虚，拜金主义盛行，却未能引起足够的重视。由此，形成一个巨大的社会隐患，令人痛惜与不安。

虽说中国每年都要出版3000多部长篇小说，且不说散文、诗歌、报告文学等，但绝大多数作品很多时候都是简单的自我繁殖，相互繁殖。仍然只是发达的传媒为写作者提供的一场喧闹的舞台表演，准确地说，这些只是在炫目灯光下的秧歌舞表演，无非是热闹一番后，各自离散。然后，再换一个名目，继续热闹，然后呼啸而去。我以为，不管这个文坛多么热闹，如果没有一点探索精神和自省精神，它就是病态的，也是悲哀的。

于是，很多时候文学与现实是隔膜的，写作者更多是生活在书斋里，沉迷在个人的虚构里。文学只是出现在纸上，印在书里，和活在当下的人相互隔膜。历史的，现实的，很多真相在现实生活中都被封存着。身处这样的现实，我认为，人的内心正在被侵蚀，有良心的写作多数时候是缺席的。每每此时，我总是忧心忡忡，却又无可奈何。当读过龙应台的《野火集》，我真的被龙应台所折服，早在二十多年前，她就将在西方世界盗来的火种，带回家乡台湾，无私无畏地承继了盗火者的启蒙角色。扪心自问，我却做不到，未能拥有一种勇气与底气，或许是视野与知识的储备欠缺吧，由此而陷入惶惑与悲凉。

我逃避现实的喧嚣与惶惑的方式，就是去旅行。用旅行这种形式，来磨自己的文学与心灵之剑。波斯诗人穆萨曾经说过，人的一生如果活90岁，就应该用30年来游历，30年来读书，用剩下的30年来写作。我之所以要在旅途中过那种行走的生活，就是想让一种来自大地的真实过滤掉我过去的浮躁、虚妄和忧心。我在寻找我写作的背景。我需要营养，我需要对现实生活的认知和理解，我更需要一种文化与哲学的底蕴。但我发现，无论是我的行走浏阳河，还是丽江行、古村落行、江南古镇行等等，看到的依然是纷繁喧哗的世界，看到的商业文明对人们平静生活及心态的冲击，乃至使得内心价值观动摇与失衡。

于是，我转而决心去好好读书，至少我得先试图梳理湖湘文化的渊源。在长达两年多的阅读经历里，我的心绪不由为这些湖湘文化名人或与湖湘文化有过深刻渊源的名人的命运遭际而波动。文化的曲折前行由来已久，在我看来，自是与悲凉相伴而行。于是，我试图以自己的观点去观照这些历史人物，关注他们悲剧性的命运，及他们于文化的贡献，如何促进并丰富湖湘文化的内涵。当埋头于历史故纸堆时，我的心总是陷在一种深刻的悲凉里不能自拔，好在悲凉又转化为一种力量，令我于世事于人生于社会的思索得以渐渐深入。当我试图用文字来抒写自己的感悟时，便有了30多篇指向湖湘文化名人的所谓新人文散文。

由此，我豁然明白，散文写作重在“文化自我”，并以此任写作者心灵自由放纵，力图摒弃种种无意义的相互繁殖。为此，应认识到悲凉的力量，力求保持人格上的独立，不为任何外在势力所左右和规定。也就是说，散文写作者身上应带有文化的烙印，并以自由的、审美的视角去观照整个人世间，观照芸芸众生，实现反思及超越。

当然，此种观照应是带有自我特色，自然有种种局限与不足。于我而言，却有着重要的意义，我的视野由此拉长拉宽。在此感谢《三湘都市报》总编龚旭东先生多次指点我修改策划，帮助我寻找自我叙写的方式；感谢原岳麓书社社长、《湖湘文库》编委会副主任夏剑钦先生不时推荐相关书籍及文章供我参考，挤时间通读全书文稿，勘误其间引用的史料、诗词等，并书写推荐语；感谢著名文学评论家雷达老师、著名作家、文学评论家白描先生、著名散文家杨永康先生阅读文稿，并为此书书写推荐语；感谢湖南文史专家陈先枢先生、浏阳文物专家肖行敏等提供图片及青年画家刘良晟为全书配画等等。

两年多的历练，终于迎来了此书的顺利出版，给予了我继续前行的力量。

附录：主要参考书目：

《屈原》，刘春主编，芜眠编著，昆仑出版社，2008年6月；

《汨罗江畔屈子祠》，刘石林著，湖南人民出版社，2003年9月；

《贾谊》，吴松庚著，岳麓书社，2008年4月；

《杜甫》，刘春主编，刘春编著，昆仑出版社。2008年6月；

《柳宗元与唐代思想变迁》，陈弱水著，凤凰出版传媒集团 江苏教育出版社，2010年1月；

《一代宗师柳宗元》，翟满桂著，岳麓书社，2004年3月2版；

《刘禹锡》，姜晓东编著，五洲传播出版社，2006年10月；

《王昌龄评传》，蒋长栋著，中州古籍出版社，1991年6月；

《周敦颐评传》，梁绍辉著，匡亚明主编，南京大学出版社，1998年12月；

《朱熹》，陈荣捷著，生活·读书·新知三联书店，2012年7月；

《朱熹书院与门人考》，方彦寿著，华东师范大学出版社，2000年1月；

《王船山传论》，邓潭洲著，湖南人民出版社，1982年9月；

《中国通史·王夫之》，白寿彝总主编，上海人民出版社，1999年3月；

《杰出的思想家魏源》，夏剑钦著，岳麓书社，2010年12月；

《魏源思想纵横谈》，曹健华主编，黄建军副主编，湖南人民出版社，2011年2月；

《曾国藩》，萧一山著，东方出版社，2011年11月第4版；

《曾国藩的故园》，赵世荣著，岳麓书社，2000年1月；

《洋务先知—郭嵩焘》，孟泽著，凤凰出版传媒集团 凤凰出版社，2009年4月；

《王湘绮评传》，萧艾著，岳麓书社，1997年12月；

《谭嗣同评传》，李喜所著，河南教育出版社，1986年10月；

《谭嗣同研究资料汇编》，政协长沙市委员会文史资料研究委员会、政协浏阳县委员会文史资料研究委员会、谭嗣同纪念馆合编，内刊，1988年9月；

《湖南美术史》，李蒲星著，湖湘文库编辑出版委员会，湖南美术出版社，2010年12月；

《湖南历代文化世家·道州何氏卷》，曾昭薰著，湖湘文库编辑出版委员会，湖南人民出版社，2010年8月；

《中国艺术大师齐白石》，吕立新著，河北美术出版社，2009年7月；

《贺绿汀传》，史中兴著，上海文艺出版社，1990年3月第2版；

《我的成名与不幸》，王人美口述，解波整理，凤凰出版传媒集团口江苏文艺出版社，2011年8月；

《湖南历代文化世家·浏阳欧阳氏卷》，戴维　张湘涛等著，湖湘文库编辑出版委员会，湖南人民出版社，2010年11月；

《欧阳予倩研究资料》，苏关鑫编，知识产权出版社，2009年10月；

《我的父亲欧阳予倩》，欧阳敬如著，中国戏剧出版社，2005年7月；

《我的父亲田汉》，田申著，辽宁人民出版社，2004年2月；

《神州一代戏剧魂——忆田汉》，郑兆欣主编，岳麓书社，1998年12月；

《湖南历代文化世家·湘潭黎氏卷》，彭文忠著，湖湘文库编辑出版委员会，湖南人民出版社，2010年7月；

《民国风华——我的父亲黎锦晖》，黎遂著，团结出版社，2011年10月；

《沈从文自传》，沈从文著，江苏文艺出版社，1995年9月；

《我亲历的文坛往事·忆名师》，李霁野、许钦文等著，人民文学出版社，2004年7月；

《沈从文正传》，凌宇著，凤凰传媒出版集团　江苏文艺出版社，2011年8月第2版；

《丁玲自述》，丁玲著，李辉主编，大象出版社，2006年5月；

《中国第一女兵：谢冰莹全传》，石楠著，江苏文艺出版社，2008年6月；

《我的母亲杨沫》，老鬼著，同心出版社，2011年6月；

《湖湘文化讲演录》，方吉杰　刘绪义著，人民出版社，2008年9月；

《宋词鉴赏辞典》（上、下册），周汝昌等撰，上海辞书出版社，2003年6月；

《唐宋名士潇湘情》，杨雨著，岳麓书社，2011年8月；

《纵横天下湖南人》，王开林著，北京十月文艺出版社，2004年5月；

《书生报国》，冯伟林，中国青年出版社，2008年1月；

《旧墨五记》，方继孝著，国家图书馆出版，2009年4月；

《民歌婉转润浏阳》，彭晓玲著，河北教育出版社，2005年10月。